江恩理论研究与实战精要

江道波 ◎ 著

地震出版社
Seismological Press

图书在版编目（CIP）数据

江恩理论研究与实战精要/江道波著. —北京：
地震出版社，2022.12
ISBN 978-7-5028-5501-7

Ⅰ.①江… Ⅱ.①江… Ⅲ.①股票投资-基本知识
Ⅳ.①F830.91

中国版本图书馆CIP数据核字（2022）第210698号

地震版　XM4927/F（6324）

江恩理论研究与实战精要
江道波　著
责任编辑：李肖寅
责任校对：凌　樱

出版发行：地震出版社
　　　　　北京市海淀区民族大学南路9号　　　邮编：100081
　　　　　发行部：68423031　68467991　　　传真：68467991
　　　　　总编室：68462709　68423029
　　　　　证券图书事业部：68426052
　　　　　http://seismologicalpress.com
　　　　　E-mail：zqbj68426052@163.com

经销：全国各地新华书店
印刷：北京广达印刷有限公司

版（印）次：2022年12月第一版　2022年12月第一次印刷
开本：710×1000　1/16
字数：296千字
印张：15.75
书号：ISBN 978-7-5028-5501-7
定价：68.00元

版权所有　翻印必究
（图书出现印装问题，本社负责调换）

以道驭术（代序）

若干年前，我刚从银行离职转入证券市场，那时我们所用的技术分析方法就那么几种，并且都来源于国外，关于江恩理论的介绍更是少之又少。一天，我偶然在一个集市的地摊上买了一本貌似是盗版的关于江恩理论的书籍。这本书的内容现在看来令人不敢恭维，所以我就不提它的作者了，但是它在当时给我的感觉却是——"如获至宝"。

之后我便埋头研究。这本书对当时的我来讲，充满了神秘感，我把书里的每一句话都当成"金科玉律"。现在想起来很可笑，因为后来我发现，作者只不过是在当时的环境下，能够接触到一般人看不到的港台书籍，他便利用这一独特优势，几乎照抄港台书籍原文，当作自己的作品"出版发行"。

现在很多人都在研究江恩理论，并且还开发出了众多的所谓"江恩大师软件"，但我并未感觉到有什么新的东西。而大家所研究的江恩理论都局限在那几本"互相传抄"的书里。后来我发现，那里面只有几句话是正确的，并且都是江恩的原话，其他的内容大多是错误的理解。但还是有那么多人执迷不悟！在一条错误的研究道路上奔跑，虽然精神可嘉，但终究会离"真经"越跑越远！

有许多专家撰文介绍时下流行的江恩测市及操作技法，例如何造中先生所著的《解读江恩理论》系列书籍。但是，其实这些只讲了江恩理论的"术"。笔者认为，江恩理论中更重要的"道"很少被世人提及。这种状况，使得江恩理论在投资大众心目中的印象是不完整的，甚至可能是错误的。完整的江恩理论肯定会令投资者更好地把握市场机会。虽然笔者不敢说自己对江恩理论的了解有多深，但是我希望将自己这些年的研究心得写成文字，供读者参考。

江恩理论的支持者大多以江恩利用自己独创的技巧在286次交易中获得92.3%的胜率为荣，但是，我却认为这不是江恩成功的根本原因。江恩曾经出版过十二本书籍，但是却没有一本比半自传体爱情小说《空中隧道》更能真正透露江恩成功的秘密。在这本书中，我们所看到最多的字眼并非江恩线、九方图抑或轮中轮，而是《圣经》中所阐明的自然法则！

江恩理论就在我们身边。比如乒乓球落在地上回弹起来，地面越坚硬，乒乓球弹得越高，角度也就越陡。如果乒乓球落在沙滩上能弹多高？能不能弹起来还得另当别论。股市的上升与反弹也是这个道理，通过反弹的角度与速度，我们就能大致知道底部的支撑有多大。比如说某只股票3天下跌了2元，如果6~8天反弹没有超过2元，那么就要见顶了。很多的波动原理就在我们身边，而不是书上，正所谓"尽信书则不如无书"。

其实江恩的智力水平并不比我们高出多少，但他善于观察与联系。他开创性地将自然规律和人的思维规律有机地结合在一起。江恩理论是自然规律和思维规律相结合的产物，两者的结合，道出了价格的波动规律。

江道波于山东沂蒙山
2022年8月10日

目　　录

第一章　关于江恩 …………………………………………（1）

第一节　致敬江恩 ……………………………………（2）
第二节　理论概述 ……………………………………（8）

第二章　解读江恩 …………………………………………（13）

第一节　解读十二条买卖规则 ………………………（14）
第二节　解读二十四条制胜法则 ……………………（26）
第三节　解读江恩忠告 ………………………………（28）
第四节　分段波动 ……………………………………（34）

第三章　波动原理 …………………………………………（45）

第一节　波动法则 ……………………………………（46）
第二节　波动原理 ……………………………………（50）
第三节　波动共振 ……………………………………（54）
第四节　江恩比率 ……………………………………（57）
第五节　实际运用 ……………………………………（61）
第六节　年度预测 ……………………………………（66）

第四章　几何原理 …………………………………………（69）

第一节　江恩几何原理 ………………………………（70）

第二节	江恩几何角度线	（73）
第三节	基本原理	（75）
第四节	上升江恩线	（81）
第五节	下降江恩线	（85）
第六节	应用要点	（88）
第七节	实战价值	（95）

第五章　数学原理 （101）

第一节	引言	（102）
第二节	江恩数字	（105）
第三节	九方图的数学原理	（108）
第三节	神奇数字	（117）
第四节	神奇数字的应用	（121）
第五节	黄金分割	（132）
第六节	数学周期	（140）

第六章　天文原理 （153）

第一节	引言	（154）
第二节	历法测市	（162）
第三节	甲子线	（164）
第四节	置闰	（166）
第五节	螺旋历法	（169）
第六节	行星群聚	（172）
第七节	七元禽星历	（180）
第八节	日月食	（184）
第九节	十二建星	（221）
第十节	行星逆行	（234）
第十一节	木土相位	（241）

第一章

关于江恩

本章摘要：本章对江恩以及江恩理论进行了宏观的介绍，力求使读者对江恩及其理论具备基本的感性认识，为读者后续学习分析原理奠定基础。

第一节 致敬江恩

江恩（1878年6月6日——1955年6月18日），二十世纪初的技术分析大师，以"江恩理论"闻名于世，江恩在股票和期货市场上的骄人成绩至今无人可比，他所创造的把时间与价格完美结合起来的"江恩理论"，至今仍为投资界人士所津津乐道，倍加推崇。他一生中经历了第一次世界大战、1929年股市大崩溃、20世纪30年代的大萧条和第二次世界大战。传说，江恩用一生的时间在资本市场上攫取了超过5千万美元的纯利[①]。图1-1为中年江恩的照片。

图1-1　江恩像

一、江恩介绍

江恩出生于美国得克萨斯州拉夫金的一个棉农家庭，父母是爱尔兰移民。他的父亲休斯顿和母亲苏珊都是虔诚的基督徒，因此江恩从小就在浓厚的基督教循道会的环境下长大，其从小熟读《圣经》，以至于后来他宣称在《圣经》之中发现了市场的运行规律。

江恩是家中长子，由于家境贫寒且弟妹众多，只有十几岁的江恩便放弃学业，靠在火车上贩卖香烟和报纸为生。

1901年，已经在卡纳一家棉花交易所做经纪人的江恩与第一任妻子史密斯结婚，他们育有2个女儿。最终，这段短暂的婚姻以离婚结束。

---

① 这在江恩所处的年代可以算得上天文数字。

第一章
关于江恩

1904年,江恩只身来到纽约发展,在股票经纪公司做操盘手。

1908年,江恩与第二任妻子赛迪结婚,他们育有1个女儿和1个儿子。

1909年8月8日,江恩公开了他最重要的市场趋势预测方法,名为"控制时间因素"。江恩的交易技巧引起了人们的注意。同年10月,《股票行情和投资文摘》杂志对他进行了专访。25个交易日里,江恩在严格监视下使本金增值了10倍,由此声名大噪。

1919年,江恩辞去了工作,开始了自己的咨询和出版事业,他出版《供需通讯》,这个通讯既包括股票也包括商业信息,并且为读者提供每年的市场走势预测,这些预测的高准确性使江恩变得越发具有魅力。

1923年,江恩出版了自己的第一本著作《股票行情的真谛》,之后他又陆续出版了十几本书。此外,江恩还举办课程和讲座,虽然收费高得惊人,但仍然吸引了大量听众。江恩为完善自己的理论,曾经去世界各地旅行,他去过英国、埃及、南美、古巴甚至印度,他长时间逗留在大英博物馆,查阅一百年来资本市场的原始数据。

1927年,江恩于49岁时写了一本"玄而又玄"的小说——《空中隧道》,这是一部爱情小说,但实际上隐晦地阐述了大量江恩对数学以及天文学的理解。书中主角罗伯特的生于1906年6月10日,这一天正好出现了我们中国人所说的"行星连珠"的星象相位,火星、木星、水星及冥王星集结在双子座17°至22°之间。在主角出生之前的两个月,旧金山发生了大地震,一年之后的春天,棉花收成有困难,及至秋天又发生金融恐慌,这亦证明《空中隧道》引用了大量的天文原理。

1932年,江恩购买了一架"银星"型私人飞机,以便在空中查看农作物的收成。

1942年,江恩的第二任妻子赛迪去世。

1949年,江恩出版了他最后一本重要著作《华尔街45年》,此时江恩已是71岁高龄,他披露了纵横市场数十年的取胜之道。其中"十二条买卖规则"是江恩操作系统的重要组成部分,江恩在操作中还制定了"二十一条买卖守则"以及"二十四条制胜法则"。江恩一直严格按照"十二条买卖规则""二十一条买卖守则"以及"二十四条制胜法则"操作。

1950年,江恩因健康原因将生意卖给了他的合伙人兰伯特,自己则搬到佛罗里达的迈阿密居住。

1954年,江恩被发现患有胃癌。

1955年6月18日，大师江恩与世长辞，享年77岁。图1-2为江恩与其第二任妻子赛迪的合葬墓地。

图1-2 江恩与赛迪的合葬墓地

有资料显示，江恩的儿子约翰·江恩在接受学者艾尔德访问时说："我那著名的父亲根本没有能力靠交易为生，仅能够编写一些教材来养家糊口。"约翰·江恩称，父亲死后只留下一栋房子，加上200余万美金，而不是外界传闻的5000万美金。

不过，也有人说江恩是神秘组织"共济会"的成员，他的财产都捐献给了"共济会"。在一篇对约翰·江恩的专访中，记者的一段话值得深深咀嚼："据称，江恩在资本市场上赚取了超过5000万美元的巨大利润，虽然和其他投资大师相比，他的财富不算什么，但重要的是，他是靠自己的理论，赚取了他应得的财富。"

上面两段资料互相矛盾，我们应以中立立场寻找真实答案，避免出现主观偏颇。

1983年,美国分析师协会把年度大奖颁发给江恩并由江恩的儿子约翰·江恩领受。

二、江恩传奇

江恩所有的技术皆自学得来。作为一名教师、作家和预言家,他只接受过三年的正式教育,但他从未停止学习。

据江恩的朋友吉利回忆,江恩预测1909年9月小麦期货将会见1.20美元。但到了芝加哥时间9月30日12时,该期货仍然在1.08美元之下徘徊,江恩的预测眼看就要落空。对此,江恩说:"如果今日收市时不见1.20美元,则表示我整套分析方法都有错误。不管现在是什么价,收市前小麦一定会见1.20美元。"结果,收市时该合约正好落在1.20美元。此次预测震惊了整个华尔街。

江恩最为引人瞩目的故事是上文提到的,1909年10月在《股票行情和投资文摘》杂志社工作人员的监督下,在25个交易日中,进行了286次交易,平均20分钟1次,其中,有264次获利,只有22次亏损,获利率高达92.3%,使初始资金增长了10倍。

江恩在1928年11月3日发表的《年度预测》中,预言1929年美国道琼斯工业指数将会出现暴跌,至少暴跌50点,最大可达90~100点①,股市会有35%的波幅。在经济危机前夜的全民疯狂中,这是一个极为大胆的预测,因为当时很多人预言股市将涨到1000点。结果,1929年道指由386.17点暴跌至198.69点,下跌187.48点,跌幅达48%。比江恩预测的还要严重近1倍。后来又连续下跌至1932年的40.60点,场面惨绝人寰,当然这是后话。在这场全球性的经济危机中,20世纪初最为著名的英国经济学家凯恩斯以及被誉为华尔街证券分析教父的格雷厄姆都没能逃过,几近破产,投机大师李佛摩尔更是饮弹自尽。图1-3为道琼斯工业指数(DJI)1922年9月至1935年5月的月K线图。

---

① 当时道指仅有300多点。

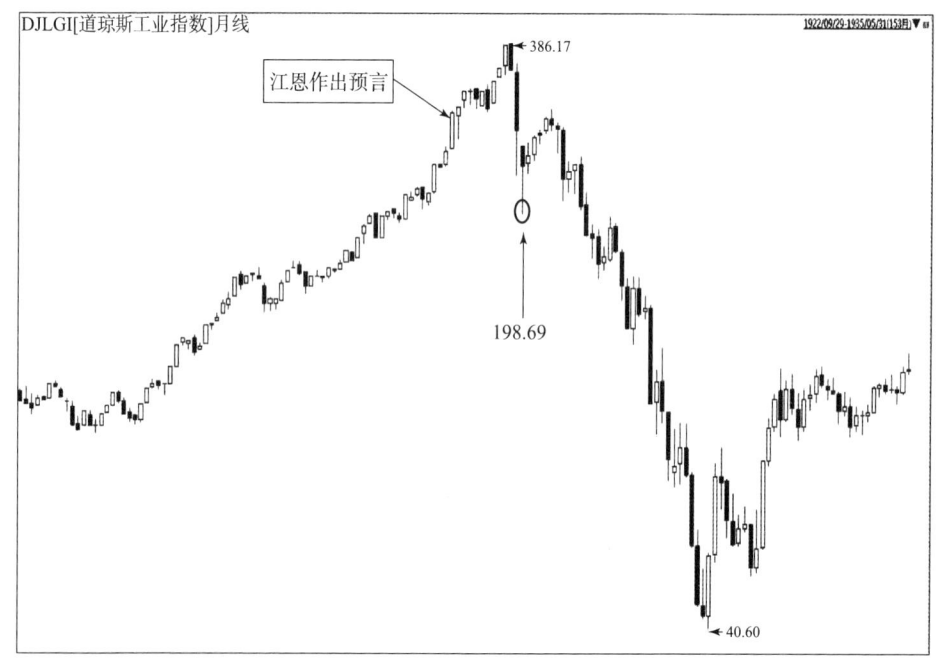

图 1-3　道琼斯工业指数（DJI）1922 年 9 月至 1935 年 5 月的月 K 线图

另外，除了预测市场，江恩还对美国总统选举结果，大战结束时间等进行过预测，其准确度也同样惊人。

三、著作列表

- 《股票行情的真谛》
- 《投机——有利可图的职业》
- 《江恩选股方略》
- 《江恩测市法则》
- 《商品期货教程》
- 《股票市场教程》
- 《面对真实的美国——展望 1950》
- 《如何在商品交易中获利》
- 《神奇的字句》
- 《怎样在选择权买卖中获利》
- 《空中隧道》

● 《华尔街 45 年》

江恩一生当中一共公开出版过 12 本书，因为基督教认为“13”是个“大数”，江恩作为一个虔诚的基督徒选择在第 12 本封笔。上述著作中，《空中隧道》是一本不折不扣的爱情小说，但也是他唯一一本道破天机的书。江恩在该书的序言中称：读者若看一次，会得到一个爱情故事；若再看一次，会开始悟道；到第三次看的时候，便可以预知未来。《神奇的字句》是一本宣扬基督教教义的书，与市场无关；1949 年，江恩出版了他最后一本重要著作《华尔街 45 年》，此时江恩已是 71 岁高龄。

令人遗憾的是，江恩公开出版的书籍中，部分书籍已经失传，坊间流传的众多版本实际上并非原著。图 1－4 为《华尔街 45 年》初版内文。

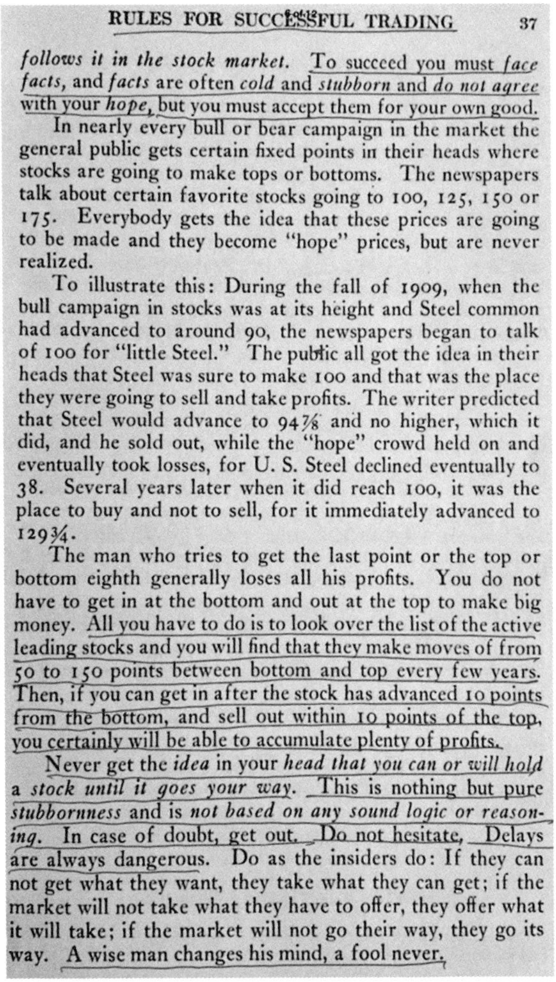

RULES FOR SUCCESSFUL TRADING 37

follows it in the stock market. To succeed you must *face facts,* and *facts* are often *cold* and *stubborn* and *do not agree with your hope,* but you must accept them for your own good.

In nearly every bull or bear campaign in the market the general public gets certain fixed points in their heads where stocks are going to make tops or bottoms. The newspapers talk about certain favorite stocks going to 100, 125, 150 or 175. Everybody gets the idea that these prices are going to be made and they become "hope" prices, but are never realized.

To illustrate this: During the fall of 1909, when the bull campaign in stocks was at its height and Steel common had advanced to around 90, the newspapers began to talk of 100 for "little Steel." The public all got the idea in their heads that Steel was sure to make 100 and that was the place they were going to sell and take profits. The writer predicted that Steel would advance to 94⅞ and no higher, which it did, and he sold out, while the "hope" crowd held on and eventually took losses, for U. S. Steel declined eventually to 38. Several years later when it did reach 100, it was the place to buy and not to sell, for it immediately advanced to 129¾.

The man who tries to get the last point or the top or bottom eighth generally loses all his profits. You do not have to get in at the bottom and out at the top to make big money. All you have to do is to look over the list of the active leading stocks and you will find that they make moves of from 50 to 150 points between bottom and top every few years. Then, if you can get in after the stock has advanced 10 points from the bottom, and sell out within 10 points of the top, you certainly will be able to accumulate plenty of profits.

Never get the *idea* in your *head that you can or will hold a stock until it goes your way.* This is nothing but pure *stubbornness* and is *not based on any sound logic or reasoning.* In case of doubt, get out. Do not hesitate. Delays are always dangerous. Do as the insiders do: If they can not get what they want, they take what they can get; if the market will not take what they have to offer, they offer what it will take; if the market will not go their way, they go its way. A wise man changes his mind, a fool never.

图 1－4 《华尔街 45 年》初版内文

第二节　理论概述

众所周知，在证券分析领域有三大经典理论：道氏理论、波浪理论和江恩理论。如果说道氏理论揭示了什么是大海，而波浪理论教会了人们如何在大海中冲浪，最为神秘的江恩理论则是向人们道出了潮汐规律。

江恩理论由20世纪美国华尔街著名的炒家江恩所创立，其理论来源于自然法则（波动率）、数学、几何学以及天文学。江恩理论在众多技术分析理论中独树一帜。对于绝大多数投资者而言，他的理论晦涩难懂而又高深莫测，市场上有关江恩理论的书籍通常都充满了复杂的图表和数字。但只要有心探求，总是会在他留下的许多线索中，窥探到江恩理论的真谛。

江恩认为股票、期货市场里也存在着宇宙中的自然规则，市场的价格运行趋势不是杂乱的，而是可以通过数学方法预测的。它的实质就是在看似无序的市场中建立起严格的交易秩序，进而发现何时价格会发生回调和将会回调到何价。

江恩理论包括测市与操作两个系统，江恩通过对波动率、数学、几何学以及天文学的综合运用，建立起自己独特的分析方法和理论。由于他的分析方法具有非常高的准确性，有时达到了令人不可思议的程度，因此很多江恩理论的研究者非常注重江恩的测市系统。但在测市系统之外，江恩还建立了一整套操作系统，当测市系统发生失误时，操作系统将及时对其进行补救。江恩理论之所以可以达到非常高的准确性，就是因为将测市系统和操作系统作为两个既相互独立又紧密联系的系统配合使用，相得益彰。

江恩告诫投资者：在投资之前必须先细心研究市场，因为你可能会做出与市场完全相反的错误的买卖决定，同时必须学会处理这些错误。一个成功的投资者并不是不犯错误，因为面对千变万化、捉摸不定的市场，任何一个人都可能犯错误，甚至是严重的错误，但成功者懂得如何处理错误，不使其继续扩大；而失败者因犹豫不决、优柔寡断，任错误发展，最终造成更大的损失。

江恩认为有三大原因会使投资者遭受重大损失：

（一）过度买卖

也就是操作过于频繁。在市场中做短线和超短线是要有很高的操作技巧的，投资者掌握这些操作技巧之前，过分强调做短线常会导致因小失大。

如何避免过度交易？

笔者的理解是，买卖时不要总是全仓进出。更为重要的是，你在市场中投机而不是投资时，不过度交易显得尤为重要，买卖过于频繁是导致失败的致命伤。

（二）不设止损

很多投资者遭受巨大损失就是因为没有设置合适的止损点，结果任凭错误无限发展，损失越来越大，因此学会设置止损点以控制风险是投资者必须学会的基本功之一。还有一些投资者，甚至是一些市场老手，虽然设置了止损点，但在实际操作中下不了决心去执行，结果因一念之差，遭受巨大损失。

常常听到投资者诉苦说自己手中的股票市价已大大低于买入价。如果他准备长线投资一家公司的股票，就绝对不会因为股价大幅下跌而抱怨；若是出于投机心理，他绝对应该设置一个价位，只要价格跌破这个价位，无论如何都应该在第一时间将股票抛出。江恩的建议是止损点设在买入价之下3%～5%。考虑到中国股市波动幅度比较大，投资者可以将止损点设在买入价之下5%～10%。

不设止损点的后果就是眼睁睁地看着股价被拦腰砍断。2018年一整年漫长的下跌可谓殷鉴不远。聪明人会设定止损点，下止损单。一旦形势发生逆转，就随时走人。否则，2018年初至今下跌50%的个股仍然是比比皆是，教人如何不伤心？

（三）缺乏知识

这是在市场买卖中遭受损失的最重要原因。一些投资者并不注重学习市场知识，而是想当然地交易或主观认为市场该如何如何，不会辨别消息的真伪，结果听信错误消息，遭受巨大损失；还有一些投资者仅凭一些书本上学来的知识来指导实践，不加区别地套用，造成巨大损失。江恩强调的是市场的知识，实践的经验。而这种市场的知识往往要在市场中摸爬滚打相当长的时间才会真正有所体会。

江恩要求投资者应当学会判断市场的趋势，因为聪明人不会盲目跟风，而是有自己的看法。当中国石油（601857）上市时开盘在 34 元[①]并开始飞流直下时，你发表文章去论证它为什么值 34 元而且还要鱼跃龙门达到 100 元，有什么用？现在中国石油（601857）股价跌去近九成，是市场没发现它的价值吗？趋势已经说明了一切！图 1-5 为中国石油（601857）2007 年 11 月至 2020 年 10 月的月 K 线图。

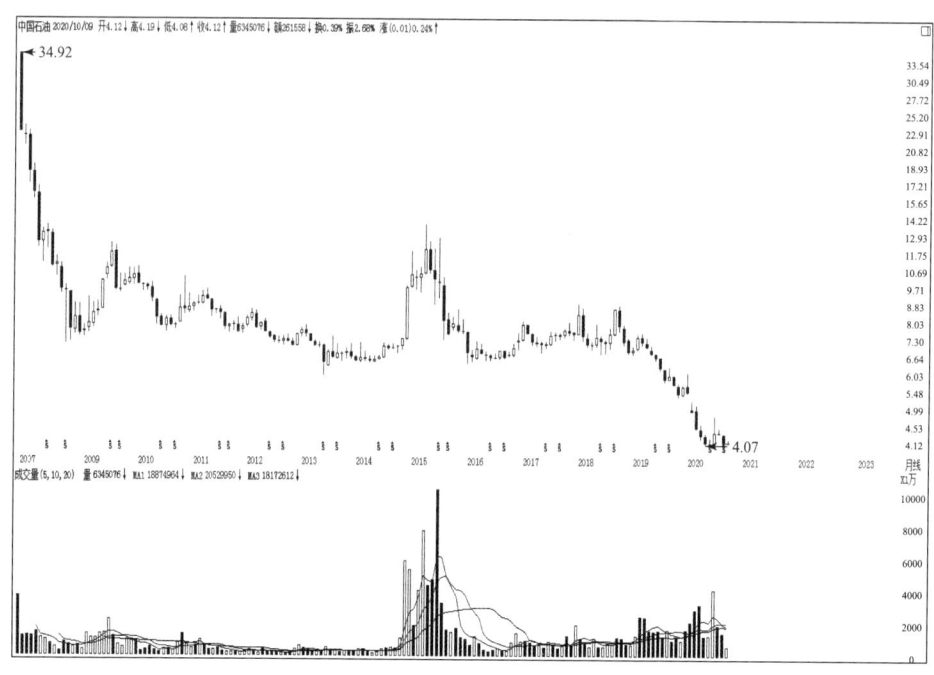

图 1-5　中国石油（601857）2007 年 11 月至 2020 年 10 月的月 K 线图

江恩理论的测市系统部分，很多地方抽象难懂，不易理解，但江恩理论的操作系统却清楚明确，非常容易理解。江恩理论的操作系统是以跟随市场买卖为主，这与预测系统完全不同。江恩非常清楚地将操作系统与市场预测系统分开，使他能在一个动荡又充满危机的年代从事投机事业且立于不败之地。

通过学习江恩理论，我们可以比较准确地预测市场价格的走势，最终成

---

① 前复权，下同。

为股市的赢家。当然，江恩理论也不是十全十美的，不能指望它能使你一夜暴富，但是经过努力，在实践中体会江恩理论的真谛，一定会使你受益匪浅。

在江恩的最后一本重要著作《华尔街45年》中，他坦诚地披露了纵横市场数十年的取胜之道——严格按照书中制定的买卖规则操作。江恩认为，进行交易必须根据一套既定的交易规则去操作，而不能随意买卖，盲目猜测市场的发展趋势。随着时间的推移，市场的条件也会跟着转变，投资者必须学会跟随市场的转变而转变，不能停滞不前。

第二章
解读江恩

本章摘要：上一章对江恩以及江恩理论进行了简明扼要的概述，相信读者朋友已经对江恩及其理论有了一个宏观的了解。本章将从江恩的买卖法则入手继续深入探讨江恩理论。

第一节 解读十二条买卖规则

一、确定趋势

江恩认为，确定市场的趋势是最为重要的一点，操作股票时，要凭借对指数的研判确定市场的趋势。所选择的股票，最好与指数同步。

在应用上，他建议使用三天图及九点平均波动图。三天图的意思是，将市场的波动，以三天的活动为记录的基础。三天图的规则是，当三天的最低价下破，则表示市场会向下；当三天的最高价上破，则表示市场会出现新高。图2-1为上证指数（000001）2015年4月至8月的日K线图。从图中可以看

图2-1　上证指数（000001）2015年4月至8月的日K线图

到，2015年6月12日大盘摸高5178点后，6月16日跌破前3日的最低点后，开始不断下跌，至7月9日的3373点才波段止跌，从最高点5178点起算，短短18个交易日，跌去35%。

九点平均波动图是指，在市场下跌途中，若反弹低于9点，表示反弹乏力；超过9点，则表示市场可能转势，在10点之上，则市势可能反弹至20点，出现超过20点的反弹，市场则可能进一步反弹30至31点。

二、在单底、双底或三底买入①

当市场接近从前的顶底或重要阻力水平时，根据单底、双底或三底形式入市买卖。值得留意的是，若市场出现第四个底时，便不再是吸纳的时机。根据江恩的经验，市场四次到底时下破的概率非常大。笔者将此种形态命名为"四渡赤水"，亦即三次或将转势，而四次便是跌破。

图2-2为证券公司（399975）2015年5月至2018年10月的周K线图。

图2-2　证券公司（399975）2015年5月至2018年10月的周K线图

---

① 江恩的此条买卖规则只提到了"底"未提到"顶"，笔者认为，实际上可以将此条规则扩展到在单顶、双顶或三顶卖出。此处的"顶"与"底"方向相反，但原理相同，不再赘述。

从图中可以看到，从2015年8月到2017年5月，在745点一线，证券公司的价格分别做了3个底，就在大多数人认为是三底的时候，证券公司价格在2017年12月第四次下破前期3个底部后稍微反抽，随后便一路下滑到466点。

在单底、双底或三底入市时，投资者切记要设下止损盘，没有止损便没有买卖。

三、根据市场波动的百分比买卖

江恩认为，当价格持续上升或者下降一定幅度后，就会出现相对较大的回调或者反弹，其中，50%、63%、100%这三个位置是最有可能出现回调或者反弹的位置。意思是：当行情经过一段时间的上涨或者下跌后，价格到达起始价格的50%时，行情出现反转的概率很大。如果在50%的位置没有出现反转，那么63%的位置出现反转的概率就会更大，以此类推。

当然，行情的走势不会严格按照数学模型来运行，所以不能要求是精确的回调点位。比如，可以是50.5%，可以是62.5%，也可以是101%。

以起始价格为100的上涨行情来计算，50%位置是在150；63%位置是在163；100%位置是在200。这三个点位将是出现回调概率很大的位置。

图2-3为固德威（688390）2020年9月至12月的日K线图。图中起始价格是104元，经过一轮上涨，在207.38元出现了大幅的回调，上涨的幅度正好是起始点位的100%（207.38≈208元），这完全符合百分比买卖规则。

图2-4为退市工新（600701）2018年10月至2019年2月的日K线图。从图中可以看到，波段起涨点是1.67元，抵达高点3.42元时，出现大幅回调，起讫点之间的幅度正好是100%（3.42≈3.34元），这也符合江恩的百分比买卖规则。

四、根据三星期上升或下跌买卖

（1）当趋势向上时，若市价出现三周的调整，是一个买入的时机；

（2）当趋势向下时，若市价出现三周的反弹，是一个沽出的时机；

图 2−3　固德威（688390）2020 年 9 月至 12 月的日 K 线图

图 2−4　退市工新（600701）2018 年 10 月至 2019 年 2 月的日 K 线图

（3）当市场上升或下跌超过30个交易日时，下一个需要留意的时间窗口为42至49个交易日；

（4）当市场反弹或调整超过45个交易日时，下一个需要留意的时间窗口为60至65个交易日。

图2-5为鹿港文化（601599）2016年1月至9月的日K线图。从图中可以看到，该股从1月28日的最低价6.64元展开一波上升行情，4月8日见到11.09元后，出现了一波回调，此时该股股价刚好从最低价6.64元上升了45个交易日，正好为时间窗口期，其后股价继续攀升。7月25日最高见到12.38元后开始回落，而此时正是自6.64元起涨后的第59个交易日，与时间窗口60个交易日仅差1个交易日，市场自身的规律得到了淋漓尽致的体现。

图2-5 鹿港文化（601599）2016年1月至9月的日K线图

五、分段波动

在上升（下跌）趋势中，市场通常会分为三个波段上升（下跌）。[①]

[①] 由于此条法则解读内容较多，笔者在本章另辟一节专门论述，此处不再赘述。

六、利用五七点波动买卖

江恩对于市场运行的研究,其中有一个重点是基于数学。所谓数学,乃是一套研究不同数字含义的学问。对于江恩来说,市场运行至某一个阶段,亦即市场到达某一个数字阶段,便会出现波动。

(1) 在上升趋势中,当市场出现 5 至 7 点调整时,可趁机吸纳;

(2) 在下降趋势中,当市场出现 5 至 7 点反弹时,可趁高沽空;

(3) 在某些情况下,10 至 12 点的反弹或调整,亦是入市的机会;

(4) 若市场由顶部或底部调整或反弹 18 至 21 点时,投资者就要小心市场可能已经出现了逆转。

江恩的买卖规则具有普遍的指导意义,他并没有特别指明是何种股票或哪一种金融产品,亦没有特别指出哪一种程度的波幅。因此,他的着眼点乃是市场运行的数字,这种分析金融市场的方法是十分特别的。若将上面的规则应用在 A 股市场上(上证指数),一般而言,要将上述数字放大 10 倍。短期波幅可看 50 至 70 点或 100 至 120 点;而中期的波幅则为 180 至 210 点;反弹或调整超过 210 点时,则要小心市势逆转。图 2-6 为调整点数示意图。

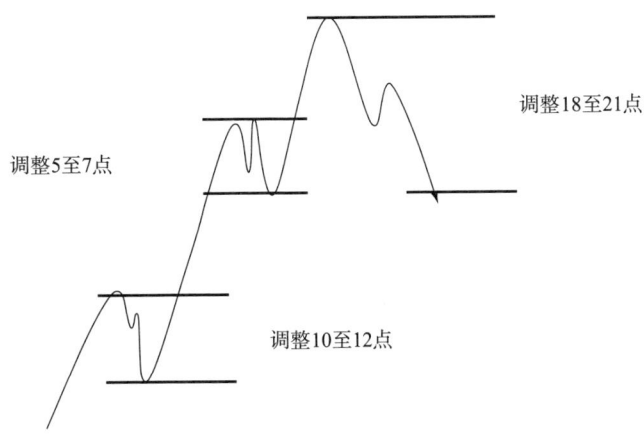

图 2-6　调整点数示意图

七、成交量

（1）大成交量经常意味着市场顶部的出现；

图 2-7 为鹿港文化（601599）2015 年 9 月至 2017 年 5 月的日 K 线图。从图中可以看到，2015 年 11 月 11 日，该股放出 16.7 亿元的"天量"，结果当天即为该股的"天顶"，随后股价一路下跌，至笔者截稿时仍未超越天量当天的高点。

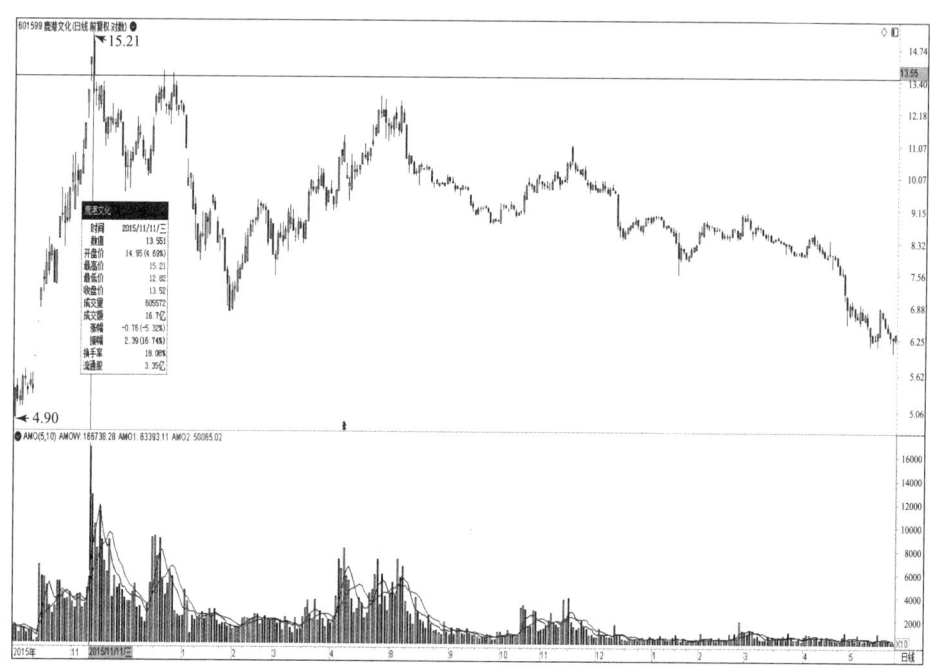

图 2-7　鹿港文化（601599）2015 年 9 月至 2017 年 5 月的日 K 线图

（2）市场长期下跌后，成交量逐渐萎缩时，市场底部随即出现；

（3）成交量的分析必须配合市场的时间周期，否则收效甚微；

（4）当市场到达重要支持或阻力位，配合成交量，出现见底或见顶形态时，市势逆转的机会便会增加。

八、时间因素

（一）时间超越价位平衡[①]

（1）在上升趋势中，调整的时间较前一（几）次的调整时间长，表示这次调整后将会转升为跌。在下降趋势中，原理相同方向相反。

（2）当价格运行至时间窗口时，成交量将推动价格升跌；

（3）行情分段升跌，通常末段升跌无论价位还是时间的幅度，都会较前几段为短，这一现象表示市场的时间循环已近尾声，转势随时出现。

众所周知，上证指数（000001）在2019年1月4日的2440点顺利转势，笔者当初是如何捕捉到这个拐点的呢？

图2-8为上证指数（000001）2018年1月至2019年3月的日K线图。我们首先统计一下上证指数自3587高点以来每轮较大反弹的时间：

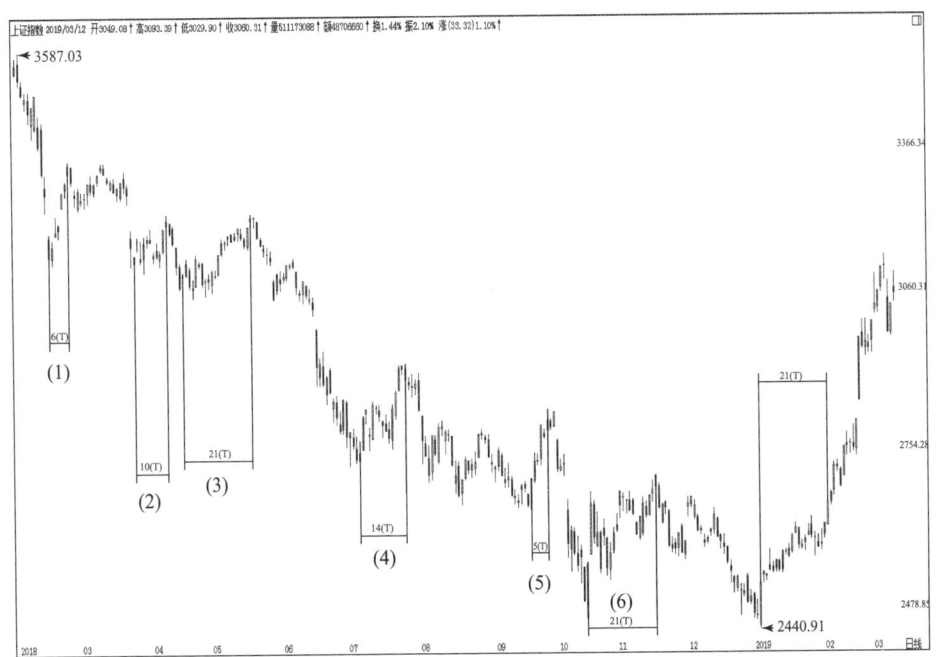

图2-8 上证指数（000001）2018年1月至2019年3月的日K线图

---

① 江恩忠告中亦有相似论述："永不确认市场转势，直至时间超越平衡。"对此，笔者将在后文以其他角度进行解读，详见本章第三节。

（1）3062—3335，6 个交易日；

（2）3091—3220，10 个交易日；

（3）3041—3219，21 个交易日；

（4）2691—2915，14 个交易日；

（5）2644—2827，5 个交易日；

（6）2449—2703，21 个交易日。

由此得出的结论是：2018 年 3587 点下跌以来，最长的反弹时间不超过 21 个交易日。那么 21 个交易日就是指数反弹时间超越平衡的重要时间点，后市的反弹若能持续超过 21 个交易日，即可确定指数的上涨超越平衡，摆脱了当前的下跌趋势。

上证指数始于 2019 年 1 月 4 日 2440 点的上升行情运行至 2 月 11 日正好 21 个交易日，其后仍旧继续涨升，时间平衡被打破，市场顺利转势，预示着 2440 点成为重要低点。

另外，我们从以上数据还可发现一个特性，就是在 2018 年的单边下跌中，反弹的时间成比例的关系：将最长的 21 个交易日反弹三等分为 7，那么用时较短的反弹为 7 天左右，较长的是 14（7×2）天及 21（7×3）天。

实战中，我们还可利用这一反弹特性来制定出货策略。自低点起的反弹，当时间达到 7 天、14 天、21 天等时间窗口时，就要做好出货准备，提防股指反弹到位。

（二）趋势运行的天数

除了留意可能出现转势的时间窗口外，还需留意市场趋势所运行的天数，这是非常重要的。以下是江恩认为有机会出现转势的天数，该天数由市场的重要底部或顶部起计。

（1）7 至 12 天；

（2）18 至 21 天；

（3）28 至 31 天；

（4）42 至 49 天；

（5）57 至 65 天；

（6）85 至 92 天；

（7）112 至 120 天；

（8）150 至 157 天；

(9) 175 至 185 天。

案例繁多，篇幅所限，此处不能一一列举所有转势天数的实际应用。现举一典型案例，供读者参考。图 2-9 为东软载波（300183）2018 年 10 月 11 日至 2020 年 5 月 29 日的日 K 线图。从图中可以看到，该股从 2018 年 10 月 25 日的最低价 9.63 元上涨至 2019 年 3 月 12 日的最高价 19.26 元，整整运行了 91 个交易日，随后陷入长达一年之久的横盘震荡格局，始终未能逾越 19.26 元的最高价。而 91 正好位于 85 至 92 的天数范围内。

图 2-9　东软载波（300183）2018 年 10 月 11 日至 2020 年 5 月 29 日的日 K 线图

（三）纪念日

(1) 市场重要 (1) 顶底的周年纪念日。此处的"周年"是指一年、两年或若干年，而非特指一周年；

(2) 重大消息（政策）周年纪念日，往往也会引起市场大幅波动。此外，重大消息（政策）发布日的价格水平常常成为市场的重要支持或阻力位水平。

九、创新低或新高时介入

（1）价格创新高，表示趋势向上，可以追买；

（2）价格创新低，表示趋势向下，可以追沽。

不过，在应用上面的简单规则之前，江恩认为必须特别留意时间的因素：

（1）由前顶部到底部的时间；

（2）由前底部到底部的时间；

（3）由重要顶部到重要底部的时间；

（4）由重要底部到重要顶部的时间。

除此之外，市场顶与顶以及底与顶之间的时间比率，例如：1 倍、1.5 倍、2 倍等，亦为计算市场下一个重要转折点的依据。

十、决定大市趋势的转向

（1）节假日。市场的趋势逆转，通常会刚好发生在假期的前后；

（2）周年纪念日。详见上文第八条"时间因素"。

（3）趋势运行时间。市场重要顶部或底部之后的 15、22、34、42、48 或 49 个月可能会出现转折。

很多投资者正是因为没有学习技术分析，导致在 2018 年的 3587 高点惨遭套牢，其实市场的历史走势早已告诉我们下一步将何去何从。

2013 年 6 月大盘见底 1849 点后上升了 24 个月的时间见到 2015 年 6 月的最高点 5178 点，2016 年 1 月的 2638 点至 2018 年 1 月的 3587 点也刚好 24 个月，此时转涨为跌再自然不过，时间对称得到了充分的体现。而 24 个月与江恩提出的 22 个月的时间窗口仅差一个月。图 2 - 10 为上证指数（000001）2012 年 9 月至 2019 年 1 月的月 K 线图。

十一、最安全的买卖点

（1）在上升趋势中，追买的价位永远不算太高；

（2）在下降趋势中，追卖的价位永远不算太低；

（3）在投资时谨记使用止损盘以免招致巨损；

图 2-10　上证指数（000001）2012 年 9 月至 2019 年 1 月的月 K 线图

（4）顺势买卖，切忌逆势而为；

（5）在投资组合中，使用汰弱留强的方法保持获利能力。

十二、市场的快速波动

江恩认为，当市场处于超买阶段进行调整时，若调整幅度小，则调整所用的时间便会相对延长。相反，若市场调的幅度大，则调整所需要的时间便会相对缩短。

第二节　解读二十四条制胜法则

在《华尔街45年》一书中，江恩没有重复叙述《股票行情的真谛》《江恩选股方略》和《股票市场教程》中的测市及操作方法，笔者觉得这是明智的。即使读者完全掌握了他的测市及操作方法，如果没有遵守他的交易规则，同样不可能取得成功。因此，江恩在该书的第二章揭示了他的成功之道。他说，二十四条制胜法则完全基于个人的经验。

笔者在此并不打算对二十四条制胜法则逐条进行解读，因为二十四条制胜法则之间以及与十二条买卖规则之间都有太多的相通之处，笔者将其归纳后总结为以下六个方面：

（1）永远不要过度交易，每次交易时只可以使用少量的资金。此种做法的实质是"留得青山在，不怕没柴烧"的哲学思维。由此看出，江恩行事的稳健程度很高。今天我们的投资者动不动就"大胆杀入，满仓操作"，实在是有失稳健；

（2）止蚀单极其重要，无论是盈是亏。设置止蚀单后不要随便撤销；

（3）投机之道乃顺势而为，不要逆市操作，如果你无法确定趋势，就不要入市买卖。分红、股价的高低、摊平成本等都不是入市的好理由；

（4）加码、补仓、斩仓、空翻多或多翻空都必须小心谨慎。如果理由不充分，那就保持现状；

（5）当赚了很多钱之后要及时休息，避免过度交易；

（6）不要因小失大。江恩认为，跑差价的人赚不到钱，看大势者才能赚大钱。投资股市如果预期只有很少的收益，很容易导致较大的亏损。投资应当把握股市的主要趋势，正所谓"风物长宜放眼量"。

通过归纳总结的以上六个方面，不难看出江恩在投机市场纵横数十年，其总结出来的制胜法则其实很简单，并没有什么深奥的地方。笔者认为，这些制胜法则我们应当牢记于心，记住这些法则之后，将会给江恩理论的测市及操作系统锦上添花。

其实，投资的制胜之道，关键在于稳健。没有一个成功的投资者由于冒进而赢得巨额利润。绝大部分成功的投资者都不去做高难度动作，成功的投资者看重的是高利润而非交易技巧。

美国经济在1949年陷入困境，因此江恩在《华尔街45年》一书末尾看淡1950—1953年的经济表现，并看淡其间的行情走势。以今天的视角回头看，江恩对1950—1953年的预测明显是错误的。事实是，1950—1953年美国GDP又恢复高速增长，倒是江恩认为见底的1953年才开始快速回落，1954年陷入衰退。虽然如此，这并不影响该书的阅读价值，因为从书中，我们可以了解到更全面、更真实的江恩。

图2-11为道琼斯工业指数（DJI）1949年6月至1953年9月的月K线图。从图中可以看到，道琼斯工业指数（DJI）从1949年6月的160.60点一路涨至1953年1月的295.10点才出现较为明显的回落，与江恩的预测恰恰相反。这也证明了江恩是人，而不是神。

图2-11　道琼斯工业指数（DJI）1949年6月至1953年9月的月K线图

第三节 解读江恩忠告

忠告：成功的投资应是在对市场的波动率进行了充分的了解后，能够客观地估计出"风险回报比率"以及市场的潜在风险，在做好防范策略的前提下进行。即在行情达不到预期的时候能够顺利出逃，并且对买入和卖出的价位与时间做出正确的判断。

若对于"风险回报比率"没有清楚地认识，在不了解市场的情况下盲目入市，靠跟风、听消息或凭感觉进行交易，最终必将功亏一篑，因为这和玩扑克游戏没什么区别。任何市场，机会与风险都是并存的，关键在于你扮演的是什么角色。

解读：风险回报比率（Risk Reward Ratio，RRR），简称风报比。

$$RRR = 获利目标幅度 \times 获利概率 / 止损幅度 \times 损失概率$$

每一次展开操作前，评估 RRR 不得低于 1.5，其中获利概率与损失概率无法做到真正量化，只能凭借经验来粗略估计。

比如，买入一只股票，获利目标幅度为 50%，止损幅度为 20%。不考虑获利与损失概率的情况下，风报比为 2.5（0.5/0.2），符合大于 1.5 的要求，但如果我们将获利与损失概率考虑进去，情况将大不相同。比如，根据以往经验得知，这笔交易的获利概率为 20%，损失概率为 80%。则：

$$RRR = 0.5 \times 0.2 / 0.2 \times 0.8 = 0.625, \ 0.625 < 1.5$$

实际上是不符合风报比的最低要求的。

在实际操作中，如果预估本次操作有高于 1.5 倍的风报比，也必须具备相应的资金管理能力。在有较高的风报比的前提下，大部分投资者还是以破产而告终，其实皆是超额买卖所致，即没有考虑到自己的风险承受能力。因为投资不同于其他行业，投资必然会出现意外，不以人的意志为转移。投资之所以能成功，并不是因为每次操作都能获利，而是在于每次出现意外时，都能有效地控制风险。对于大部分普通投资者来说，他们的风险承受能力极低,而往往动辄赌上全部身家,结果只要出现一次意外,就是致命的。

忠告:该涨不涨,不涨则废;该跌不跌,不跌则立。

解读:关键在于何时、何价、何形看涨;何时、何价、何形看跌。何时应到何价,何时未到何价,这是我们用来判断市场是否将出现转折的重要依据。也就是说,市场应在什么时间,以什么形态达到什么价格。达到的话,趋势将会延续;没有达到,市场在这个时间就有可能会发生转折。

忠告:学会我(江恩,笔者注)的技术,最多只能保证你的本金不受损失。一旦你领悟了我的理论,你才开始真正盈利。你用技术所看到的,是大家都能看到的。你用理论看到的,才是大家看不到的。

解读:所谓的反技术分析,就是依据技术分析理论,反向发现价格的异动。在指数上,技术分析的有效性要大大强于个股,很多股票在启动时,经常要违反技术分析的一切原理,否则主力赚谁的钱?

比如,根据形态理论,"M头"跌破颈线,这是标准的下跌前兆,但是有时却偏偏跌破颈线之时便是股价见底之日,股价一去不回头。最惨的是,你刚止损就踏空了。

图2-12为中国中铁(601390)2020年1月至7月的日K线图。从图中

图2-12　中国中铁(601390)2020年1月至7月的日K线图

可以看到，自 2020 年 2 月初以来，该股构日线上筑了一个非常经典的"M头"形态，并且在 6 月 12 日跌破了"M头"的颈线，即俗称的"破位"。但此后该股在二次探底后，不跌反涨，7 月 7 日最高涨至 6.04 元，从 6 月 29 日的最低价 4.99 元起算，短短 8 个交易日，累计涨幅达 21.04%。要知道，这是一只千亿市值的超级大盘股，短期拉抬 20 个点以上的幅度，已经很可观了。

从该案例得知，如果是在头部区域以及下降通道中出现"M头"形态，股价跌破颈线位之时，必须立即马上割肉止损出局；如果是在底部区域，特别是在大型底部区域，出现"M头"形态，反而是一个非常难得的见底形态。在这种情况下，跌破颈线位之日，便是股价反转向上之时。

忠告：永不确认市场转势，直至时间超越平衡。

解读：笔者认为，这句话大家应牢记在心。这是江恩忠告中最精要的一句，也是研究江恩周期及"时价形势"关系的重要判断准则。

时间是衡量事物发展的重要标尺。比如，人的一生包含了很多阶段，从幼年到少年到青年再到中年以及老年。每个阶段之间都有时间的划分，我们将其称作"临界点"。在时间没有超越这个临界点的时候，即使一个幼儿长得很高大，我们也不能错把他看成少年；一个二十多岁的"少白头"，我们也不能把他看成老年人。也就是说，时间必须超越了这个临界点，才会发生根本性的转折。

自然界的周期运行亦是如此。这就是周期的"临界点"，是研究股市周期运行规律的不二法则。在股市中，存在的周期规律有很多，能否找到制约股市的这种临界点是重中之重。比如，一年有二十四节气，每一节气都是一个临界点。每一节气作用不同，比如只有春分才意味着春天的正式开始。

时间的平衡，是解决"时价形势"关系的重要突破口。人们常说，"横久必涨"或"盘久必跌"，就是说当趋势在某一状态维持时，一旦这种状态超越了时间的"最大容忍度"，趋势就会发生转折。但是到底是向上、还是向下，和趋势的波动形态、波动角度有关，这种波动形态和波动角度又与市场情绪密切相关。

如果上涨时速度很快、角度很陡，而回落时速度很慢、角度很缓，说明市场做多氛围浓厚，买气充足，卖气较弱。这样往返几次，做多情绪就会越来越强，做多情绪维持的时间一旦超越时间的最大容忍度，主升浪便会喷薄而出。

图 2-13 为创业板指（399006）2012 年 11 月至 2015 年 6 月的周 K 线图。

从图中可以看到，2015年牛市的"最后疯狂"来临前（2012年12月至2014年12月），其间的上涨虽然呈现出两步一回头的格局，但上涨时的速度和角度要明显大于回调时的速度和角度。说明市场做多氛围浓厚，买气充足，卖气较弱。这样往返多次后，做多情绪越来越强，最终于2015年1月超越了时间的最大容忍度，牛市喷薄而出，一发而不可收。

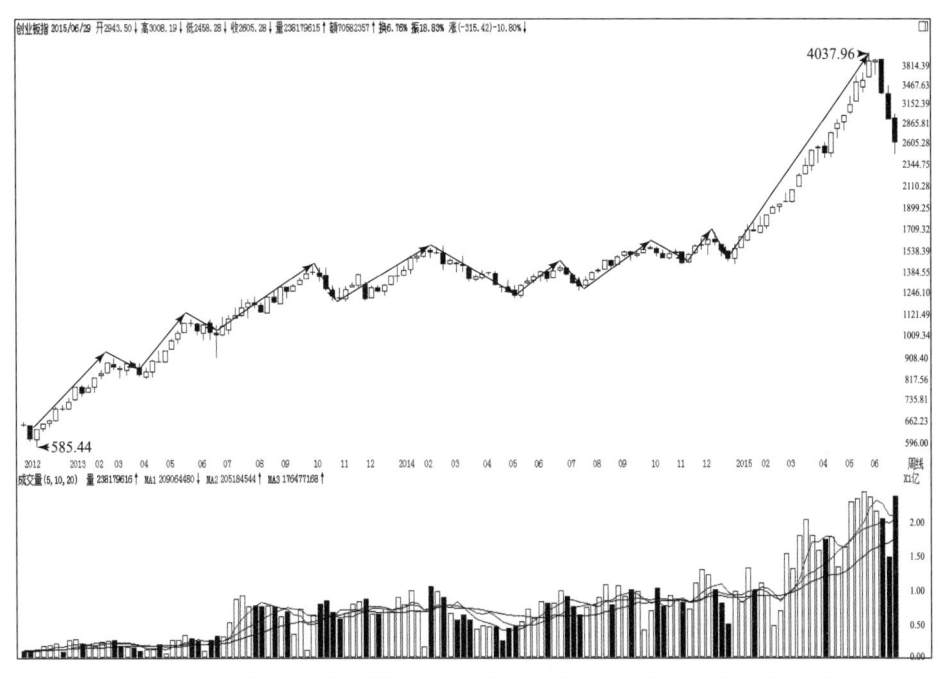

图2-13 创业板指（399006）2012年11月至2015年6月的周K线图

反之，则说明市场买气较弱，做多信心不足，这样反复几次，焦虑烦躁恐慌的情绪维持的时间一旦超越时间的最大容忍度，熊市的暴跌就开始了。值得一提的是，行情达到时间临界点之前的这段缓涨阶段，其实就是波浪理论中的"B浪"反弹。①

图2-14为上证指数（000001）2015年6月至2019年1月的周K线图。从图中可以看到，2018年熊市的狂泻来临前（2016年1月至2018年1月），行情一直处于一种缓慢的攀升阶段，人们习惯称之为"慢牛"行情。其间的上涨呈现出异常纠结的状态，每次下跌幅度都特别大。这说明市场做多情绪不高，买气不足，卖气很强。随着时间的推移，多头越来越烦躁不安，空头

---

① 关于"波浪理论"，笔者将另作专著论述，此处不赘言。

越来越迫不及待,最终于2018年1月超越了时间的最大容忍度,熊市的大C浪杀跌如期而至,其后大盘便一路飞流直下。

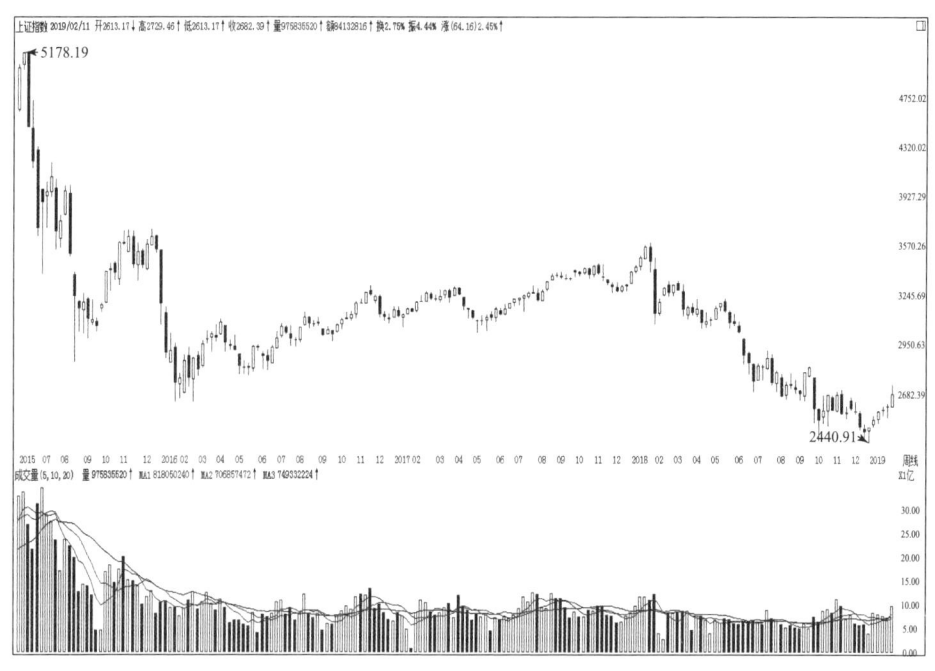

图2-14 上证指数(000001)2015年6月至2019年1月的周K线图

如果上涨与下跌同样快,说明市场情绪不稳,一旦向上述两种情况中的一种发展,那么趋势就已经开始酝酿起来,直至突破时间的最大容忍度,单边行情就将展现出来。

所谓时间的最大容忍度,其实是投资者投资情绪的一种合力。比如,投资者的股票被套牢了,刚开始还可以处之泰然,但是随着时间的推移,心里开始浮躁起来,天天看着别人的股票在上涨,而自己的股票却在不断下跌,终于有一天,会忍无可忍地将股票卖出换股,这就是单一个体对时间的最大容忍度。反之亦然,当投资者空仓观望时,恰逢市场暴涨,时间一久,就会忍不住冲进去。整个市场对时间的容忍度,其实是个体对时间容忍度在某种程度上的一种叠加。

忠告:圆形的三百六十度,与九个位的数字,是所有数学的根源。在一个圆形表面,可设置一个四方形及三角形;在其内,又可设置一个四方形及三角形;在其外,亦可以设置一个四方形及三角形,上述证明了市场运行的四个方面。

解读:"圆形的三百六十度,与九个位的数字,是所有数学的根源。"这句话道出了一切周期循环的根源所在。

"在一个圆形表面，可设置一个四方形及三角形，但在其内，又可设置一个四方形及三角形，在其外，亦可以设置一个四方形及三角形。"是指趋势之内可以包含更小的趋势，趋势之上存在更大的趋势。

"上述证明了市场运行的四个方面"，是指任何一个市场趋势运行都由四个基本方面组成：即"时价形势"。时间、价格、形态以及趋势。这是分析市场时必须统筹考虑的，而不能仅仅着眼于一个方面。

忠告：当时价正方时，转势便迫在眉睫。

解读：江恩的这句话说得比较隐晦，这句话其实是有前提条件的。江恩所言的时价正方，并不是随意的正方，而是特定的正方。比如，在图表上画一个正方形，当把图表的价格坐标与时间坐标的物理尺度改变，那么它将不再是一个正方形。如果找不到一个稳定的正方形，那么江恩的这句话也就没有了意义，因为没有一个可靠的判定标准。

江恩提到的时价正方，是指在特定比例的坐标上所绘制的正方形。当趋势沿正方形对角线运行时，即行情以45度角运行时，遇到重要时间窗口或重要价格点位时，趋势就极有可能发生改变。

以上升趋势为例，当行情沿着45度角运行时，趋势处于一种相对平衡的状态。当上升角度大于45度时，趋势走强，小于45度时，趋势走弱。所以，这里的45度角是个强弱分水岭。根据周期运行规律，当趋势大于45度角运行时，价格起主要制约作用，时间起次要制约作用；当趋势小于45度角运行时，时间起主要制约作用，而价格起次要制约作用。

比如，只有市场情绪高涨时，行情才能以大于45度角运行，这时如果遇到一个普通的高点时间窗口，不会对上升趋势产生特别大的影响，除非价格达到高度警戒区；反过来，如果市场情绪低迷，行情很难以大于45度角的角度运行，这时如果遇到一个普通的高点时间窗口，就极有可能对趋势产生重创，甚至诱发趋势转折。

当趋势沿着45度角运行时，重要高点时间窗口与价格节点重合时，二者对市场产生的作用相等，其所产生的共振最大，这也是平方数最大的原理，这种共振足以导致趋势发生转折。

所以，这句话是有特殊前提的，不能一概而论。即在特定比例的坐标上价格沿45度角运行，当重要时间窗口与重要价格阻力（支撑）成正方形的时候，转势便迫在眉睫。

第四节　分段波动

作者按：本章连续解读了江恩规（法）则与忠告，由于十二条买卖规则中的第七条涉及内容较多，笔者在本章末尾另辟一节，专门论述。

如果不能判断价格所处的位置、或者误判价格所处的位置，是要吃大亏的。同样的形态出现的位置不同，结果会有天壤之别。比如低开的大阳线出现在低位往往是买入信号，出现在高位往往是卖出信号，出现在行进途中则往往是中继信号。

怎么界定现在的走势是在低位还是中位？如何区分股价是在上涨途中还是已经到了高位？如果确实走到了高位且得到了量能与指标的验证，但股票不跌反涨，投资者该怎么办？这一节能够帮你解决这几个问题。

一、六种波动

在回答上述几个问题前，我们先来分析一下走势的特征。道氏理论认为，股价有三种运动方式：上涨、下跌、横盘。本节我们就以这个理论为基础，再来细分一下，将走势细分为六种波动，如图 2 - 15 所示。

①上升波：在这种波动里，多头是主角，买气十分旺盛，心理面十分乐观，上涨的幅度大、时间久。上升波大多属于急涨，其上涨速度大于此前的下跌速度；

②回档波：是对上升波的修正波，它反转向下的幅度小、时间短。回档波的理想状态是缓跌，在实战中，有时也会出现急跌，但时间很短，大多数情况下是一步到位；

③下降波：此时的主角是空头，股价下跌的幅度很大，心理面异常悲观，市场都在抛售，这时候股价表现出来的是急跌；

④反弹波：这是下降波深跌后的修正，它反弹向上的涨幅并不大。如果

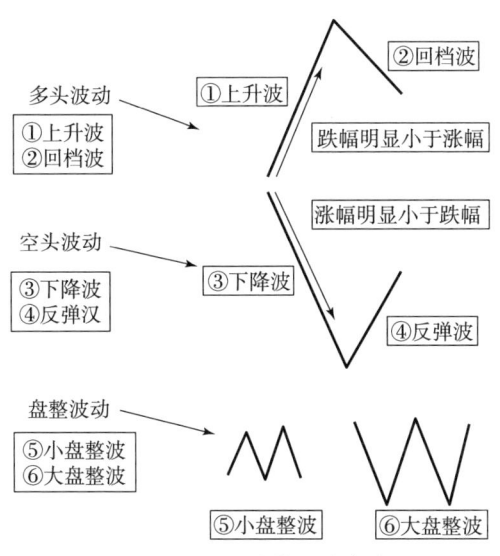

图 2-15 股价的六种波动

反弹波的速度开始放缓时，就要当心反弹见顶了；

⑤小盘整波：这种波动的区间很小，成交量下滑，市场各方都在观望。这种波动时常出现在上升波或下降波的中途，成为上涨中继或下跌中继。

⑥大盘整波：这种波动的区间较大，是我们常说的"宽幅震荡"，当回档波与上升波、反弹波与下跌波的幅度大致相等时，就是大盘整波。

二、一波三折

我们常用"一波三折"来比喻事情的变化过程十分曲折。在波浪理论里也讲一波三折，即：初升浪、主升浪和末升浪。我们这里讲的"一波三折"与波浪理论很类似，但不必像波浪理论那么严格数浪，而且，我们缩小周期时，也可以将一个波细分为三段。

上升波大多会持续三周以上，分成三段时，三段的时间差不多都是一周左右。回档波的时间不会超过上升波时间的一半，一般为三分之一。如果回档波的时间超过了上升波的一半，那么就会在跌幅上做出让步，也就是以时间换空间。

同理，下降波大多也能持续三周以上，其三段的区分与上升波一样。注意，只有上升波和下降波才有资格分为三段，大小盘整波、回档波、反弹波不可分为三段。

我们在对行情进行研判时,必须清楚地知道当前处于波的哪一段。如果没有"一波三折"的概念,那么在对行情进行研判时,很容易出现误判。如果心里有了"一波三折"的概念,即使误判了也有补救之术。

三、四个要诀

在股海里航行,波动是风,价格是船,船跟着风走;波动又像海浪,价格之船在海中漂流,你必须知道它将漂向何方。在使用"一波三折"时,有二十字口诀如下:

抓弱势转折,顺强势操作。
让利润奔跑,后半段出局。

(一) 抓弱势转折

市场的波动有强势波和弱势波之分,不论涨跌,动能强大、斜率高的波动是强势波,如上升波和下降波。市场上的弱势波主要是指斜率不高的涨跌波动,他们的斜率大约在30度以下,有的波动仅15度左右,这些都是弱势波,他们主要出现在回档波和反弹波里。

当市场处于弱势波的时候,更要打起精神。在回档波里出现见底形态,一定要大胆地买进;在反弹波里出现见顶形态,一定要毫不犹豫地出局,甚至大胆做空。在回档波抄底、反弹波逃顶,胜率是最高的,远远高过大底和天顶处。

"抓弱势转折"是江恩理论的精髓!很多解读《江恩理论》的书籍会教你抄底逃顶,笔者并不能说它们错了,但是,想抄对底就要准备因失败而付出十分沉重的代价,每失败一次就要割肉一次,多失败几次本金就会遭受重创。原因在于,抄底行为抓的是强势波(下降波)的转折,一个真正的强势波在转向之前,必定还有漫长的反复争夺。

(二) 顺强势操作

在抓到弱势波的转折点之后,要"顺强势操作",也就是顺着强势波的方向操作。注意,这里是"顺强势",也就是主要趋势,而不是顺弱势、顺次级波动操作。在交易时,顺弱势的次级波段操作,短期内会有一定的盈利,但实际风险很大，因为这种波段持续的时间非常有限，有随时结束的可能；2015年6月至2019年1月，A股市场步入惨烈的熊市格局，其间不乏熊市中的反弹，但每次反弹都会套住一大批抄底者，原因就在于没有把握好这一要点。熊市中的反弹，当然是弱势反弹，下跌才是大势所趋。所以才有"看大势者赚大钱"这一说法。

（三）让利润奔跑

当"顺强势操作"得到市场的认可之后，不要着急获利了结，要让利润无限度扩大，这是获取大利的观念。许多投资者管不住自己的手与心，套牢时可以酣睡如泥，稍有盈利就睡不着了，非要着急忙慌出局才行，结果又眼睁睁地看着利润离自己而去。多可惜呀！另外，做对时加码是个正确的选择，做错时加码摊平会招致灭顶之灾。

（四）后半段出局

"让利润奔跑"并非强调要卖在最高点，而是认为有好的获利就可以出场。一般而言，在"一波三折"的后半段出局是最佳选择。另外，瓜熟蒂就会落，市场波段在成熟之时，大多会爆出天量。

股价上涨到一定程度爆出天量时，主力已经满足了当前的价位，开始大量出货，此时获利了结是唯一正确的选择，我们可以结合其他几条买卖规则相机而动。

如果行情在后半段出现头部迹象后，在最该大跌时却出现了小跌，然后回头再涨，此时极有可能出现了"该跌不跌、不跌则立"的异象，应该果断追涨。这种现象只会出现在非常强的强势股、或者大盘非常火爆的行情里，如上证指数（000001）2015年2月6日跌破双头的颈线后，就曾出现过"该跌不跌，不跌则立"的异象，随后大盘扶摇直上5178点，如图2-16所示。

四、上升波分三段

上升波的涨幅大、时间长，它是多头在唱主角，主要分成三段：上升前段、上升中段和上升末段。上升波的显著特征是：

（1）阳线多、阴线少，尤其是在前中段里更明显；

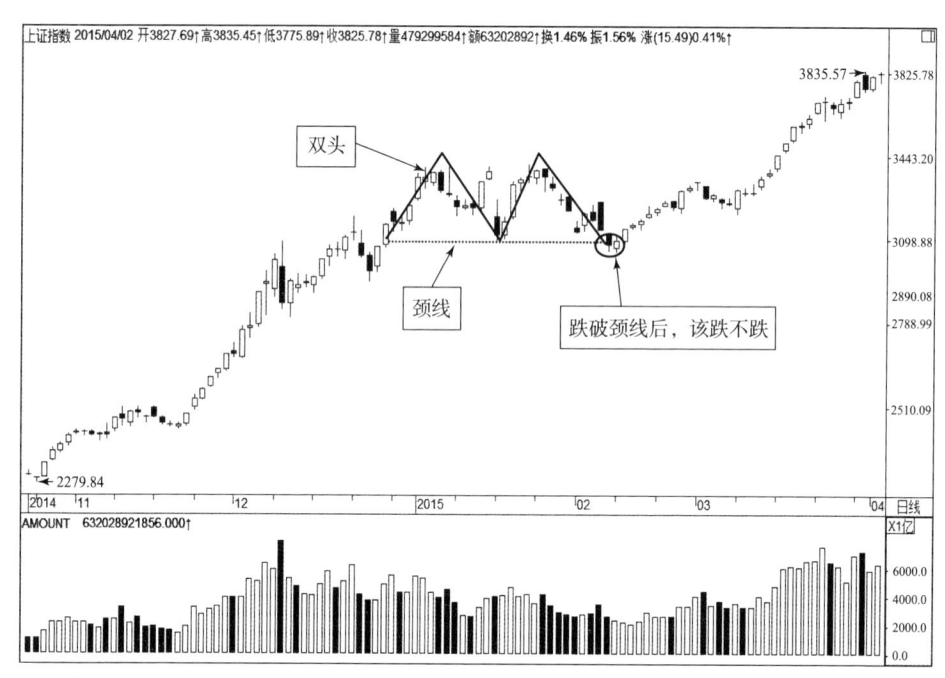

图 2-16　上证指数（000001）2014 年 10 月至 2015 年 4 月的日 K 线图

（2）如果阴线出来的比例增多，说明它的成熟期快要来临了；

（3）上升波的 K 线形态中，常伴随着向上跳空的出现，线型长而有力，长红线居多，成交量温和放量或保持在较高水平。

上证指数（000001）于 2019 年 1 月 4 日以一根大阳线触底回升，于 21 日结束第一段上升，经短暂回调后，于 1 月 29 日展开第二段上升，此为最为凌厉的一段升势，在波浪理论里将其称为 3 浪主升，第二段上升于 3 月 7 日结束，经短暂回调，开启最后一段上升，最后一段上升于 4 月 8 日以一组"吊颈线"[①] 形态结束。至此，三段上升全部结束，如图 2-17 所示。

五、回档波不分段

回档波是对上升波的修正，其特征是：

（1）反转向下的跌幅不大，K 线的实体比较小，步伐迈不开，连续线较多，很少出现跳空的现象；

---

① "吊颈线"，见江道波：《炒股实战技法》，中国宇航出版社。

图 2-17　上证指数（000001）2018 年 12 月至 2019 年 4 月的日 K 线图

（2）回档波是一种弱势的下降波，下跌斜率在 30 度以下。

理性的投资者不应该押注在这种斜率不高、难有大利的回档波上，而是应该押注在回档波走完之后的转折点上——也就是强势波再度启动之时。成功与毁灭就差在这么一小点上，投资就是一个标准的"失之毫厘谬以千里"的事业。

2014 年 10 月下旬开始，上证指数（000001）涨势良好，一路高歌猛进势如破竹，从 12 月 8 日开始，涨势进入末升段，出现涨势放缓的迹象。2015 年 1 月 23 日在 3406 点见顶回落，此后反转向下，但跌势犹豫不决，是很明显的回档波特征，投资者应该在出现见底形态时积极介入。2015 年 2 月 9 日开始，市场连续走出看多的"红三兵"形态[①]，在回档波末期出现红三兵形态，真是买入做多的天赐良机啊！如图 2-18 所示。

---

① "红三兵"，见江道波：《炒股实战技法》，中国宇航出版社。

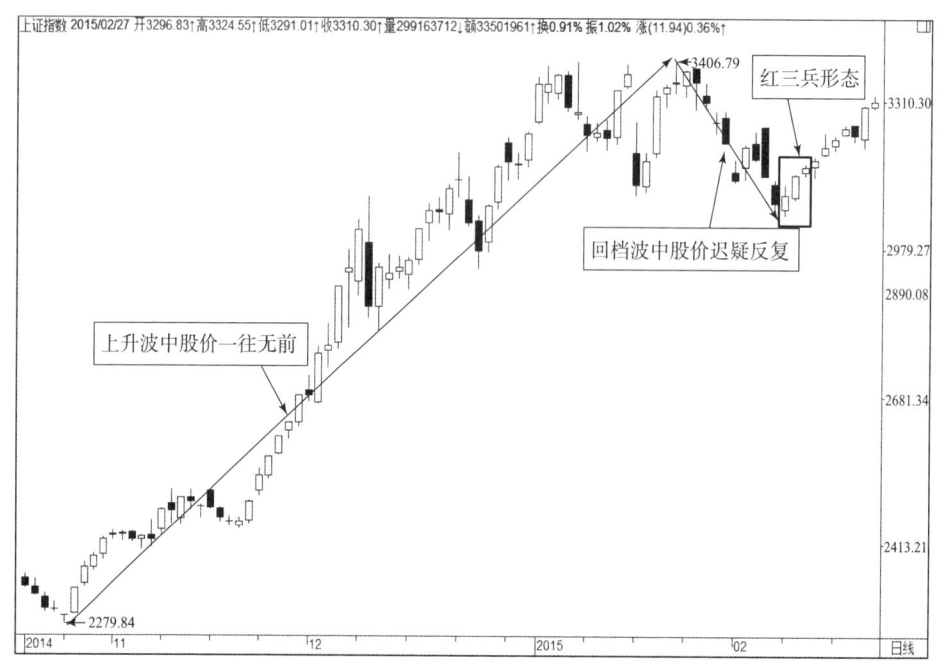

图 2-18　上证指数（000001）2014 年 10 月至 2015 年 3 月的日 K 线图

六、下降波分三段

下降波的跌幅深、时间长，它是由空头唱独角戏，主要分成三段：下跌前段、下跌中段和下跌后段。它的特征是：

（1）阴线多阳线少，尤其是在下跌的前中段；

（2）如果阳线出来的比例增多了，说明下降波已经快成熟了，后段已经来临；

（3）下降波里时常伴有"向下跳空"的缺口，阴线长而有力，长黑线众多。

创业板指（399006）在 2015 年 6 月至 7 月的快速下跌是一波非常典型的下降波，并且明显分为三段。2015 年 6 月 5 日，创业板指见最高点 4037 点后开始回落，从 9 日开始出现了连续 4 天的小幅反弹，随后进入最为猛烈的下跌中段，历时 12 个交易日后进入末跌段，见到最低点 2304 点。巧合的是初跌段与末跌段都只有 5 个交易日，这进一步印证了江恩理论的对称原理以及神奇数字的威力,① 如图 2-19 所示。

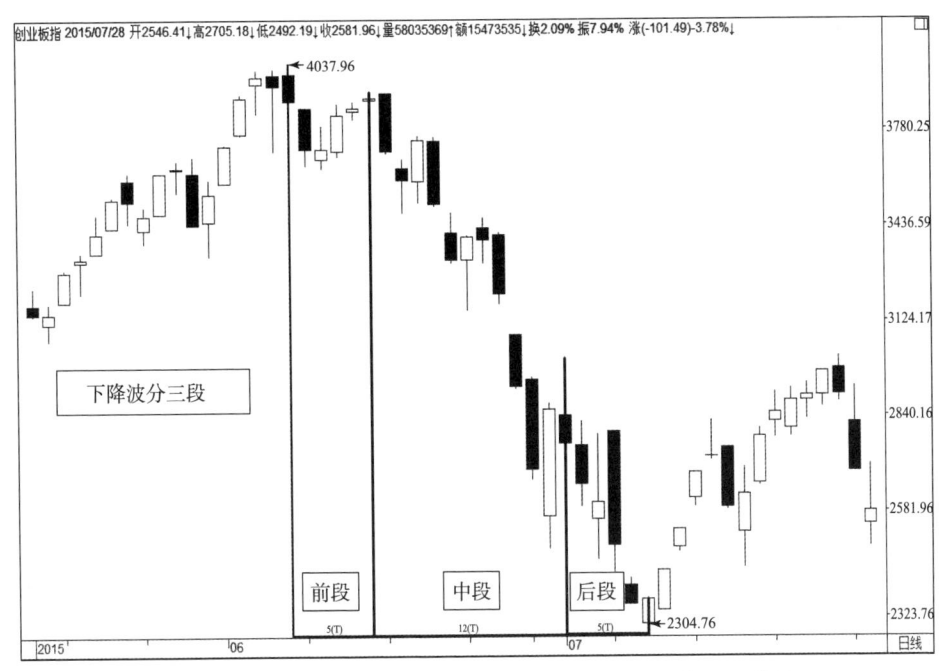

图 2-19 创业板指（399006）2015 年 5 月至 7 月的日 K 线图

七、反弹波不分段

反弹波是针对下降波的修正，其特征是：

（1）向上反弹的幅度不大，K 线实体较小，连续线较多，很少出现跳空；

（2）反弹波是一种弱势的上升波，上涨斜率只有 30 度左右，持续的时间不会很长。

反弹波结束之后还会下跌，这是股市里的逃命机会。在期货市场上，这是绝佳的做空机会，而且胜率很高，远远超过在天顶放空。股市里理性的投资者，不应该去抄底这种反弹波，因为其上涨的利润极小，风险却很大。

熊市中，每一波反弹都是逃命的机会，因为在熊市之中，绝大多数个股都会是"暴跌弱反弹"的格局，每一波弱反弹过后，都有更猛烈的下跌在等待着你。2015 至 2018 年的大熊市当中，多少高手都倒在了抄底的路上，殷鉴

---

① 有关"对称原理"及"神奇数字"的更详细介绍，见本书第五章。

不远!

以创业板指（399006）为例。创业板指（399006）在2015年6月5日见顶后，下降波以暴跌的形式出现。7月8日，短线见底反弹，仅仅反弹12个交易日便草草收场，随之而来的是更加猛烈的暴跌，场面极为惨烈，如图2－20所示。

图2－20　创业板指（399006）2015年5月至7月的日K线图

八、小盘整波里星线多

小盘整波的K线实体最小，交易的波动区间也较小，价格始终在一个很窄的箱体内波动，成交量也出现明显下滑。在这种波里，跳空缺口较少，一旦出现跳出箱体的缺口，则行情大概率会向缺口方向突破。[①]

2018年6至7月，科林电气（603050）在13元至14元之间来回震荡，始终无法突破，直到2018年8月2日，跳空大阴线突破箱体后，确认股价跌破箱体，价格随之飞流直下。值得留意的是：如果股价往上突破，需要带量

---

① 有关"缺口"的更详细介绍，见《炒股实战技法》，江道波，中国宇航出版社。

突破；而往下突破通常没有成交量的限制，如图 2-21 所示。

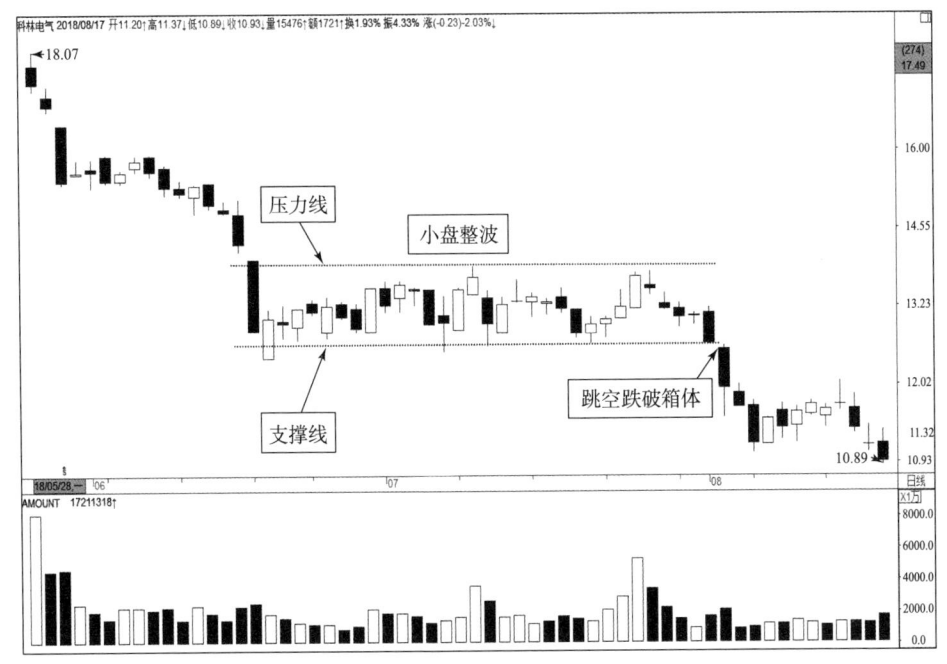

图 2-21　科林电气（603050）2018 年 6 至 8 月的日 K 线图

九、大盘整波里假跳空

大盘整波比反弹波、回档波还要弱势，波动幅度很小，持续时间不等；它的波动晃来晃去，看起来没什么章法，难以获利，其主要特征是：

（1）十字星很多，上下影线长短不一；

（2）短实体星线较多，锤子线、倒锤线大量出现；

（3）在波动区间内会大量出现假跳空，很快会被回补掉。

2018 年 7 月至 2018 年末，上证 50（000016）指数走出了典型的大盘整波形态，在 2300 点一线与 2600 点一线上下波动。在波动区间内频繁出现十字线以及跳空缺口。在大盘整波波动范围内出现的跳空缺口往往没有任何实质意义，在这 5 个多月的大盘整波里，该指数总共出现八次跳空缺口。投资者如果在此段时间内买进上证 50（000016）指数成分股的话，很难获利，如图 2-22 所示。

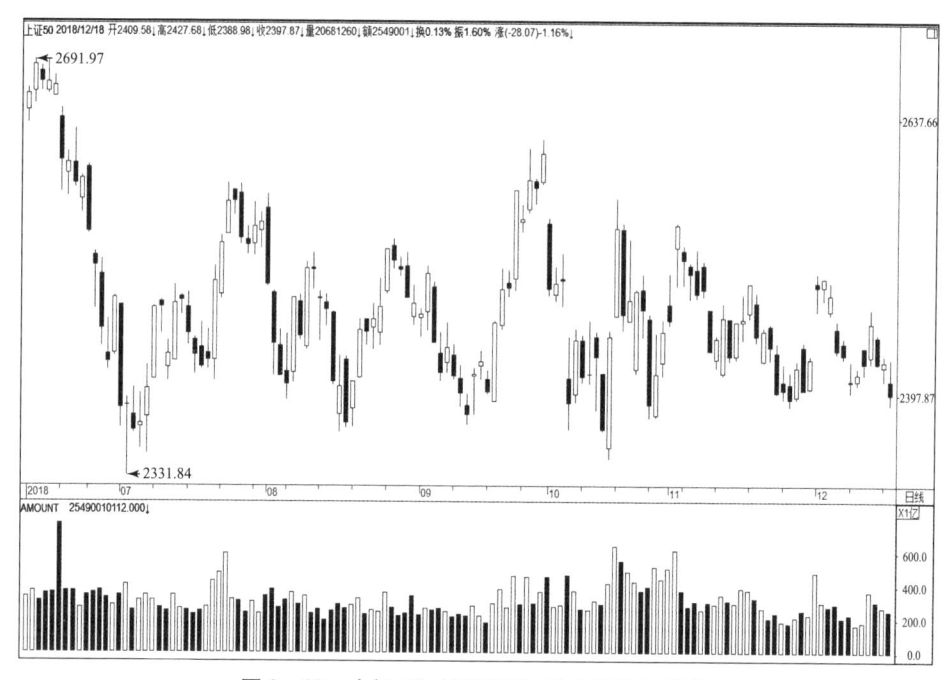

图 2-22　上证 50（000016）的大盘整波形态

第三章

波动原理

本章摘要：本章讨论了江恩的波动法则——一种精确预测价格走势的方法。江恩是一名杰出的技术分析家，他最大的成就莫过于能够精确地预测价格走势，而江恩的预测方法正是基于"波动原理"。本章将带领读者发现江恩的波动原理。

第一节　波动法则

110多年前，江恩取得了他人生中最重要的发现。

具体地说，正如江恩在1954年的日记中所记载的那样："1908年5月12日，离开俄克拉何马州去往纽约市。同年8月8日，取得了用于预测价格走势的最伟大的发现。从300美元本金开始，赚到25000美元。在另一账户里，从130美元开始，在30天里赚到12000美元。"

1908年8月8日，江恩30岁，到1954年，他已经76岁高龄了。江恩无疑在1908年8月8日这一天取得了他人生中的重大发现，因为在46年后，他仍然能够清楚地记得这一天的准确日期。

1909年10月，在其取得重要发现之后的第14个月，他在《股票行情和投资文摘》杂志社工作人员的监督下进行了一连串的实战交易。最终获利率高达92.3%，使初始资金增长了十倍。这说明江恩已经发现了一种独一无二的，精确地预测价格走势的方法，而这种预测方法正是基于他的"重大发现"。

江恩的重大发现，是他预测方法中至关重要且最为实用的部分，他称之为"波动法则"。在其后上述杂志社对江恩的访谈中，他对波动法则作出了部分解释。江恩称他不会详细地解释波动法则，并且拒绝以任何价格公开他的方法。但是，他愿意"笼统地"描述一下。

当笔者第一次读到江恩对波动法则的描述时，虽然有很多不理解的地方，但内心还是被深深地震撼到了。江恩本人对于波动法则的描述可谓是非常隐晦的。因为在他那个年代，波动法则对于分析市场是非常有效的，江恩不愿让更多人掌握波动法则，以避免降低这种方法的有效性。

目前，大多数行情软件都已经实现利用江恩理论进行市场分析，但是能够真正理解波动法则并将之准确应用于市场分析，是需要大智慧的。江恩认为市场的走势受到周期性循环的作用，市场的运行存在着波动法则，其波动受到波动法则的制约。因此，我们掌握了波动法则即可准确地预测市场的走势。波动法则看起来虽然深奥晦涩，但是它来源于自然界的朴素法则，真正理解后其实并不复杂。以下为江恩本人对波动法则的"笼统"阐述。

过去十年中，我在市场上投入了所有的时间和精力。像许多人那样损失了数千美元，经历了市场的起伏。如果初学者没有足够的相关知识就进入市场，遇到这种情况也是在所难免的。

我很快认识到，各行各业有所成就的人，无论是律师、医生还是科学家，都花费了许多时间研究他们所追随的目标和职业，然后再试图从中取得利润。

成为经纪人管理大账户后，我获得了一般人很少能够得到的机会——专心研究市场中成功和失败的原因。我发现百分之九十的投资者进入市场时是没有掌握有关知识的，最后都是输掉本金为止。

很快我就开始注意到，价格的起伏呈现出周期性的循环。根据这种现象我得出结论：自然法则是市场运动的基础。然后我决定，专注研究自然法则，以便能够将之应用到市场中去，以最大的精力投入市场，这是个有利可图且利润巨大的职业。经过对相关学科的周密分析和调查研究，我发现，波动法则使我能够精准地确定某些位置，在这些位置，价格将在给定的时间周期内上升和下降。

波动法则是价格起伏的原因。借此，我能够大大领先华尔街得到预测结果。大多数的后继者都认可这样的事实，正是仅仅关注结果而忽略原因的做法导致他们屡屡受损。

恰当地定义我应用于市场的波动法则几乎是不可能的，门外汉也许可以通过下面的描述得以窥探波动法则的冰山一角。

我认为，波动法则是无线电波、无线电话和照相技术所依据的基本法则，没有这个法则的存在，上述发明是不可能的。

为了验证上述观点的有效性，数年来我不仅辛勤工作，而且在纽约的阿斯托图书馆和伦敦的不列颠博物馆花费了九个月的日日夜夜，翻阅了从1820年开始的股市记录。偶然地，我发现了古尔德、德鲁、范德比尔特和华尔街其他著名操盘手从过去到现在的操盘记录。

我曾经检验过联合太平洋公司从哈里曼那个时代开始的行情，可以说在华尔街的历史上，所有的操盘手中，哈里曼先生是最杰出的。数据显示，无论哈里曼先生是有意识还是无意识地，他都严格地按照自然法则在操作。

对市场历史以及大量统计数据的分析表明，股价显然是由确定的规则所控制的，因此，存在周期性的或者说循环的法则，这些法则是所有价格运动的基础。观察表明，在市场中异常活跃的交易时段往往是在一段极不活跃的时期之后出现。

霍尔先生在最近的著述中花了很大的篇幅描述"繁荣与萧条"的循环，他发现了一定时间间隔的周期循环。我所用的法则不仅定义了这些长期循环，而且也定义了以每个交易日、甚至以每小时为单位的波动。我可以确定在什么位置市场会得到支撑，在什么位置市场会遇到阻力。

密切接触市场的人会注意到潮涨潮落的现象，这就像是股价的起伏。在某些时间，市场会变得很活跃，创出更高的成交量；在另一些时候，相同的股票可能会几乎保持静止，只有很小的成交量，非常不活跃。我已经发现波动法则主宰和控制着这些情况的出现。我也发现在某些特定的阶段，波动法则主宰着股市的上升，完全不同的波动率主宰着股市的下降。①

我已经发现，股市中存在着的和谐的与非和谐的关系是市场的驱动力量，所有市场行为的奥秘是很明显的。用我的方法，可以确定每只股票价格的波动率，花费一些时间进行分析，在大多数情况下可以确切地得出在某种情况下股价将怎样变动。

确定市场趋势的能力来自我对每只股票特性的了解以及对某类股票恰当的波动率的把握。股票是活生生的电子、原子和分子，它们倾向于按照各自的基本波动法则保持自己的个性。科学家告诉我们："任何形式的原始动力最终都会分解成为周期性的运动或者说有节奏的运动。正如同钟摆在摆动中再次返回原来位置，正如同月亮绕着地球转，正如同来年梅花会再度开放、春天将再度来临，元素的性质随着原子自身重量的增加而周期性地再现。"

经过广泛的调查研究，我不仅发现了各种股票价格的波动现象，而且发现控制股价的驱动力量也处于一种波动状态。这种驱动力量只有通过他们对股价和市场价格产生作用时才能够反映出来。市场所有的波动或者运动都是循环往复的，它们确实按照波动法则变化。

科学家发现了这样一条规律：元素是原子重量的周期函数。一位著名的科学家这样表述："我们确信在不同王国中多种多样的自然现象是非常紧密地以数字关系联系在一起的。这些数字不是杂乱无章的、不是混乱无序的、不

---

① 从某种意义上讲，"波动率"实际上是"波动法则"的具体数学表现形式，有关波动率的计算方法详见本书第四章。

是偶然出现的，而是有规律的、周期性的。变化和发展也是以各种形式波动起伏。"

因此，我确信，每一类现象，无论是在自然界中还是在资本市场中，都受到宇宙的因果关系与和谐关系的法则所控制。每种结果都有一种恰当的原因。如果希望在资本市场中改变失败的状况，我们必须探究原因。每一种存在都是以准确的比例和完美的关系为基础的。在自然中没有例外，因为作为最高准则的数学原理为世间万事奠定了基石。正如法拉第所言："除了数学的力量，宇宙间再无其他。"[1]

波动是基本的，没有任何存在能够逃脱这个法则；波动是普遍的，因此能够适用于地球上的各类现象。根据波动法则，市场中的每一只股票都是在不同范围内运动，例如不同的运动速率、不同的成交量和价格的不同方向，运动的基本性质由各自的波动率所决定。

股票正如同原子一样，是能量的真正核心，因此它们是被数学法则所控制的。股票形成自己的运动范围和动力，也就是吸引和排斥的力量，这类力量的原理，解释了为什么某种股票在某段时间领先市场，在其他时间则"死一般的沉寂"。因此，科学地投资肯定需要遵循自然法则。

经过数年耐心地研究，我向自己证明并得到了全部我想要的结果，同时也向其他人展示了波动法则，它解释了市场各种可能出现的阶段和情况。

---

[1] 有关"数学原理"的更多具体内容，详见本书第五章。

第二节　波动原理

一、原文解读

原文：波动是基本的，没有任何存在能够逃脱这个法则；波动是普遍的，因此能够适用于地球上的各类现象。根据波动法则，市场中的每一只股票都是在不同范围内运动。

解读：股票以及地球上的任何事物都受到波动法则的制约。

原文：经过广泛的调查研究，我不仅发现了各种股票价格的波动现象，而且发现控制股价的驱动力量也处于一种波动状态。

解读：股价的波动，既依赖于它们自身独立的能量，也依赖于宇宙传来的能量，即不同行星的运行周期及其相位对价格走势产生的影响。[①]

原文：这种驱动力量只有通过他们对股价和市场价格产生作用时才能够反映出来。

解读：所有股票及市场的波动最终都将反映到它们的价格上。

原文：任何形式的原始动力最终都会分解成为周期性的运动或者说有节奏的运动。

解读：金融市场本质上是由一系列"脉冲"组成的，它们以一定的波动率产生了价格走势。

原文：股票正如同原子一样，是能量的真正核心，因此它们是被数学法则所控制的。

解读：股票的价格运动以一种连续的方式展开，因为股票本质上是能量中心，这些能量精确地受到控制。

---

① 详见本书第六章。

原文：确定市场趋势的能力来自于我对每个股票特性的了解以及对某类股票恰当的波动率的把握。股票是活生生的电子、原子和分子，它们倾向于按照各自的基本波动法则保持自己的个性……波动法则是价格起伏的原因。借此，我能够大大领先华尔街得到预测结果。

解读：当股票的总体波动处于平衡时，它的价格将保持固定的波动率（也就是价格按照某种趋势运行）。因此，这种总体波动率（或趋势）可以精确地被测量，未来的价格可以通过"江恩几何角度线"被精确地预测。①

原文：我所用的法则不仅定义了这些长期循环，而且也定义了每个交易日、甚至每小时为单位的波动。

解读：波动原理可以用于预测各种时间周期的股票价格运动。例如，一个小的脉冲，可能产生只持续几小时的具有某种波动率的价格运动；而一个大的脉冲，可能产生持续数年的具有某种波动率的价格走势（比如上证指数从1991年到2001年的上涨）。

原文：恰当地定义我应用于市场的波动法则几乎是不可能的，门外汉也许可以通过下面的描述得以窥探波动法则的冰山一角。我认为，波动法则是无线电波、无线电话和照相技术所依据的基本法则，没有这个法则的存在，上述发明是不可能的。

解读：宇宙中行星的运动以一种类似于无线电波的方式影响着价格的运动。也就是说，它们具有特定的波长，它们穿越空间，它们被这些股票接收到，并且影响它们以一种共振的频率波动。②

原文：股票形成自己的运动范围和动力，也就是吸引和排斥的力量，这类力量的原理，解释了为什么某种股票在某段时间领先市场，在其他时间则"死一般的沉寂"。因此，科学地投资肯定需要遵循自然法则。

解读：有时，行星的运行对股价走势的影响会变弱。结果，此类股票将变得没有活力（也就是它的波动率将下降），并且它的价格通常将进入下降趋势。③

原文：用我的方法，可以确定每只股票价格的波动率，花费一些时间进行分析，在大多数情况下可以确切地得出在某种状况下股价将怎样变动。

解读：应用波动法则的关键，就在于确定驱动特定股票价格走势的行星

---

① 有关"江恩几何角度线"的具体内容，详见本书第四章。
② 详见本书第六章。
③ 详见本书第六章。

运行周期（天文周期），以此来确定产生的波动率，并且预测未来的行星运行将如何影响这个波动率。①

二、四点认识

江恩波动法则，是一个在江恩研究者中长期争论的话题，也是一个江恩研究者孜孜以求的终极话题。究竟什么是"波动法则"？国内江恩领域的高手，都有独到见解，但能够真正领悟波动法则精髓的，不能说没有，至少是寥寥无几。

这里，笔者有一些对波动法则的浅显认识，说出来权当抛砖引玉。

自然界的运动规律都是相对的，都是在一定的条件下产生的。失去其特定的条件，特定的规律则随之消失。笔者在研究波动法则的时候得出了以下几点粗浅的认识：

（一）真实存在

股市的运动中真实地存在着特定的波动法则，波动法则以数列的形式出现，由弱到强。

（二）数学表现

波动率是波动法则在股市中传递的数学表现形式。波动法则的数理基础建立在数字1、3、4上。1代表整体周期，或曰循环；3代表能量的变化层次；4代表事物发展的次序阶段。

（三）有强有弱

波动率的强弱直接影响趋势的强弱。同一只股票在不同的趋势中，波动率也是不同的。如果波动率相同，那么每一波趋势就会如出一辙。波动率的强弱决定着趋势的强弱，也决定了趋势的运行规律。比如，2015年"杠杆牛"期间的波动率就强于A股三十年来整体上升趋势的波动率；同样，2015年5178点之后股灾中的波动率也大大强于A股整体下跌趋势（2015~2018）的波动率。

---

① 详见本书第六章。

(四) 互相依存

价格波动与波动率互相依存。价格的波动是波动率存在的基础，波动率反作用于价格的波动。

不同的价格波动存在着特定的波动率，波动率随着既有趋势的消亡而消失。不同的成因，导致不同的结果。有时两段趋势尽管在形态上很相似，但是成因不同，则波动率亦不同。只有了解趋势的成因，才能知道波动率的结果。所谓的"历史重复发生"，不只是形式上的重复，更重要的是成因上的重复。

时间与价格的共振只揭示了市场波动法则的一部分[1]，还需要依靠波动角度与价格形态进行综合研判。波动角度可以参考江恩几何角度线，此时的江恩几何角度线绝不是用来判断高低点的，而是用以研判趋势的强弱及其与时间的关系。[2]

---

[1] 详见本章第三节。
[2] 更多关于"江恩几何角度线"的具体内容，详见本书第四章。

第三节　波动共振

在第一次世界大战中，一队德国士兵迈着整齐的步伐，通过一座桥，结果把桥踩塌。就桥梁的本身负载能力而言，远远大过这队德国士兵的重量，但由于士兵步调整齐、节奏一致，结果大桥在这种合力的作用下而倒塌，这就是共振的作用。共振经常应用于声乐领域，当短频率与长频率出现倍数的关系时，就会产生共振。

江恩的思路是：市场的波动率或内在周期性因素，来自市场时间与价位的倍数关系。当市场的内在波动频率与外在市场推动力量的频率产生倍数关系时，市场便会出现共振关系，令市场产生向上或向下的巨大能量。

回顾历史走势，不难发现：股票走势经常大起大落，一旦从低位启动，产生向上突破，股价便如脱缰的野马奔腾向上；而一旦从高位见顶，产生向下跌破，股价又如决堤的江水一泻千里。这就是共振作用在股市中的反映。

共振可以产生"势"，而这种"势"一旦产生，向上向下的威力都极大。它能引发人们情绪上的冲动，进而产生一边倒的操作行为。向上时人们情绪高昂，蜂拥入市；向下时人们恐惧惊慌，疯狂逃窜，如同世界末日降临，江恩将这种情况称为"价格崩溃"。

因此，作为一个投资者，应对共振现象充分留意。如下情况将可能引发共振现象：

（1）当长线投资者、中线投资者以及短线投资者在同一时间节点，进行方向相同的买入或卖出操作时，将产生向上或向下的共振；

（2）当长周期、中周期以及短周期交汇到同一个时间窗口且方向相同时，将产生向上或向下的共振；

（3）当长期移动平均线、中期移动平均线以及短期移动平均线交汇到同一价位且方向相同时，将产生向上或向下的共振；

（4）当K线系统、均线系统、量价系统等多种指标系统同时发出买入或卖出信号时，将产生指标系统共振；

（5）当金融政策、财政政策以及经济政策等多种政策方向一致时，将产生政策共振；

（6）当上市公司的经营状况、管理状况、财务状况以及周期状况等基本面状况方向一致时，将产生基本面共振；

（7）当基本面和技术面方向一致时，将产生极大的共振。

共振并不是随时都可以发生，而是有条件的，当这些条件满足时，可以产生共振；当条件不满足时，共振就不会发生；当部分条件满足时，也会产生共振，但作用较小；当共振的条件满足得越多时，共振的威力就越大。很多时候，已经具备了许多条件，但是共振并没有发生，这可以理解为万事俱备，只欠东风。东风不刮，火就烧不起来，东风是充分必要条件。如果没有必要条件的配合，共振将无法产生。此处的"东风"与江恩特别强调的"自然的力量"有着异曲同工之妙。

我们知道，每年农历的八月八日，钱塘江都会发生大潮，这种现象是月亮的引力所造成的。而只有当太阳、月亮和地球处于同一直线时，这种大潮才会发生，这其实是一种天文共振现象。既然太阳、月亮和地球的位置可以引起大潮，那么它们的位置是否也可以影响人们的操作情绪和操作行为，从而进一步影响市场的走向呢？江恩的回答是肯定的，对此，我将在本书第六章《天文原理》中详细探讨，此处不再赘述。

总之，共振是使股价产生大幅波动的重要因素，投资者可以从短期频率、中期频率和长期频率及其倍数的关系去考虑。共振是一种合力，是发生在同一时间多种力量向同一方向推动的力量。投资者一旦找到这个共振点，将可获得巨大利润，并能够回避巨大风险。股价如果与时间发生共振的话就会转势，价格与时间有时经常成反比关系。假设时间与价格二者的乘积为一个常数，从这个假设出发，我们便可以预测一波反弹的时间与价格。

如果价格从10元跌倒2元用了20天的时间，其后开始反弹，那么如何推算什么时候结束反弹？根据上文的假设，一旦反弹的时间与价格的乘积达到$(10-2) \times 20$的话，行情将会发生反转。比如，股价从下跌的低点2元反弹到6元，用时40天，则$(6-2) \times 40 = (10-2) \times 20$，此时，时间与价格发生共振，转势便迫在眉睫。当然，这只是产生时价共振的一种走势，还可以衍生出多种走势。比如，股价从下跌的低点2元反弹到12元，用时16天，则$(12-2) \times 16 = (10-2) \times 20$，此时，在反弹的第16天同样出现了时价共振，只不过因为价格的运行速度变快，导致了运行时间的缩短而已。

由此可见，虽然江恩理论表面上看起来玄之又玄，但天道归一，万事万物的原理都是相通的，只是江恩用很艺术的形式把这个原理表现了出来，让普通人觉得一头雾水。我们只要拨开这层层迷雾，看清理论的原理之所在，那么即使再"玄"的理论最终也能为我所用！

第四节　江恩比率

波动法则包含着非常广泛的内容，江恩在世时，又没有给波动法则作出明确的定义，这也就造成了以后研究江恩理论的分析家对波动法则有着不同理解。

有一个音乐家兼炒家彼得曾写过一篇文章，从乐理角度去解释波动法则。彼得认为，江恩理论与乐理一脉相承，两者都是对波动法则的不同理解。音节的基本结构由七个音阶组成，在七个音阶中，发生共振的是 C 与 G 及高八度的 C，亦即百分之十及其一倍的水平。也就是说，音阶是以二分之一、三分之一、四分之一及八分之一的形式产生共振，因此频率的一倍、两倍、四倍、八倍会产生共振。而上述比例及倍数与江恩的波动法则有着密切的联系，也就是"江恩比率"。

江恩比率是以数字"八"为基础的，具体就是二分之一（0.5），其次四分之一（0.25）和四分之三（0.75），再其次便是八分之一（0.125）、八分之三（0.375）、八分之五（0.625）及八分之七（0.875）。我们在研究深沪股市的走势时，可以发现大量的实际例证来证明江恩比率的有效性。

以上证指数（000001）为例，2019 年 8 月 6 日，上证指数低见 2733 点，经过 28 个交易日的上升，9 月 16 日高见 3042 点，累计上涨 309 点，随后开始下跌，经过 12 个交易日的下跌，至 10 月 9 日低见 2891 点，下跌 151 点，约为上涨幅度的二分之一，下跌时间也约为上涨时间的二分之一。以上例证验证了江恩二分之一比率的重要性。图 3-1 为上证指数（000001）2019 年 8 月至 10 月的日 K 线图。

江恩的经验是从美国资本市场上总结出来的，但这一结论同样适合于我国。江恩的波动法则和分割比率并不局限于某一特定领域，它是一种自然法则，而这种自然法则是人们在交易过程中自然而然所遵循的，是人们固定习性的反映，而这种固定习性是不会轻易被打破的。如一队军人执行任务要从甲地到乙地，因路途很远，中途需要休息，那么这个休息的地点很可能选在

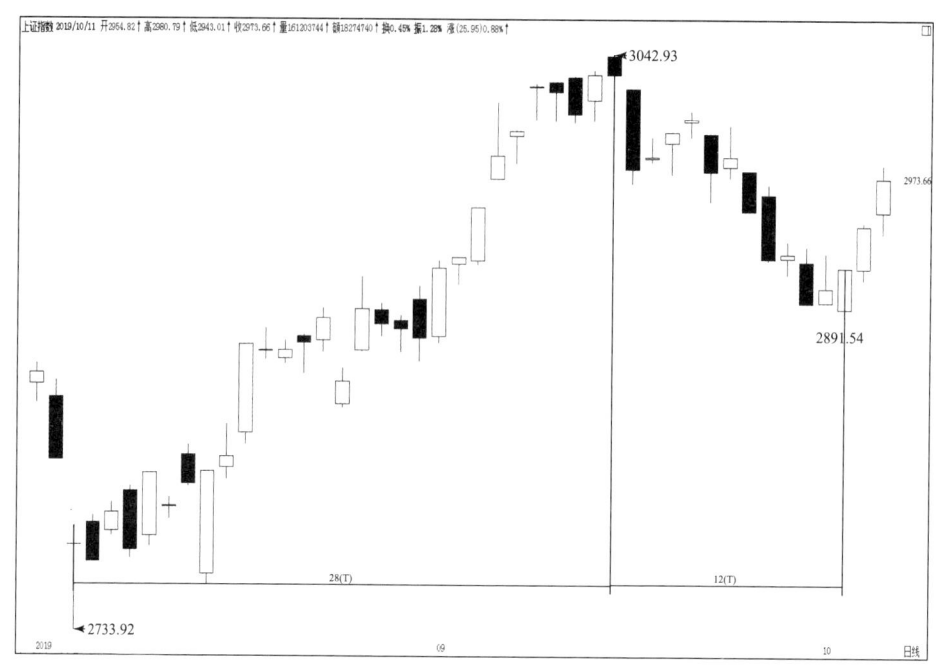

图 3-1　上证指数（000001）2019 年 8 月至 10 月的日 K 线图

总路程的一半处。又如一个人一天工作八个小时，那么他的工作时间安排常常是上午工作四小时，下午工作四小时。

以上证指数（000001）为例。2020 年 6 月 12 日至 7 月 27 日，上证指数共运行了 29 个交易日，从 2872 点涨至 3458 点，上涨了 19 个交易日，随后又经过 10 个交易日的下跌，跌至 3174 点。上涨时间约占总时间段的八分之五（0.625），下跌时间约占总时间段的八分之三（0.375），而八分之五和八分之三都是江恩非常重视的比率。图 3-2 为上证指数（000001）2020 年 6 月至 8 月 6 日的日 K 线图。

江恩波动法则中非常强调倍数关系和分割比率的分数关系，而倍数关系和分数关系是可以相互转化的，这就要看我们所取的数值的大小。比如，主力要把 4.00 元的股票做到 8.00 元，那么从 4 元至 8 元上涨幅度为 100%，5.00 元为上涨的 25%，6.00 元为上涨的 50%，7.00 元为上涨的 75%，那么这些位置就要引起我们特别的重视。如果我们把 4.00 元涨至 5.00 元上涨 1.00 元看做第一阶段的话，那么涨到 6.00 元上涨 2 元，涨到 8.00 元上涨 4 元，就是第一阶段涨幅 1 元的倍数关系。这又是江恩波动法则强调的可能产生共振点的倍数关系。倍数关系可以无限扩大，分数关系可以无限缩小，关键是取

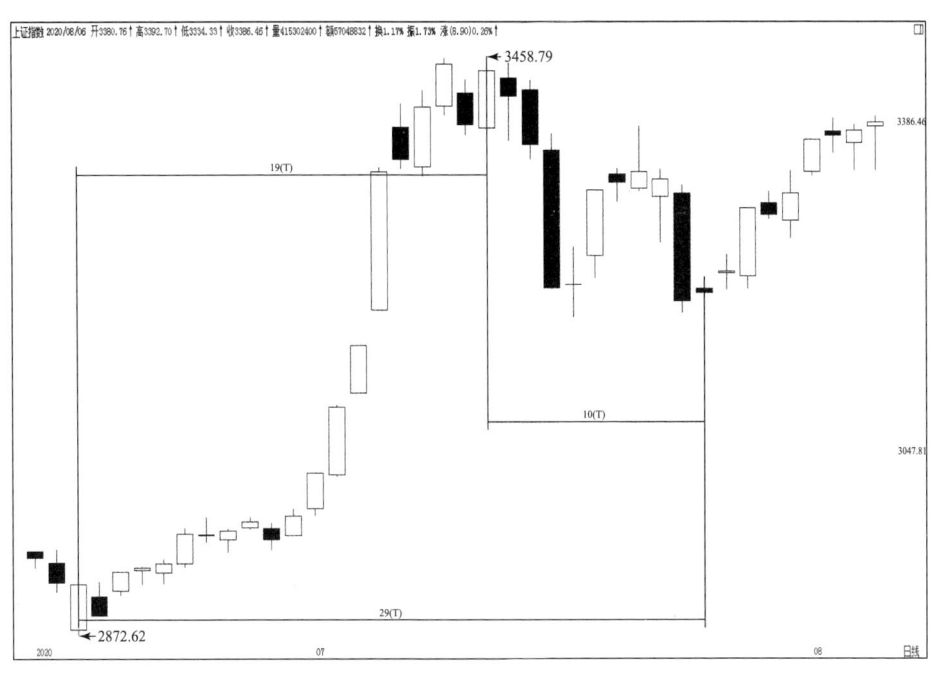

图 3－2　上证指数（000001）2020 年 6 月至 8 月的日 K 线图

什么数值定为"1"。这就如同月球绕着地球转，地球绕着太阳转；原子里面有原子核，原子核里又有更小的微粒，无限缩小。

当我们了解了这种倍数关系和分数关系的重要性的时候，就可以利用它建立起一种市场框架，当时间和价位都运行到这种倍数关系和分数关系时，市场的转折点可能就在眼前。在价位方面会出现自然的支撑和阻力，在时间方面会出现时间的阻力、在市场的重要低点计算二分之一、四分之一、八分之一的增长水平及一倍、两倍、四倍、八倍的位置，这些位置将可能成为重要的阻力位；在低位区域，走势常受到八分之一的阻力，波动小，时间长，走势反复，一旦产生有效突破，阻力减小，走势将变得明快；在市场的重要高点计算该位置的二分之一、三分之一、四分之一及八分之一，常为调整的重要支撑位，将股价的重要低点至高点的幅度分割为八份，分割的位置都是重要的支撑和阻力。对于时间循环，可将一个圆形的 360 度看作市场的时间周期，并用二分之一、四分之一及八分之一的比率分割，分割为 180 度、90 度、45 度，其中包括月周日等周期单位，分割的位置常成为市场周期的重要转折点。图 3－3 为以日为单位时间的江恩轮中轮，图中圆圈处标注出了重要的分割角度。

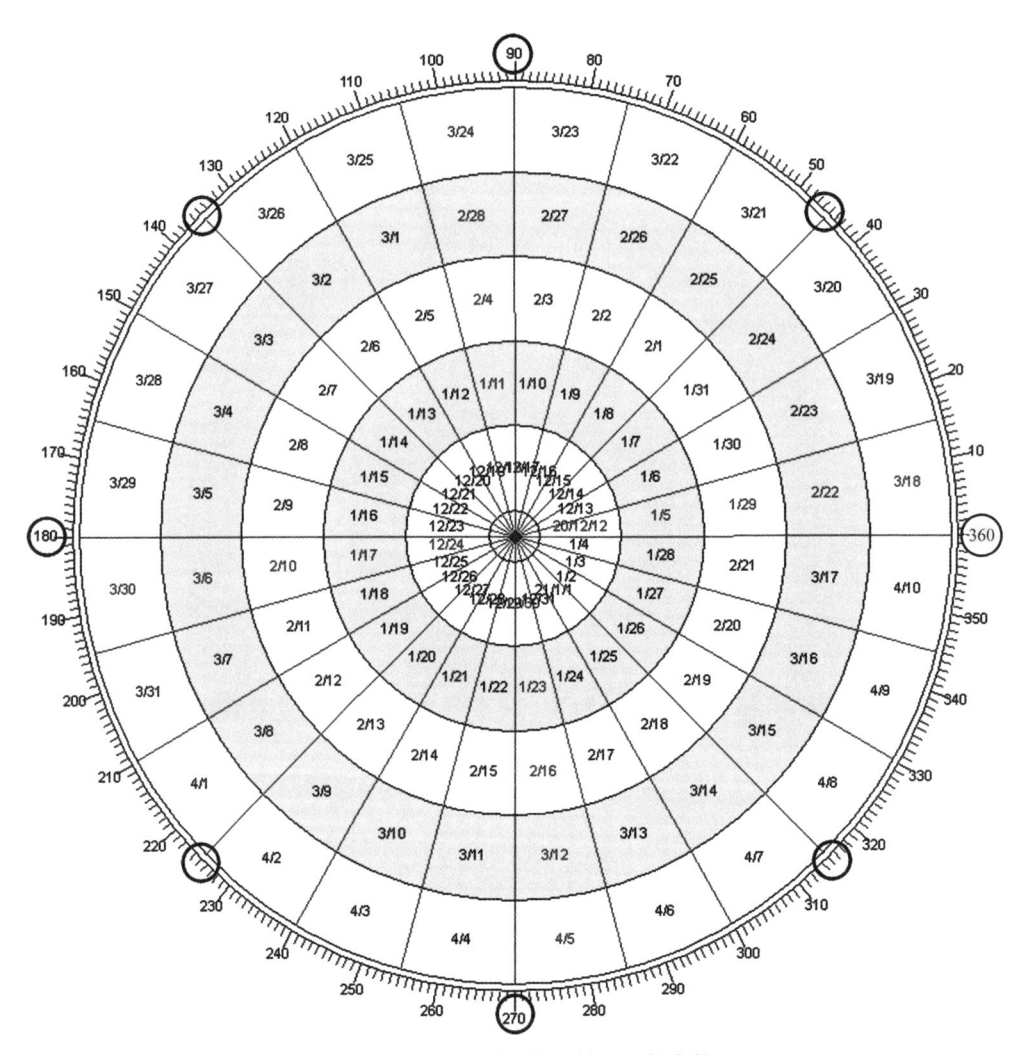

图 3-3　以日为时间单位的江恩轮中轮

第五节　实际运用

一、运用要点

现在，我们从分析波动法则的一般性原理转向分析如何在实际中运用波动法则。在江恩波动法则的实际运用中，要点如下：

（1）首先确认趋势（上涨/下跌）的起点。可以从分析价格走势的日线、周线或月线图表获得；

（2）识别产生上涨或下跌趋势的主要天文周期。可以通过分析股票价格的前一个天文周期，以确认哪一个特殊的天文周期是股票价格运动的决定性时间周期。在这项工作中，分析股票价格迄今为止的历史高点和历史低点尤其有帮助。因为在这些价格极值点附近，天文周期对价格走势的影响将会特别强或特别弱。在波动法则框架下，高点价格是由高波动率引起的，而高波动率是由强天文周期导致的（反过来也一样）。[①]

（3）确认上涨或下跌趋势的一般波动率。这可以通过从上涨或下跌趋势的起点绘制江恩几何角度线来得到。通常使用的江恩几何角度线包括1×8线，1×4线，1×3线，1×2线，1×1线，2×1线，3×1线，4×1线，8×1线。[②]

（4）预测上涨或下跌趋势结束时的未来日期。这可以通过参考不同历法和涨跌趋势起点的行星相位而获得。[③]

（5）预测上涨或下跌趋势结束时的未来价格。这可以通过江恩几何角度线以及趋势将要结束的日期而获得。

[①] 有关"天文周期"的具体内容，详见本书第六章。
[②] 有关"江恩几何角度线"的具体内容，详见本书第四章。
[③] 有关"历法"及"行星相位"的具体内容，详见本书第六章。

(6) 短期正相关天文周期将会提高波动率（价格在特定江恩几何角度线上方运行）。相反地，短期负相关天文周期将会降低波动率（价格在特定江恩几何角度线下方运行）。但是，当这些短期影响消除时，股票价格将会返回特定波动率运行，即返回特定江恩几何角度线上运行。①

二、运用分析

现在，我们来分析两个江恩实际运用波动法则的例子。

（一）1909年9月小麦期货合约，如图3-4所示

据江恩的朋友吉利回忆，江恩预测1909年9月小麦期货将会见1.20美元。但到了芝加哥时间9月30日12时，该期货仍然在1.08美元之下徘徊，江恩的预测眼看就要落空。对此，江恩说："如果今日收市时不见1.20美元，则表示我整套分析方法都有错误。不管现在是什么价，收市前小麦一定会见1.20美元。"结果，收市时该合约不偏不倚正好落在1.20美元。此次预测，震惊了整个华尔街。

图3-4 1909年9月期小麦期货合约日线图，芝加哥交易所

① 详见本书第四章。

(1) 江恩确认了 1909 年小麦期货合约的上涨趋势起点是 1909 年 1 月 26 日的 94 美分;

(2) 江恩确认了控制这波上升趋势所对应的主要天文周期;

(3) 江恩确认了这波上升趋势的长期波动率,它是 0.1053 美分/天(1 美分/9.5 天);

(4) 江恩预测控制这波上升趋势的主要天文周期将至少维持到这份合约结束(也就是至少到 1909 年 9 月 30 日);

(5) 江恩预测,在这份期货合约结束时,价格将是 1.20 美元。这是基于上升趋势的波动率和合约的到期日期 1909 年 9 月 30 日计算得到的;

(6) 江恩提到,自从 1909 年 1 月 26 日的上升趋势起点开始,短期强势天文周期暂时使价格涨至长期趋势或波动率之上。在 1909 年 6 月 21 日与 8 月 26 日之间,更强的短期负相关天文周期使得价格跌至长期波动率之下。此外,江恩还说,从 1909 年 8 月 26 日 96.75 美分的低点开始,这些强劲的短期负相关天文周期的影响开始失效。他预测,它们将在下个月完全终止,此时价格将会回到前期长期波动率上运行。

(二) 美国钢铁(X)的股票价格,如图 3-5 所示

江恩先生见我时,美国钢铁在 50 美分附近,江恩说:"这只钢铁股将会涨到 58 美分,但是不会涨到 59 美分。从这里,它将下跌 16.75 点。我们在附近做空,止损设在 59 美分。它最高会达到 58.75 美分。它将从这一点跌至 41.25 美分,即 17.5 点。"

——《投资访谈》

(1) 江恩确认了美国钢铁上升趋势的起点是 1907 年 10 月 23 日的 21.875 美分;

(2) 江恩确认了控制这波上升趋势所对应的主要天文周期;

(3) 江恩确认了这波上升趋势的长期波动率,它是 0.095 美分/天(1 美分/10.5 天);

(4) 江恩预测控制这次上升趋势的主要天文周期将持续到 1909 年 10 月,因此在 1908 年 11 月,他只预测了一个短期回调。江恩做出预测"当美国钢铁在 50 美分附近时"是在 1908 年 11 月之前。江恩预测由于短期负相关天文周期的影响,调整将开始于 1908 年 11 月 14 日(也就是在两周内);

图中标注：
- 1908年11月14日 58.75美分
- 1909年2月23日，41.25美分 波动率为0.0396美分/天
- 起点：1907年10月23日，21.875美分
- 美国钢铁月线图，纽约交易所
- 美分

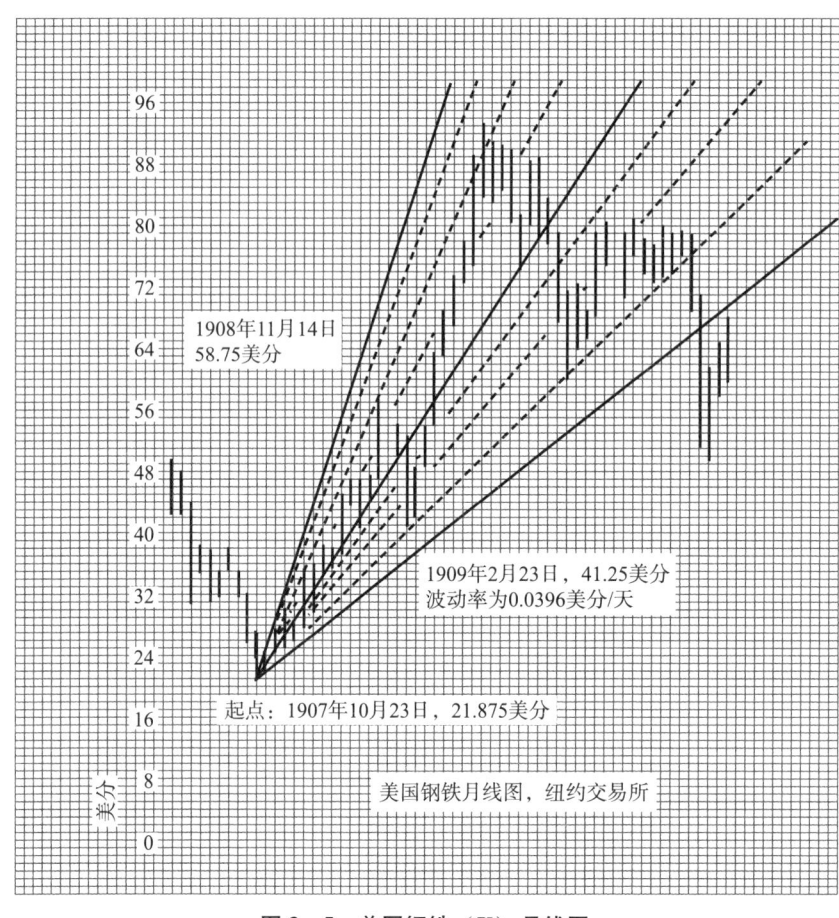

图 3-5 美国钢铁（X）月线图

（5）基于已经确定的上升趋势的起点（1907年10月23日的21.875美分），长期波动率（0.095美分/天），以及调整的开始日期（1908年11月14日），江恩预测："美国钢铁将涨至58美分，但是不会达到59美分。"实际上，美国钢铁的价格确实在1908年11月14日达到了顶点58.75美分。

（6）江恩预测短期负相关天文周期将维持到1909年2月23日；

（7）江恩预测波动率将在1909年2月23日降为0.0396美分/天。在此次预测中，江恩将波动率做了细分。正如美国钢铁价格图表所示，江恩预测美国钢铁价格将跌至它当前波动范围的底部，最终跌至波动范围之下3/4处。因此，江恩预测，短期回调将持续到1909年2月23日，美国钢铁的波动率将

在当天从长期波动率 0.095 美分/天跌至 0.0396 美分/天（（1/1.5）×（1.25/2）×0.095＝0.0396）。实际上，预测走势与实际走势如出一辙！更确切地说，1909 年 2 月 23 日，美国钢铁形成低点价格 41.25 美分，此时基于 1907 年 10 月 23 日的起点 21.875 美分，波动率为 0.0396 美分/天。从这一点开始，美国钢铁恢复了长期上升趋势。

第六节　年度预测

正如本书前文的例子所示，1909年江恩运用他发现的波动法则，提前几个月精确地预测了期货和股票价格的短期的走势。江恩从1915年起直到1955年去世，每年都会出版《年度预测》，从未间断。可惜的是，只有很少一部分保留了下来。不过，从仅存的几份《年度预测》来看，江恩的年度预测与其短期预测一样，都是基于波动法则。

江恩对1929年股票市场的预测尤为精准。1929年对股票市场的预测。1929年度的股票行情预测发表于1928年11月3日，主要包括以下三方面的内容：

（1）1929年概况。这一年将会是一个牛熊转折年，该年的股票价格将上涨到太不正常的高度，这同时意味着一旦下跌开始，必然与上涨的强度成正比。1929年在很多高价股上将见证急速的、严峻的、恐慌性的下跌。

（2）道琼斯工业平均指数将在1929年8月7日达到顶点，然后在年内余下时间里，开始一个明显的下跌趋势。

（3）道琼斯铁路平均指数将在1929年8月8日或9日达到顶点，然后在年内余下时间，开始一个明显的下跌趋势。

事实上，道琼斯工业平均指数和道琼斯铁路平均指数都在1929年9月3日到达顶点，而不是江恩此前所预测的8月，但是，从整体上看，江恩对1929年度股票市场的预测是非常精确的。此外，通过仔细研究江恩对1929年对股票市场的预测，可以洞悉波动法则的一些深层的东西。

高点或低点的时间，是你要知道和观察的最重要的因素。股票交易价格无足轻重，只要你知道价格何时到达低位或高位，你就能买卖，并赚钱。记住，必须在正确的时间买卖。不管价格多高，如果趋势正在向上，你应该买入；不管价格多低，如果趋势正在向下，你应该卖空。

——《1929年年度预测》

解读：波动法则包含了大量因素，其中时间因素是最重要的。在整个投资生涯中，江恩提到最多的专业术语是"时间因素"。在江恩的理论体系中，时间因素等同于天文周期。因此，天文周期是波动法则中最重要的因素。

道琼斯工业平均指数成分股代表了 30 种活跃的工业股票，其中大部分将紧紧追随平均指数运行。但是，某些自身强势或弱势的股票，走势将不同于平均指数，将在不同时间形成高点和低点。这些特别的股票将在每个月的增刊中涉及。

——《1929 年年度预测》

解读：在将波动法则运用于市场分析时，不仅要预测天文周期（外因），也要考虑标的的内在波动（内因）。例如，股市处于上升趋势时，有一个短期回调（由负相关天文周期导致），大多数股票的价格都将下跌。如果在这一时间段，某只特定股票只是震荡，而不是下跌，就预示着这只股票的内在波动尤其强盛，因此，随后它将在全面上涨趋势恢复时，表现得尤为强势。

尽管江恩撰写的《年度预测》有很高的参考价值，但是这并不意味着《年度预测》100% 准确。事实上，江恩认为后续对市场的跟踪和对预测的修正亦相当重要。为此，江恩通过他的《供需通信》每周三次发行增刊，用以修正年度预测，江恩是这样描述的：

人们经常写信问我对鲍尔温苹果、美国钢铁、通用沥青或某些特殊股票的看法。为什么我要每周三次发信？因为市场变化了，我可以建议我的订户改变他们的头寸，并保护他们不受损失。如果市场从不改变它的趋势，就不需要每周三信了。

——《江恩选股方略》

在实际运用波动法则的过程中，天文周期是最重要的。因此，江恩在准备他的年度预测时，需要事先研判未来一年大量的天文现象。提前数月预测强天文周期（包括正相关与负相关），以及它们会持续多长，是一件极其复杂的任务，容易出错。江恩坦言，发表定期通信给他的订户，以便在必要时澄清和纠正他的年度预测是必须的，确认自身强势或弱势的特定股票也一样是必须的。因此，江恩需要不断地预测和监测外部波动（天文周期）和内在波动（股票本身）。

本章小结：本章介绍了江恩波动法则的诸多因素。其中，最重要、最难于理解的因素是确认和评估价格的过去、现在和未来的天文周期。因此，在本书第六章天文原理一章中，笔者花费了大量篇幅来讲述不同天文周期对股价走势的影响。笔者认为，确定正确的行星相位和影响特定金融市场的精确天文周期，或许应该成为当代技术分析的研究焦点。

古希腊人不仅向世界提供了奥林匹克运动，而且提供了一个通过正确应用天文原理进行金融预测的早期例子。具体地说，古希腊数学家和天文学家泰勒斯给我们做了很好的示范。

泰勒斯通过观测天文发现，虽然现在仍然是冬天，但是来年橄榄将会大获丰收。所以，他花了些钱作为在米利塔斯①使用所有橄榄压榨机的定金。他以很低的价格租用，因为没有人和他竞争。

当来年的橄榄丰收季节来临时，很多人迫不及待地想要使用它们，泰勒斯随即以更高的价格出让给他们，并赚取了大量的财富。因此，泰勒斯向这个世界展示了，天文学家很容易致富，如果他愿意的话。

——亚里士多德：《政治学》

看起来，江恩在110年前发现的波动原理，事实上在2500年前就已经被古人发现并使用了。

---

① 地名。

第四章

几何原理

本章摘要：在上一章波动原理中，我们提到，当价格保持固定的波动率，按照某种趋势运行时，这种波动率可以被精确地测量，未来的价格也可以被精确预测，而无论是测量波动率还是预测未来的价格，都要用到本章将要介绍给大家的"江恩几何角度线"。用江恩几何角度线以及圆周几何角度预测市场走势是江恩几何原理的重要内容之一。

第一节　江恩几何原理

用几何原理研究力学以及其他物理现象已经不是什么新鲜事了，然而将几何概念引用到市场技术分析领域却显得很新鲜。

其实我们早就已经在用几何原理来研究市场了。用平面直角坐标系来表达的时间与价位的关系就是一种简单直观的几何图形；我们通常所使用的趋势线与上升通道等重要概念实际上就是在使用几何概念研判市场走势。与这些不同的是，江恩将其中的某些角度赋予了时间与价位的特殊意义。

江恩认为，当市场运行的角度在其价格长度与时间长度之比为1∶8、1∶4、1∶3、1∶2、1∶1、2∶1、3∶1、4∶1、8∶1时，特别是为1∶1时，股价往往会发生较大转折，这一规律体现在市场走势图上，即是一系列从某一原点出发的符合上述比例的江恩几何角度线，它们构成了对市场走势的支持与阻力。

江恩还使用圆周角度来表示市场走势的支持位与阻力位。江恩认为市场的每一次上涨或下跌过程都是股价在时间序列上的起止过程，每一次起止过程，即股价从起点到终点都可以看作股价在时间上走过了一个几何圆的360度，将这个360度的圆三等分、四等分、六等分、八等分，股价往往会在这些等分点上发生较大转折。

下面，我们用上证指数（000001）2016年1月至2018年1月的"慢牛"走势对江恩的上述几何原理加以说明。①

图4-1为上证指数（000001）2016年1月至2018年3月的周K线图。我们规定2016年1月27日"慢牛"行情的起点2638点为三等分圆的0度，每增加120度表示上证指数上涨了320点，那么按照三等分圆增长的上证指数应为0度-2638点、120度-2958点、240度-3278点、360度-3598点。

---

① 之所以给"慢牛"加引号，是因为此"慢牛"实际上只是一波熊市中的反弹，并非真慢牛。

以上证指数 2016 年 2638 点为起点的"慢牛"行情的实际走势如下：

（1）2016 年 4 月 13 日摸高 3097 点后进行了四周的震荡调整。这一高点恰与上述三等分圆的 120 度角的理论点位 2958 点相近；

（2）2016 年 11 月 29 日摸高 3301 点后进行了为期数月的调整。这一高点恰与上述三等分圆的 240 度角的理论点位 3278 点相近；

（3）2018 年 1 月的高点 3587 点恰与上述三等分圆的 360 度角的理论点位 3598 点相近。

2018 年 1 月上证指数的高点 3587 点，正好位于一个几何圆的 360 度角，因此，3587 点可以看作是始于 2016 年 1 月 2638 点行情的终结。实际上，市场在 2018 年 1 月见到高点 3587 后，出现了一波为期一年的漫长调整。

再将视线回到图 4-1。以 2016 年 1 月 27 日的最低点 2638.30 点为起点，以每周 9.3 点的波动率向上拉出一组江恩线。上证指数在三等分圆的 120 度角处（2016 年 4 月 13 日）摸高 3097 点后，回落至 1×1 线，之后缓慢向上攀升；在三等分圆的 240 度处（2016 年 11 月 29 日）摸高 3301 点后再次回落至 1×1 线，之后于 2017 年 4 月跌穿 1×1 线后，震荡攀升至三等分圆的 360 度处见到 3587 点，而后出现急跌，并在 2×1 线处获得支撑。

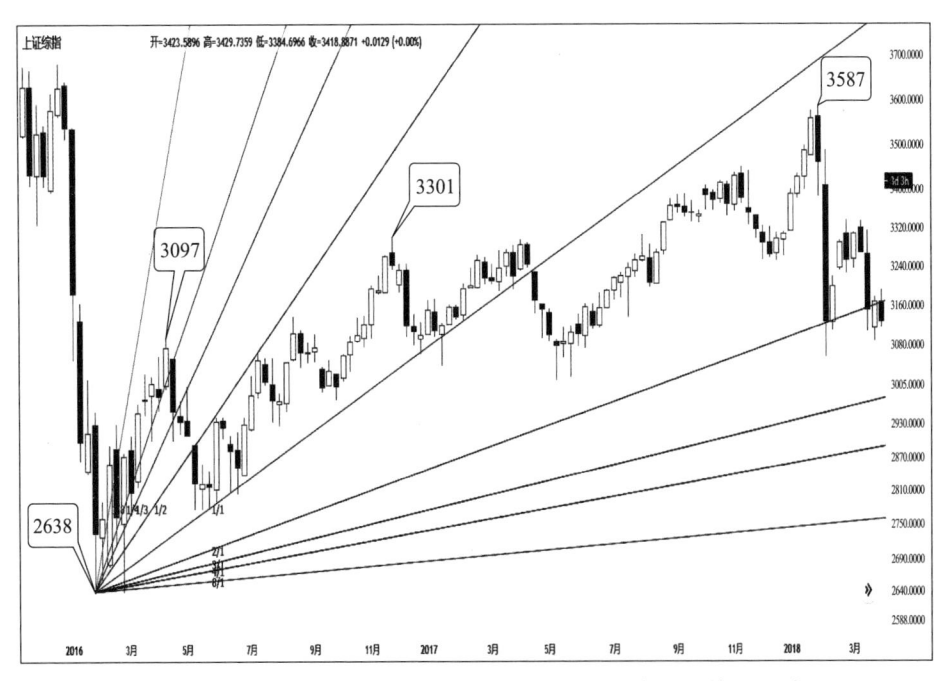

图 4-1 上证指数（000001）2016 年 1 月至 2018 年 3 月的周 K 线图

阅读至此，相信读者朋友们不禁会惊叹于江恩几何角度线与圆周几何角度的强大威力，但却又不知"江恩几何角度线"与"圆周几何角度"到底为何物。不妨带着这个疑问继续阅读吧。

第二节　江恩几何角度线

作为技术分析大师的江恩，其在市场上的傲人战绩至今还令人们惊叹不已。江恩创造的江恩几何角度线，把价格和时间巧妙地结合在一起，更是独一无二的。时至今日，江恩几何角度线仍备受技术分析界的推崇。

江恩几何角度线，简称为江恩线，是江恩大师遗留给世人的最大财富之一。学习江恩几何角度线，对于任何一位想要入市交易的投资者而言都是大有裨益的。

江恩认为，时间等于价位，价位等于时间，时间与价位可以相互转换，当时间与价位形成四方形时，市场转势便迫在眉睫。因此，江恩几何角度线是江恩理论中最直观反映时间与价位相互关系的工具。

由于这一工具的独特性，如果投资者不明白其中原理，随便使用行情软件中的江恩几何角度线，不但无从领略到江恩几何角度线强大的测市功效，反而有可能适得其反，这无疑将会成为一种遗憾。江恩几何角度线是江恩几何原理的重中之重，它具有非常直观的分析效果，江恩几何角度线提供的纵横交错的"天网"，能帮助投资者作出明确的趋势判断。因而，江恩几何角度线是一套"价廉物美"的分析方法，任何人只要花费很少的时间都可以轻松学会。

江恩几何角度线是由时间单位和价格单位定义价格运动的，每一根江恩线皆由时间和价格的关系所决定，它是从重要的低点或高点延伸并画出的射线组合，分为上升江恩线与下降江恩线，一般由九条江恩线组合而成，分别提供价格走势的支撑或压力作用。

江恩使用过几种形式的图表，包括今天常用的 X—Y 坐标图表。时间建立在 X 坐标轴上，价格建立在 Y 坐标轴上，其符号用 "$T \times P$" 来表示，即"时间×价格"。江恩几何角度线的基本比例为 1∶1，即每个时间单位对应一个价格单位。图 4-2 为江恩几何角度线的标准图谱。

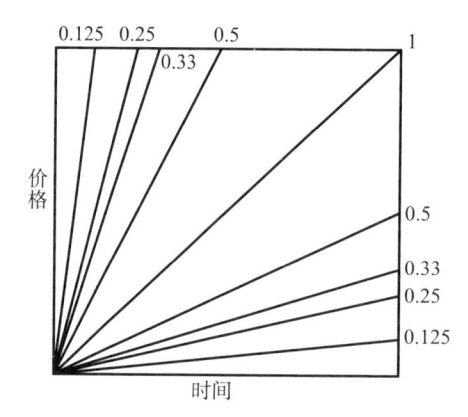

图 4－2 江恩几何角度线标准图谱

第三节　基本原理

江恩几何角度线分为上升江恩线与下降江恩线。上升江恩线是从市场底部向右上方延伸的射线组合；下降江恩线则是从市场顶部向右下方延伸的射线组合。绘制江恩线要尽可能简洁，正确的起点应从价格的显著高低点入手选取，而高低点价格产生时的那个时间也是十分重要的。要想正确使用江恩线，有三个需要注意的地方：

（1）正确的波动率；
（2）正确的起始点；
（3）顶与底的转化。

一、正确的波动率

江恩几何角度线是根据波动率绘制出的一组射线组。这些射线上的点就构成了市场的支撑与阻力位。如果市场突破某一条线，那么未来，这条线上的点就构成了市场的支撑点；相反，如果市场跌破某一条线，那么未来，市场将在这条线上受到阻力。

在这里，投资者要清楚江恩几何角度线和普通角度线的区别，它们是没有直接联系的。在一般情况下，江恩定义的1×1线就是以往大家所知道的45°线。但在用计算机绘制图表的时候不能这样用。这是由于各种行情分析软件都有不同的绘制比例，如果强行把1×1线当作45°线来用，就会产生很大的误差，甚至得出错误的结果。

对于波动率的计算，有两种截然不同的观点：

第一种：单位时间内价格上升或下降的幅度；

第二种：每一段时间运行多少个周期，即频率。

在江恩几何角度线上应用波动率时，应选择第一种观点。这里有个不可忽略的概念就是单位时间，它与图表时间轴的刻度有关，而且还涉及各种不同时间周期的划分，如分钟图、日线图、周线图和月线图等。

由于时间单位的不同，波动率就有所不同，也就是说波动率不是固定的。投资者应根据自身需要使用某一类型的时间周期，以把握其中的最佳交易时机，但建议投资者应进行多周期综合分析，以达到前文所讲述的"共振"效果为最佳。

波动率分为上升趋势的波动率和下降趋势的波动率。

波动率的计算方法如下：

（1）上升波动率：在上升趋势中，底部与底部的距离除以底部与底部的时间间隔并取整，将其用作单位价格刻度，即上升波动率：

上升波动率 =（第二个底部 – 第一个底部）/ 两底部的时间距离

（2）下降波动率：在下降趋势中，顶部与顶部的距离除以顶部与顶部的时间间隔并取整，将其用作单位价格刻度，即下降波动率：

下降波动率 =（第一个顶部 – 第二个顶部）/ 两顶部的时间距离

绘制江恩几何角度线要先学会计算价格刻度，即波动率，价格刻度不对的角度线不是江恩几何角度线。

江恩需要手工绘图，现在的投资者已经不再需要了，各种软件已经可以在计算机上自动计算价格刻度。其实这是好事，也是坏事。好事就是画江恩几何角度线更方便了，坏事是大多数投资者不明白刻度是怎么计算的，这就间接导致江恩几何角度线起不到应有的作用。

江恩几何角度线的属性是从左往右算的。我们现在所看到软件中的江恩几何角度线是从重要的顶部或者底部经过数学公式计算而绘制的。在江恩的图表上 1×1 线永远是 45°，但是在计算机上则不尽然。时间与空间的比 1:1，时间是不变的，无论在单位时间里单位价格的变化是 A 还是 B，都计为空间的一个点。

二、正确的起始点

上升江恩线是从市场底部向右上方延伸的射线组合；下降江恩线是从市场顶部向右下方延伸的射线组合。在众多的顶部、底部中应该选择哪一个顶（底）作为江恩线的起点？这里又涉及长周期、中周期和短周期的顶部和底部。

江恩有句名言:"有始有终,有正确的起点,才会有正确的终点。"这句话给我们的启示是:不管我们要预测市场短期、中期还是长期的趋势,都必须找到一个正确的起点。但市场的波动是复杂不定的,所以江恩又告诫我们:"无论做什么样的分析或预测,都要关注显著的高点和低点。"这句话包含两层含义:一是以市场的高、低点作为起点;二是以市场的时间节点作为起点。

绘制江恩几何角度线通常运用第一层含义,而以重要时间节点为起点,通常被应用在"江恩周期循环"上,此处暂且不表。有时,价格会出现比较接近的两个或两个以上的顶部或底部,实践表明,多数情况下应该选择更高的顶或更低的底作为起点,次高点或次低点一般不选。有时也会用到次高点或次低点,不过大多数情况下是配合"江恩周期循环"运用。

图4-3为宣亚国际(300612)2018年6月至2019年8月的日K线图。从图中可以看到,该股在2018年10月12日创下上市以来历史最低价13.13元,在不久之后的2019年2月1日,创出次低点13.22元,这时究竟是选择13.13元的最低点作为江恩几何角度线的起点,还是选择13.22元的次低点作为江恩几何角度线的起点?

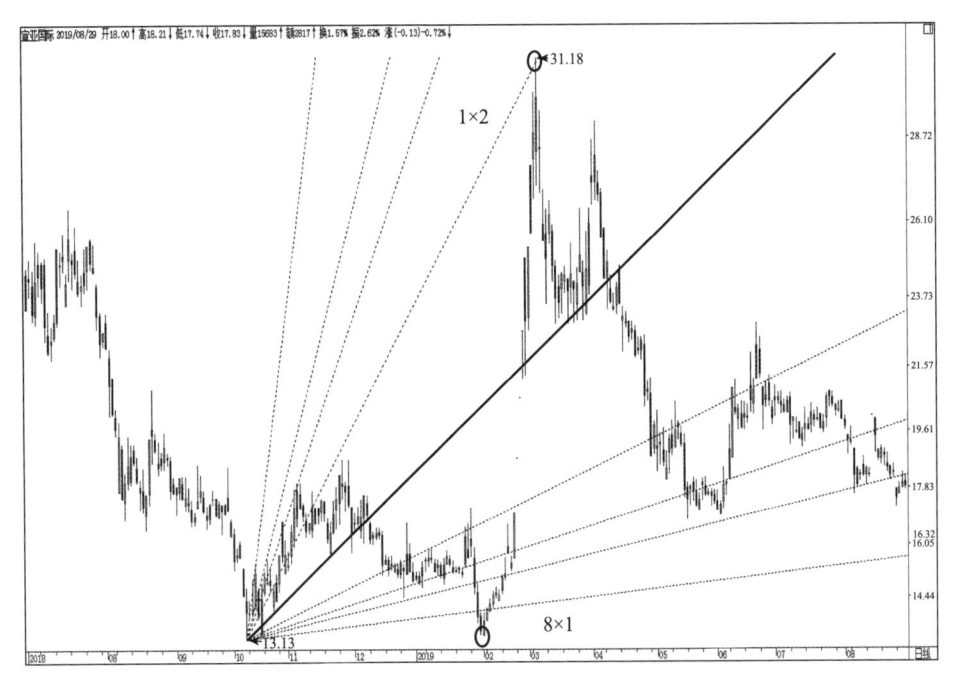

图4-3 宣亚国际(300612)2018年6月至2019年8月的日K线图

通过分析得知，应选择前者。该股在2019年2月1日创下次低点后立即启动，如果拖到此时再去绘制江恩几何角度线，则江恩几何角度线预测阻力与支撑的作用将大打折扣。反观用第一个低点作为起点绘制的江恩几何角度线，其实战预测价值得到了充分体现。从图中可以看到，2019年2月1日，股价稍破8×1线后（次低点），稍经蓄势，便引发一波翻倍行情，股价最高涨至31.18元。值得留意的是，高点阻力位正好落在1×2线上。

从上述实战案例得知，在比较接近的两个或两个以上的顶部或底部位置时，通常选择最高点和最低点或第一个顶部和底部；次高点或次低点一般不选，第二个顶部或底部一般不选。

三、顶与底的转化

在市场到达一个顶部之后，这个顶部将沿着图线向右延伸，可以从顶部向右方水平地画出一条射线，表示顶部将超越时间，水平延伸。随着市场交易的延续，价格很可能数次接近或超越这条线。市场第一次达到这个顶部时，估计会遇到较强的卖出压力，可能形成双重顶部。图4-4为每日互动（300766）2019年10月至2020年11月的日K线图。我们从2020年2月12日的顶部45.85元画一条水平向右延伸的射线，当市场在2020年7月10日第一次到达该顶部位置时，遇到强大卖压，形成第二个顶部。

在市场到达一个底部之后，这个底部将沿着图线向右延伸，可以从底部向右方水平地画出一条射线，表示底部将超越时间、水平延伸。随着市场交易的延续，价格很可能数次接近或超越这条线。当市场第一次达到这个底部时，估计会遇到较强的买入支撑，可能形成双重底部。图4-5为ST金刚（300064）2018年8月至2019年5月的日K线图。我们从2018年10月19日的底部4.17元水平画一条向右延伸的射线，当市场在2019年1月31日第一次到达该底部位置时，随即遇到强大的买入支撑，形成第二个底部。

江恩指出："当市场向上突破顶部，被突破的顶部就会变成一个新的底部；当市场向下跌破底部，被跌破的底部就会变为一个新的顶部。"每个顶底都是值得关注的，它们和未来的顶底相关联，这就是为什么说顶底将无限延伸。虽然难以跟踪每一个细小的顶底，但是中期的、尤其是长期的顶底却有可能延伸到未来。

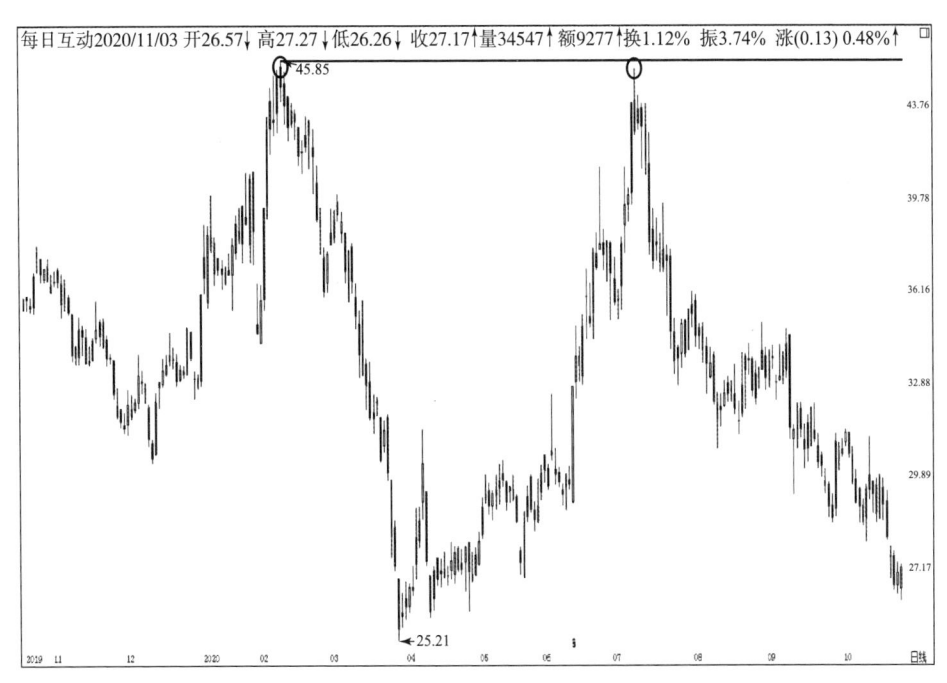

图4-4　每日互动（300766）2019年10月至2020年11月的日K线图

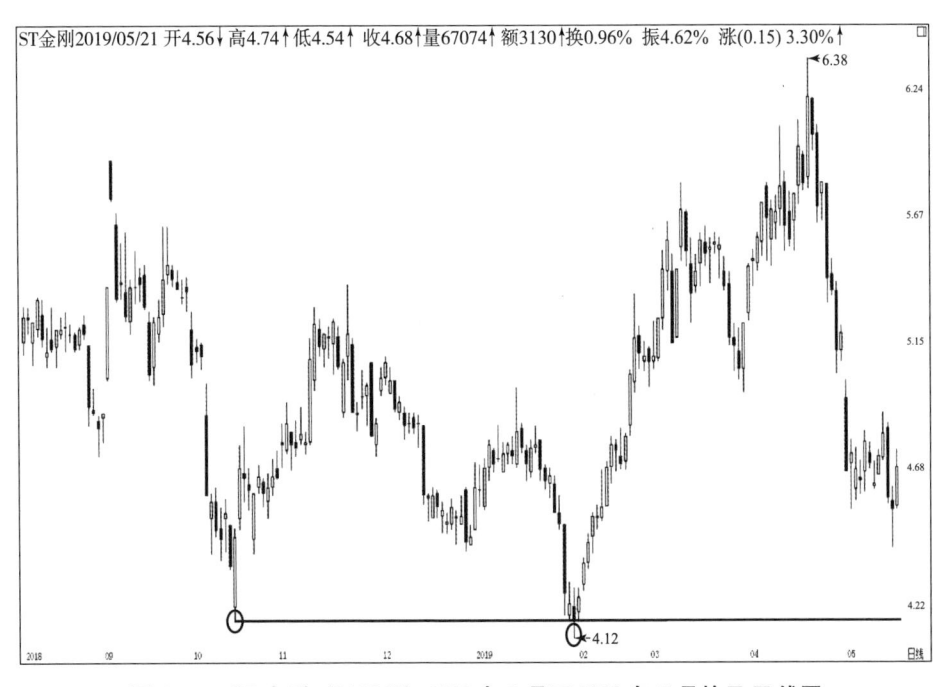

图4-5　ST金刚（300064）2018年8月至2019年5月的日K线图

除了确定未来的顶部和底部，也可通过跟踪市场的波动，利用价格走势图表来预测未来的价格运动，为了确定未来价格运动的可能方向，不妨对每次反弹的幅度作一个记录。研究市场过去上升波动幅度的记录是很重要的，以便进一步预测未来的上升波动幅度；同样，记录过去的下跌波动幅度，亦有利于预测未来的下跌波动幅度。

第四节　上升江恩线

上升江恩线，即从低点向上绘制的一组江恩几何角度线。当价格已经从低点向上爬升了一段适当的时间后，我们便可以从低点向上绘制上升江恩几何角度线了。

一、上升 1×1 线

最重要的江恩线为 1×1 线（上升，下同），它是我们要绘制的第一条江恩线。它表示每个时间单位运行一个价格单位，这条线的几何角度是 45°（以底部水平线为基准，下同），把 0° 和 90° 平均成两半，把空间和时间周期平均分成两半。在一个圆周上有 360 度，上升江恩线所有重要的角度均落在圆周的四分之一，即 0 度和 90 度之间，因为 90 度是上下垂直的，而且是价格可以上升到的极限位置。因此，上升 1×1 线对价格的支持与阻力作用是最强大的。

价格沿着上升 1×1 线向上运行，表明行情处于多头控制之下，或将见到更高的价位。我们可以在 1×1 线之上建仓，表明趋势将得以延续，股价可能会继续走高；跌破 1×1 线止损，因为这表明趋势至少会暂时改变，股价可能会走低。

二、上升 1×2 线

第二条重要的江恩线为 1×2 线，表示每个时间单位运行两个价格单位，该线把 45° 角和 90° 角之间的空间平均分成两半，其几何角度值为 63.5°，这就是该线是第二强劲和第二重要的江恩线的原因。只要价格停留在这条江恩线之上，就表示股价比处于 1×1 线的时候具有更强的上升动能，因为它的角度形态要比45°线陡峭得多,所以这是一条更加敏感的江恩线。当价格向下跌破了1×2线,就意味着价格将会走低,下一目标将是1×1线。以此类推,所有的江恩线都有不变的规则:不管价格向下击穿了哪一条江恩线,都意味着价格将继续向下,目标为相邻的下一条江恩线。

三、上升1×3线

1×3线表示每个时间单位运行三个价格单位,其几何角度值为71.5°。在价格已经持续上升且是从底部经过了一段长距离的上升后,这条江恩线是很重要的。这条江恩线多用在月线和周线上。

四、上升1×4线

1×4线表示每个时间单位运行了四个价格单位,或者说运行四个价格单位需要消耗一个时间单位,其几何角度值为75°。1×4线是把1×2江恩线和90°之间的空间等分成两半的江恩线。

价格在1×4线之上运行,表明价格非常的强势。但是一旦价格向下跌破该线,根据上述第二点提到的原则,就意味着价格将会向1×3线寻求支撑。

五、上升1×8线

1×8线表示每个时间单位运行八个价格单位,其几何角度值为82.5°。价格在1×8线之上运行,表明价格的上升极度强劲,一旦价格跌破此线,就意味着价格会下降到邻近的1×4线寻求支撑。

六、上升2×1线

当价格向下击穿了1×1线,开始向下移动,那么首先要做的事就是在1×1线之下画2×1线。2×1线表示二个时间单位运行一个价格单位,其几何角度值是26.5°,这是当价格向下击穿了1×1线时到达的第一条江恩线。根据江恩几何角度线的特点,当价格到达2×1线的时候,将会得到支撑,有很大可能会跌后复升,有时价格会保持在2×1线上运行一段时间且形成更高的底部。但当这个 2×1 线被跌破的时候，就必须画下一条江恩线 3×1 了。

七、上升 3×1 线

3×1 线是一条非常重要的江恩线，表示每三个时间单位运行一个价格单位，其几何角度值为 18.5°。强烈建议在任何时候都使用它并且在从任何重要底部开始的月线图上都保持该线的存在。它也可以用于周线图上，而且大多数情况下都很有帮助，但用在日线图上作用相对较小。在一段长期的月线图或周线图上画这条江恩线，将大大提升其测市价值。

八、上升 4×1 线

下一条重要的江恩线为 4×1 线，表示每四个单位时间运行一个单位价格，其几何角度值是 15°。它是价格运行过程中的一条有力的支撑线。

九、上升 8×1 线

当 4×1 线被击穿后，需要画在图上的下一条重要的江恩线是 8×1 线，该线表示每八个时间单位运行一个价格单位，其几何角度值是 7.5°。这是一条非常强的支撑线。在价格已经经历了一次大的下滑之后，通常会在 8×1 线停留一段时间，或是在此形成最终的底部，然后从这条线开始向上爬升，穿过其他的江恩线而重新回到一个强势的位置。因此，这条江恩线运用在股价长期下滑之后是非常有价值的。

综上：上升江恩线展示了多头市场的运行方向，通过上升江恩线来分析行情，将得到事半功倍的效果。至此，我们便已经完成了对所有上升江恩线的介绍了。图 4-6 为九条上升江恩线。

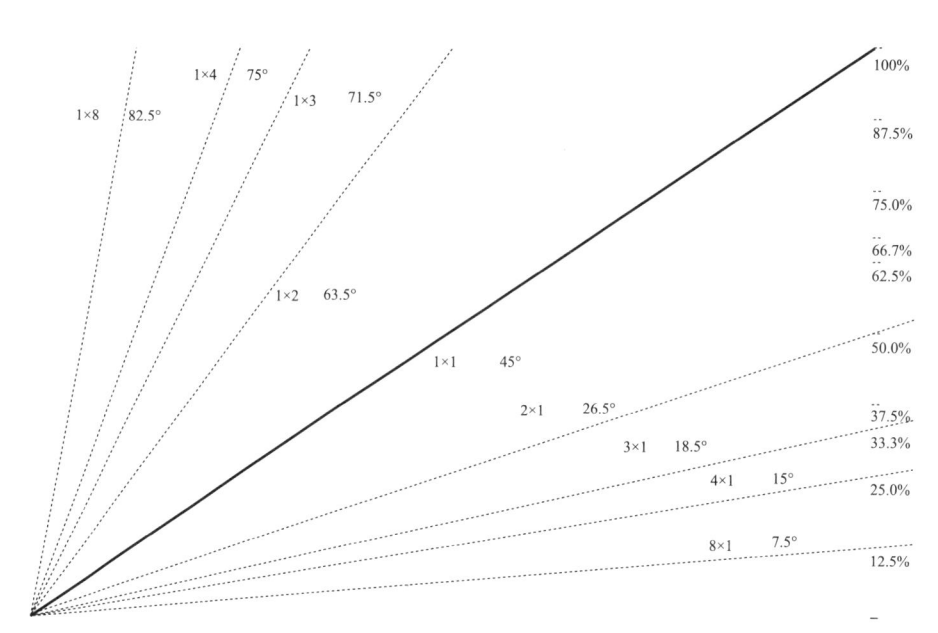

图 4－6　上升江恩线

第五节　下降江恩线

下降江恩线，即从高点向下绘制的一组江恩线。当价格已经从高点向下滑落了一段适当的时间后，我们便可以从高点向下绘制下降江恩线了。

一、下降 1×1 线

要绘制的第一条下降江恩线为 1×1 线（下降，下同），表示每个时间单位下降一个价格单位，其几何角度值为 45°（以顶部水平线为基准，下同）。只要价格处于 1×1 线的下方，就表明价格处于下跌趋势当中，且极度弱势。当价格在长时间的下滑后重新积聚了力量向上穿过了下降 1×1 线的时候，表明价格在一个下跌市场中开始走强，或者正在准备转向多头行情。

二、下降 1×2 线

下降 1×2 线，表示每一个时间单位下降两个价格单位，其几何角度值为 63.5°。（作用与上升江恩线相同，方向相反，此处不再赘述，下同）

三、下降 1×3 线

下降 1×3 线，表示每一个时间单位下降三个价格单位，其几何角度值为 71.5°。这条江恩线在价格长时间的下滑后使用是很有价值的。

四、下降 1×4 线

下降 1×4 线，表示每个一个时间单位下降四个价格单位，其几何角度值为 75°。

五、下降1×8线

这是最弱的一条下降江恩线，表示每个时间单位下降八个价格单位，其几何角度值为82.5°。当某只股票的股价沿着1×8线向下滑落的时候，表明价格处于极度弱势的格局。

六、下降2×1线

下降2×1线，表示每两个时间单位下降一个价格单位，其几何角度值为26.5°。当价格沿着下降2×1线运行，预示着价格跌速较慢或开始走强，或者说正在积聚做多力量。

七、下降3×1线

下降3×1线，表示每个三个时间单位下降一个价格单位，其几何角度值为18.5°。

八、下降4×1线

下降4×1线，表示每个四个时间单位下降一个价格单位，其几何角度值为15°。当价格向上穿越了4×1线的时候，它将试图冲击下一条最强势的下降江恩线，即下降8×1线。

九、下降8×1线

下降8×1线，表示每个八个时间单位下降一个价格单位，其几何角度值为7.5°。当价格向上穿过了8×1线，预示着从高点开始的下跌重新回到了一个比较强势的位置。

综上：与上升江恩线相对，下降江恩线展示的是空头市场的运行方向，其原理与上升江恩线相同，不再赘述。行文至此，已经完成了对从低点及高点绘制的所有江恩线组合的介绍。图4-7为九条下降江恩线。

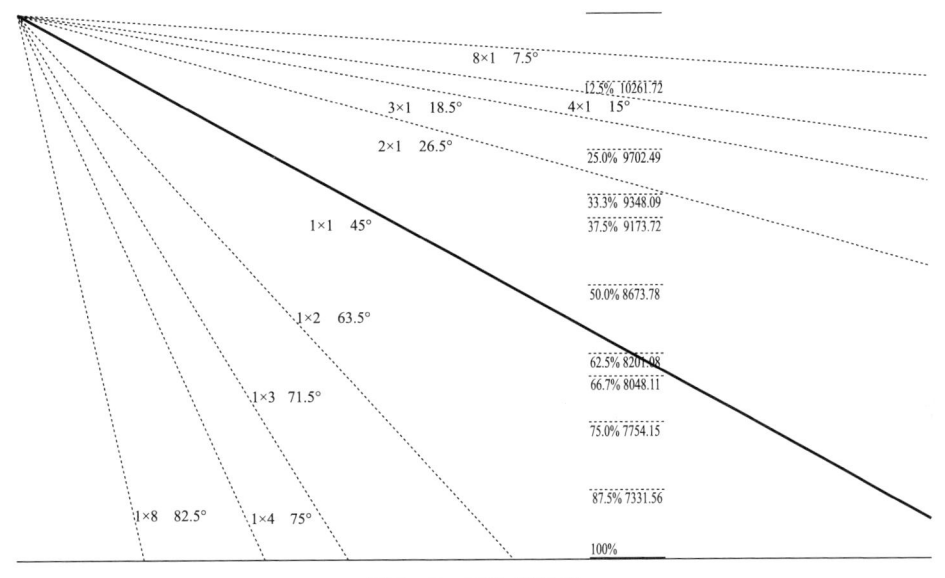

图 4-7　下降江恩线

第六节　应用要点

一、最优坐标

绘制江恩线时，在坐标系未定、自由选择的情况下，笔者推荐使用最优化的坐标系。江恩线的最优化的坐标系是指满足下列条件的坐标系：

$$波动率 = 单位价格 = 价格刻度$$

并且，价格刻度与时间刻度的物理尺寸之比值为1:1。

在最优化的坐标系中，相对于江恩几何角度线起点的水平线而言，1×1线的几何角度值为45°。

若不以江恩几何角度线的起点作为水平线，而是统一以图表底部作为水平线，那么下降与上升的江恩线的几何角度值互为补角。通常情况下，我们选择以江恩线的起点作为水平线，这样，无论是上升江恩线还是下降江恩线，各江恩线对应的几何角度是相同的。

二、1×1线

（一）1×1线未必是45°

理解这一点相当重要，先从江恩自身制作江恩几何角度线谈起。由于江恩所处的年代，计算机尚未普及，画图工作全由手工制成，故江恩曾聘任三十多名作图员来从事这项工作，江恩使用尺寸为8×8的绘图纸来均衡价格单位与时间单位。按照这一方法，作图者可自行根据8×8的比例，预先画上一组上升或下降的江恩线，然后根据时间价位的相关比例进行持续性标记。以1个时间单位上升1个价格单位的方式进行，那么这种上升方式就是以1×1线的幅度运行。此时，1×1线的角度即为45°，也就是说1×1线与普通45°角度线是一致的。

通常情况下，价格运行极不规则，按固定的比率悉数套在所有的价格分析中，效果自然欠佳。江恩几何角度线与普通角度线的区别就体现在这里。

普通角度线与时间并无关系，如果45°线正好是时间与价位等比，那么，这个45°线就是1×1线；如果时间与价格未出现等比关系，则这个45°线就不是1×1线。笔者曾看到一些书籍中介绍的江恩几何角度线，通篇都是直接将45°线当作1×1线，很难想象与时间无关的普通角度线应用在市场分析中会是什么结果。事实上，江恩所画的45°线肯定是1×1线，1×1线也一定是45°线。而软件上的45°线则不一定是1×1线，这一关系要由时间与价位的比例决定，而非由图表或计算机画面角度而定。

江恩特别强调时间的重要性，在某一时间之内观察价位的变化，并将时间与价位两个维度同时考虑，这是江恩几何角度线与普通角度线的最大不同。江恩几何角度线根据时间与价位的不同，动态地观察股价的变化。例如，在时间相同的情况下，某只股票的价格是100元，另一只股票的价格是10元，价格差别之大自不能以同等比率相提并论，可行的方法是前者每天以1元的比率运行，此时45°线就是1×1线；后者则以每天0.1元的比率运行，此时的45°线也是1×1线。虽然股价并不一样，但两者均属1×1线，根据不同的运行比率反映了两种不同股价的真实运行情况，若僵化地套用普通角度线是无法得到上述效果的。

由此可见，江恩几何角度线的分析意义在于把握住每种股票不同的波动率，以独特的视角正确地反映其价格潜在的运行节奏。

（二）实战运用

1×1线在江恩线中的地位最为重要。江恩认为，如果股价长时间在1×1线之下运行，这条线应该称为"死亡线"。以上升江恩线为例，只要市场跌破1×1线，将直接下试2×1线甚至3×1线……，江恩认为1×1线通常意味着波动率为1元或10元，为了便于江恩的方法适用于今天的市场，行情软件允许投资者重新设置1×1线的参数，每一个市场的参数都可以是不同的，从而获得最佳的分析基点。

1. 天茂退（002059）

图4-8为天茂退（002509）2016年2月至2018年6月的日K线图。以

2016年3月1日的最低价3.14元为起点，以0.03元每天的波动率向上绘制出各条江恩线后可以看到，股价一开始沿着1×2线稳步上涨，始终在1×2线与1×3线围成的区间里震荡上升；2016年6月8日，股价跌破1×2线后开始滑落至1×1线，其后股价沿着1×1线攀升，涨速显著变慢；2017年10月26日，跌破1×1线后于2017年11月10日回试1×1线失败，其后经历了一段横盘震荡后，最终一泻千里。值得留意的是，暴跌期间，4×1线对该股的下跌起到了明显的支撑作用。在跌破8×1线后，该股最终走上了退市的结局，令人唏嘘的同时，也不禁令人赞叹江恩几何角度线的强大预测威力。

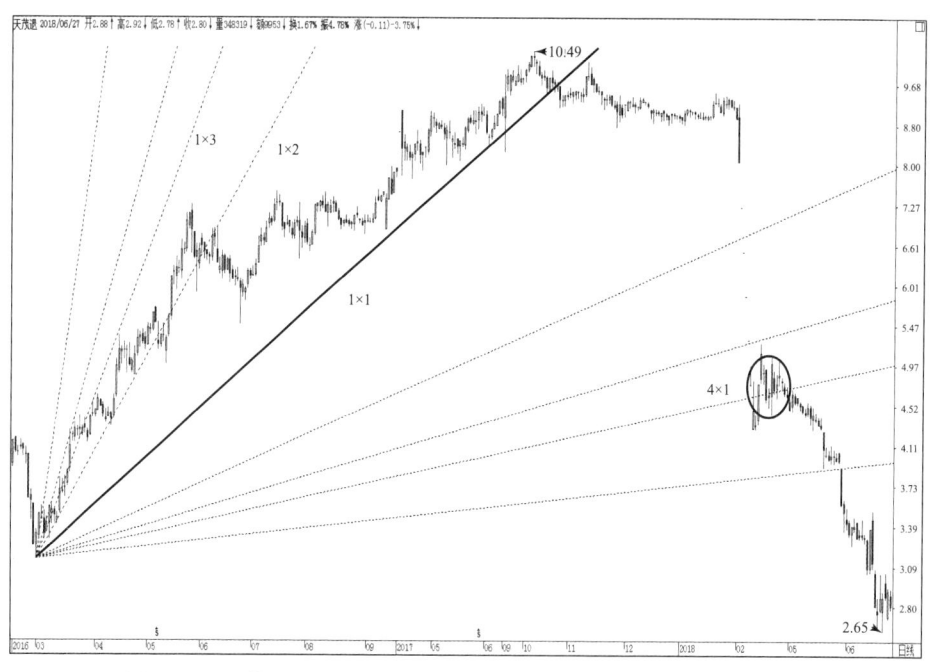

图4-8　天茂退（002509）2016年2月至2018年6月的日K线图

2. 乐视退（300104）

图4-9为乐视退（300104）2013年3月至2017年3月的周K线图。以2013年4月8日的最低价2.91元为起点，以每周0.21元的波动率向上绘制一组上升江恩线，以2015年5月13的最高价44.69元，每周0.41元的波动率向下绘制出一组下降江恩线。其后可以看到，2015年4月，股价突破上升1×1线的压制后，进入牛市的最后疯狂，在达到上升1×2线后见到天顶44.69元，后反转下跌，下跌途中在上升1×1线处遇到短暂的支撑；此后在上升2×1线与下降1×4线的夹角处遇到支撑开始反弹；当股价再次反弹到

上升 1×1 线处，遇阻回落，然后沿着下降 1×1 线步入漫漫熊途，此后再也无力回试上升 1×1 线，直至最终退市。注意图中用圆圈标注的角度线相交位置，这里通常是引致趋势变化的关键点位。

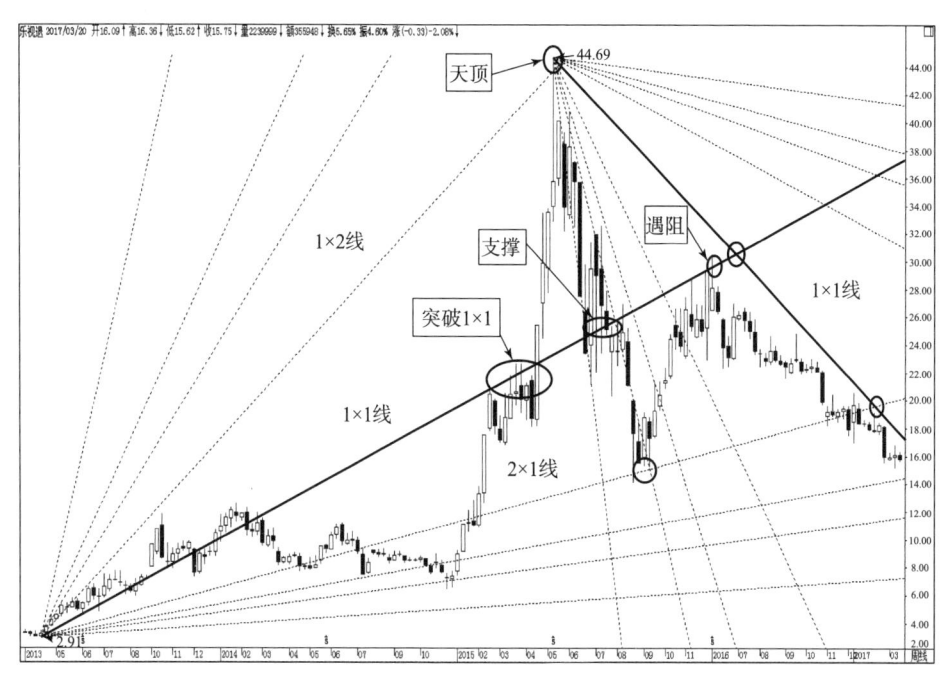

图 4-9　乐视退（300104）2013 年 3 月至 2017 年 3 月的周 K 线图

三、江恩比率、几何角度与江恩几何角度线的关系

表 4-1 为江恩比率[①]、几何角度及江恩几何角度线的对应关系。

表 4-1　江恩比率、角度数与江恩线的对应关系

江恩比率（%）	几何角度（°）	江恩几何角度线
12.5	7.5	8×1
25	15	4×1
33.3	18.5	3×1
37.5	26.5	2×1

---

① 详见本书第三章第四节。

续表

江恩比率（%）	几何角度（°）	江恩几何角度线
50	45	1×1
62.5	63.5	1×2
66.7	71.5	1×3
75	75	1×4
87.5	82.5	1×8
100	—	—

江恩几何角度线的基本比率为1:1，即1单位时间对应1单位价格。1×1线表示每单位时间运行1个价格单位；1×2线表示每单位时间价格运动2个单位；2×1线表示每2个单位时间价格运动1个单位……，以此类推。

若市场此时处于上升趋势，价格通常会沿着上升江恩线向上攀升，若价格沿着2×1线上升，此时江恩线的几何角度为26.5°（最优坐标），上升的目标价位是前一下跌波段的37.5%，上升2×1线此时即为价格上升时的支撑线。若价格沿着上升1×1线上升，那么此时的上升目标价位则是上一下跌波段的50%。如果上升迅速有力，那么价格会沿1×2线、1×3线或1×4线上升，上升目标位分别为上一下跌波段的62.5%、66.7%和75%。

若市场此时处于下降趋势，江恩比率、几何角度及江恩几何角度线仍然遵循表4-1所示的关系。在实际的价格走势中，下降江恩线的基点通常选择价格走势的显著高点，此时江恩线由上向下发散，几何角度则是江恩几何角度线与顶水平线之间的夹角。另外，价格向下回调时，从前一个底部价位画出的上升江恩线仍然有效，所不同的是，原来对价格上升的支撑线现变成抵抗下跌的阻力线。例如，当价格跌破上升1×1线后会首先遇到上升2×1线的支撑，接着依次是上升3×1线、上升4×1线和上升8×1线。

图4-10为上升趋势时，江恩比率、几何角度及江恩几何角度线在图表上的对应关系。

图4-11为下降趋势时，江恩比率、几何角度及江恩几何角度线在图表上的对应关系。

对于2019—2020年上证指数（000001）的波动区间，我们可以用江恩比率作出分析，方法很简单。

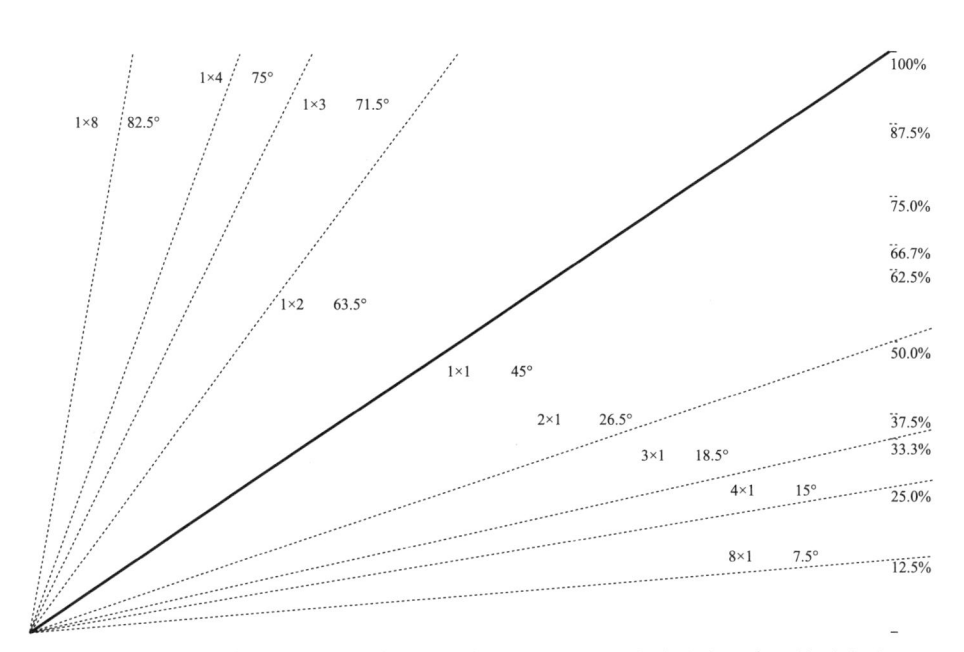

图 4－10　上升趋势时，江恩比率、几何角度及江恩几何角度线在图表上的对应关系

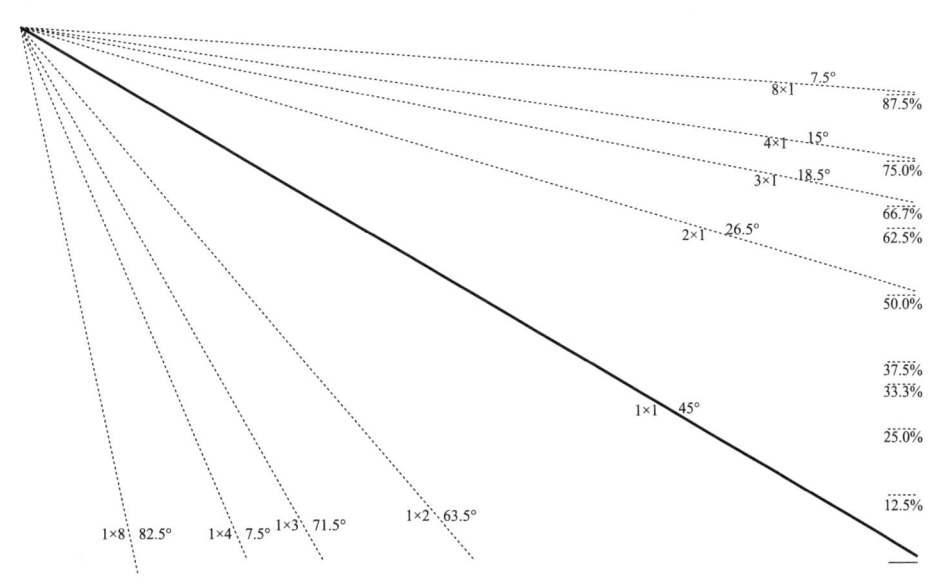

图 4－11　下降趋势时，江恩比率、几何角度及江恩几何角度线在图表上的对应关系

图 4－12 为上证指数（000001）2017 年 10 月至 2020 年 12 月的周 K 线图。图中我们做出了江恩比率线，前一波下跌的波动区间是 2440 点—3587 点，江恩比率依次是 12.5%—25%—33.3%—37.5%—50%—62.5%—

66.7%—75%—87.5%。从图中可以看到，上证指数自 2440 点以来的第一段上涨在 75% 位置止步不前（实际高点 3288）；其后的回抽在 33.3%一线受到支撑（实际低点 2822）；其后的反弹在 50%一线受到阻力（实际高点 3048）；2019 年 8 月低点 2733 点位于 25%一线，指数在此处止跌企稳；然后震荡攀升至 2020 年 1 月的 3127 点，此处为 62.5%；之后在疫情的利空影响下再次回落至 25%一线，实际为 2646 点；其后出现缓慢攀升，至 2020 年 7 月一举突破 2019 年 4 月高点 75% 压力位，在 87.5% 位置遇阻回落；截至 2020 年 12 月，在 87.5% 位置已经是第三次遇阻，可见大的江恩比率关口的压力不容小觑。

图 4-12　上证指数（000001）2017 年 10 月至 2020 年 12 月的周 K 线图

对于 2020 年指数在 87.5% 位置的三次冲击，很多分析师认为"一鼓作气，再而衰，三而竭"，2021 年初将会再次回落，形态上呈"三重顶"结构，有效突破 87.5% 阻力的概率很小。笔者在此有自己的看法。笔者认为，87.5% 的位置虽然有较大反压，但难改上行趋势，2021 年初，即有机会突破该阻力位。是耶，非耶，请拭目以待！①

---

①　笔者撰写此文的时间为 2020 年 12 月 18 日。仅仅 9 个交易日后的 12 月 31 日，上证指数便一举突破 87.5% 的阻力位。

第七节　实战价值

> 时间等于价位，价位等于时间，时间与价位可以相互转换，当时间与价位形成四方形，市场转势便迫在眉睫。
>
> ——江恩

江恩的这句话表明江恩几何角度线并非一般意义上的趋势线，而是根据时间、价格两维空间的概念促成的独特分析体系。因而有分析师认为，江恩几何角度线是江恩最伟大的发明，它打开了时间与价格不可调和但又密不可分的格局。从操作层面来说，这是江恩技术理论中最有价值的一部分。

绘制江恩几何角度线时一定要有一个"四方形"的概念。四方形即正方形，以对角线出现的45°作为四方形的二分一，它代表了时间与价位处于平衡的状态，若在特定的坐标系下，时间、价位同时到达这一平衡点时，市场将发生重大转折。

江恩几何角度线由时间单位和价格单位定义价格运动。每一组江恩线同时由时间和价格两个维度所决定，从各个显著的顶点或显著的低点画出的江恩线，它们互相交叉，构成江恩线之间独特的数学关系。它们不仅能确定何时价格会反转，而且能够预测将反转到何种价位，构成价格与时间美妙的和谐。

图4-13为上证指数（000001）2012年7月至2020年12月的月K线图。我们以上证指数2013年6月的1849点与2019年1月的低点2440点连线为1×1线绘制出一组上升江恩线。从图中可以看到，2019年4月高点3288点在1×2线附近遇阻回落，说明在这组江恩线中，1×2线对测顶很有效。我们结合本书第五章《江恩数字》一节中讨论的上证指数月度时间窗，预测2020年3月左右见低点。结果，其间受疫情影响，指数再次回归1×1线附近。

图4-13中，笔者还画了一条等距周期线，自2018年1月3587高点至2019年4月3288高点，间隔15个月，自2019年4月至2020年7月，间隔刚

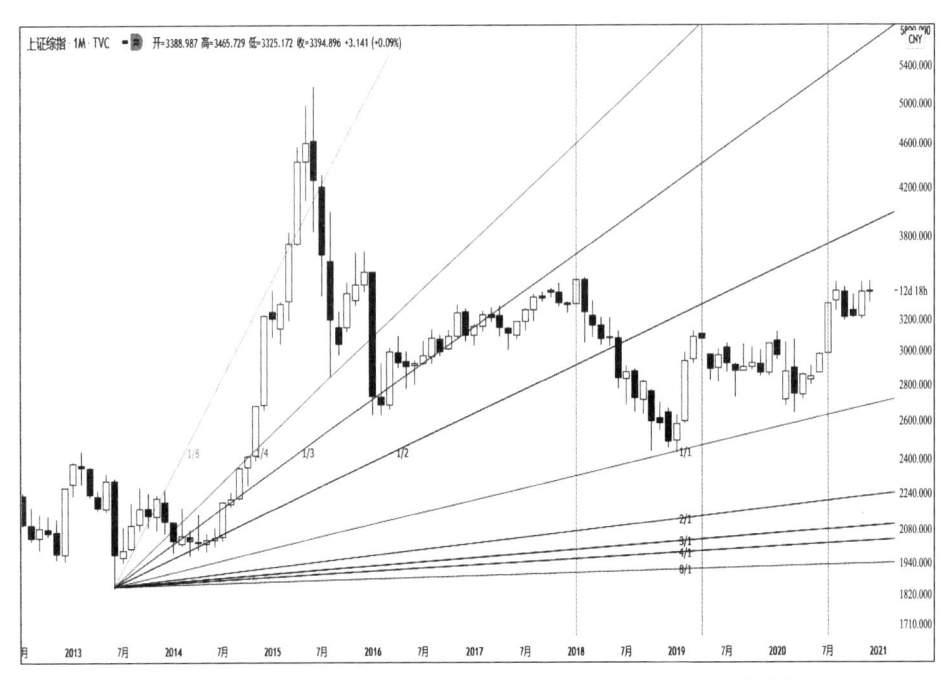

图4-13 上证指数（000001）2012年7月至2020年12月的月线图

好也是15个月，时间上呈1:1的关系，是重要的时间窗。因而行情在2020年7月的3458点戛然而止也就不足为奇了。七年循环及15个月的等距时间调整因素决定了2020年7月为重要转折点。①

图4-14为上证指数（000001）2013年4月至2018年11月的周K线图。从图中可以看到，价格的空间运行是非常完美的。我们以2013年6月25日的1849点为起点，以11.55点的波动率向上绘制出一组江恩几何角度线。可以看到，2014年年中大盘在经过3×1线的有效支撑后一路上涨；2014年11月末12月初突破1×1线后进入牛市的爆发期；5178点遇到1×2线后反转下跌；在2016年2月至2018年1月的"慢牛"行情中，2×1线再次显示出时空上的完美对称。

图4-15为深证成指（399001）2012年2月至2018年5月的周K线图。我们以2014年3月21日的最低点6959.25点为起点，以44.98点的波动率向上绘制出一组江恩几何角度线。从图中可以看到，2014年年中大盘在3×1线处获得密集承接；2014年11月在突破1×1线后开始加速上扬；2015年1月

---

① 参见本书第五章第一节。

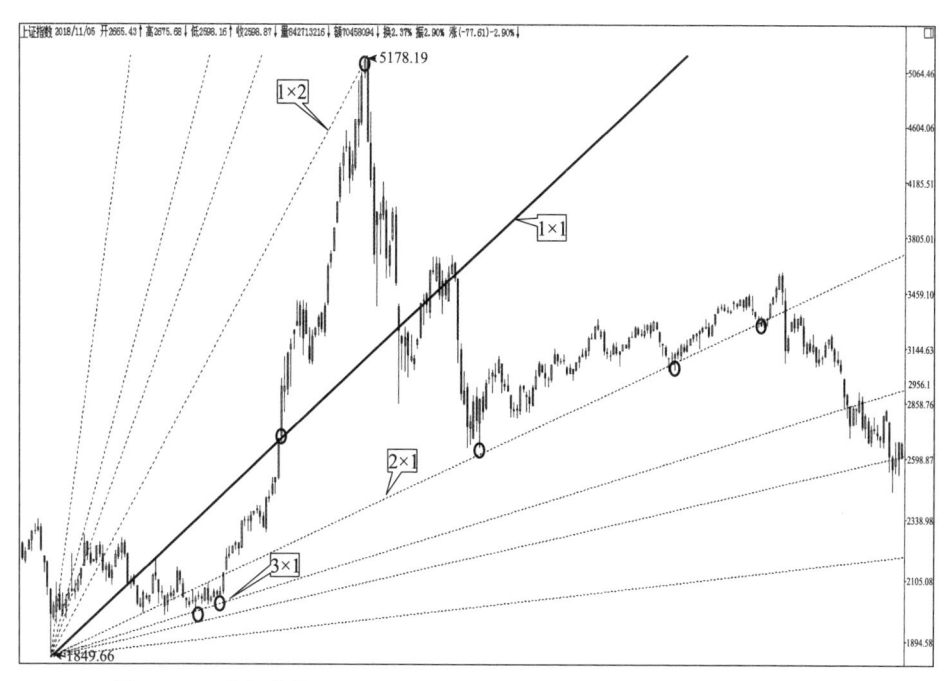

图 4-14　上证指数（000001）2013 年 4 月至 2018 年 11 月的周 K 线图

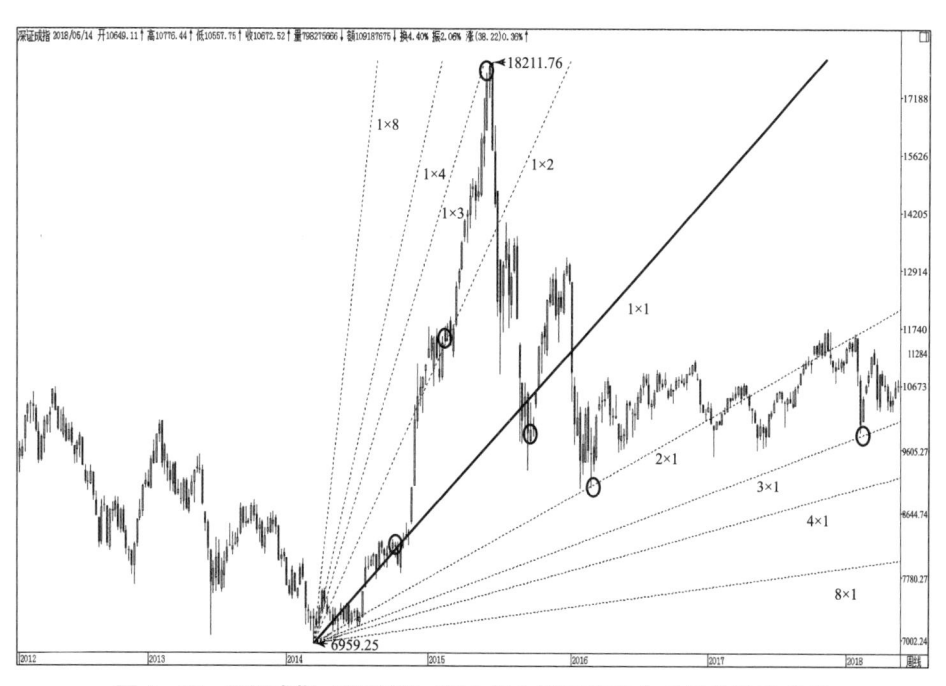

图 4-15　深证成指（399001）2012 年 2 月至 2018 年 5 月的周 K 线图

及2月受到1×2线的阻挡，进入震荡格局；之后在突破1×2线后一飞冲天；6月受1×3线压制，行情止步不前。而我们在确认6959.25点为显著低点后，就可以提前向上绘制出江恩几何角度线，得以让我们提前预测到未来行情可能遇到的重要阻力位。

在接下来的价格发展中，我们可以看到深证成指在2015年9月、2016年2月以及2018年2月，也准确地在各条江恩线附近遇到支撑。

值得一提的是，江恩几何角度线不仅可以用于指数，也可以用于个股和单个商品。

图4-16为龙力退（002604）2014年2月至2017年11月的日K线图。我们以2014年5月的最低点6.47元为起点，以0.03元的波动率向上绘制出一组江恩几何角度线；以2015年6月的最高点20.80元为起点，以0.05元的波动率向下绘制出一组江恩几何角度线。之后我们便可以观察到，两组江恩几何角度线互相交叉，完美地构筑了该股的阻力与支撑。

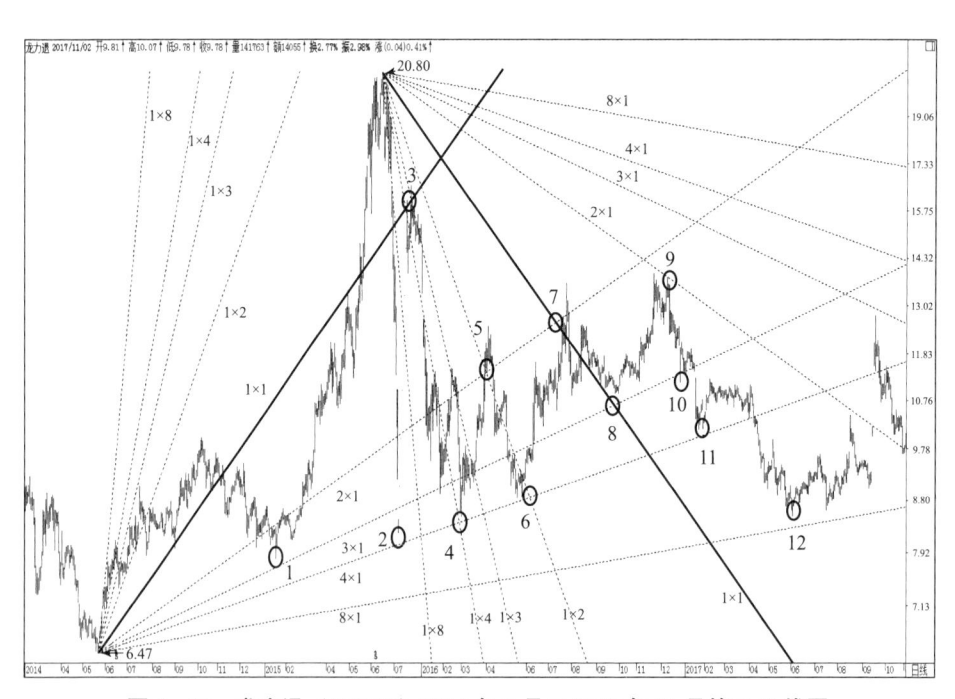

图4-16　龙力退（002604）2014年2月至2017年11月的日K线图

（1）2015年1月，股价跌至上升3×1线附近时，止跌企稳，随即开启特大升浪；

（2）2015年6月，适逢股灾，股价跌至上升4×1线附近时，止跌企稳；

(3) 2015年12月，股价涨至上升1×1线、下降1×3线以及下降1×4线夹角时，遇阻回落；

(4) 2016年2月，股价跌至上升4×1线与下降1×4线夹角时，止跌企稳；

(5) 2016年4月，股价涨至上升2×1线与下降1×2线夹角时，遇阻回落；

(6) 2016年6月，股价跌至上升4×1线与下降1×2线夹角时，止跌企稳；

(7) 2016年7月，股价涨至上升2×1线与下降1×1线夹角时，遇阻回落；

(8) 2016年9月，股价跌至上升1×3线与下降1×1线夹角时，止跌企稳；

(9) 2016年12月，股价涨至下降2×1线附近时，遇阻回落；

(10) 2017年1月初，股价跌至上升3×1线附近时，止跌企稳；

(11) 2017年1月末，股价跌至上升4×1线附近时，止跌企稳；

(12) 2017年6月，股价跌至上升8×1线附近时，止跌企稳；

图4-17为渤海汽车（600960）2019年10月至2020年6月的日K线图。从图中可以清楚地看到，价格在2×1受到支撑，1×2线遇阻，并且这组江恩几何角度线在未来将依然有效。

图4-17　渤海汽车（600960）2019年10月至2020年6月的日K线图

学习江恩几何角度线的时候，我们要知道的第一个事实是：江恩几何角度线仅仅是江恩的一种技术方法，进行实战操作的时候，一定要力求多种技术相互验证。那些自以为是，短线搏杀，追涨杀跌的投资者，恰恰缺乏这一点。这种投资者，往往在经过一轮大熊市后，便永远地离开了市场。

江恩在预测市场的时候，还发明了以下技术：四分图、四方图、六方图、九方图、数字表、偶数表、轮中轮等，这些技术既相对独立，又相互交错，但是如果你能将他们组合到一起使用，才能对江恩理论的理解进行升华。碍于本书的主题及篇幅所限，江恩的其他技术笔者将另作专著论述，此处不再展开。

我们使用江恩几何角度线来测算空间和时间，只要遵循规则并且在极限高点和极限低点准确地画出江恩几何角度线。这是一个比加减乘除更简便快捷的方法，在进行加减乘除运算时我们也许会发生错误，但准确地画出江恩几何角度线则不会出错。

画在图表上的江恩几何角度线，始终使股票的位置和趋势清晰地展现在我们的面前。正确地画出江恩几何角度线，会防止我们犯错或者误判趋势。如果你遵循江恩的规则并且愿意等待，江恩几何角度线会告诉你趋势将在何时改变。

第五章

数学原理

本章摘要：在研究江恩理论产生过程的时候，你会发现他涉猎的领域包括古埃及、古希腊及古罗马的数学。这些正是古代西方数理的发展历程。由于江恩的表述惜字如金且晦涩难懂，很多投资者即便接触了，也会由于资料缺乏等因素而不得不半途而废。正是由于这种对江恩理论数学原理的一知半解，导致了很多人对江恩的迷信和没来由的盲目崇拜。写作本章的目的正是为了打破普通人对江恩的这种盲目崇拜。

第一节 引　　言

我们利用双数和单数的平方，不但借此说明循环的结果，更借此揭示循环的成因。

——江恩

在本书几何原理一章中我们提到，对于波动率的计算，有两种截然不同的观点：

第一种：单位时间内价格上升或下降的幅度；

第二种：每一段时间运行多少个周期，即频率。

在本书几何原理一章中，我们只解释了第一种，而第二种表述中的"频率"也就是数字，数学周期的和谐表现即波动率。

在阅读江恩的书籍时，笔者发现数学在江恩预测中占有很重要的位置。

数学原理是江恩理论的核心内容。因为无论是研究天文原理还是几何原理，其根本目的都在于寻找到决定事物进程和发展变化的各种数学关系。这就既要依赖数学来完成寻找的过程，也要依赖数学来表达寻找的结果。江恩的一切理念，皆从数学发源；江恩的一切工具，都借数学诠释。我们之所以觉得江恩理论晦涩难懂，大部分原因也是因为我们没有从数字当中看到江恩所看到的东西。

下面我们来看一下江恩亲自设计的《空中隧道》一书的封面，这本书的封面揭示了共济会象征意义和神奇数字的价值，如图 5-1 所示。

江恩对希伯来文和数字的使用尤其明显，并且书名中使用了"Through"这个单词的简写"Thru"。该书的英文书名为 "*THE TUNNEL THRU THE AIR*"，可得出以下数字：

THE（＝2＋8＋5＝15＝6）[①]；

[①] 括号中的数字为字表母表中的序号取个位数。

第五章
数学原理

图 5-1 江恩亲手绘制的第一版《空中隧道》封面，1927 年

TUNNEL（2+3+5+5+5+3=23=5）；
THRU（2+8+9+3=22=4）；
THE（2+8+5=15=6）；
AIR（1+9+9=19=1）。

当这些单词的值加在一起时，总值等于 22（6+5+4+6+1），是"主数字"之一（主数字包括 11、22、33）。

单词 THRU 的数值也等于 22，剩下的单词的值为 18（6+5+6+1=18，即 666，三个 6 为 18）。

所有字母的数值总和为 94（15+23+22+15+19），可换算为 13（9+4）。

数字 13、22 和 666 是所罗门的数字（SLMN=1345=13=4；OOO=666），其总数也是 22（6+6+6+1+3）。

这本书的副标题是"回顾 1940 年"，总数值为 83，转换成主数字为 11。

每个标题中字母和数字的总数等于 19，总数为 38，这也是一个主数字（3+8=11）。

当你将 1940 年的日期值（1+9+4+0=14）加到第二个标题中辅音的总

值中，将得到 52；当加到元音中，将得到众所周知的江恩所说的重要角度 45°。①

金字塔上方和下方的几何图案象征着"如上即下"的概念。

---

① 关于"重要角度"，后文有更详细的论述。

第二节 江恩数字

一、数字"七"

江恩非常注重数字"七",在江恩理论中,数字"七"非常重要。江恩熟读《圣经》,他认为《圣经》是"书中书",其很多灵感来源于《圣经》。《圣经》中耶稣死后"七天"复活,上帝造人也使用了"七天","七"也是《圣经》中提到最多的数字。江恩理论中,"七"及其平方数"四十九"运用得非常广泛。

笔者研究发现,上证指数的运行也实实在在地受到数字"七"的制约,其长期波动周期亦存在着七年循环。

图5-2为上证指数(000001)1990年12月至2020年12月的月K线图。7年在月线可表示为84个月(7×12),从图中可以看到,历史上重要高低点之间的时间间距基本在80—86个月之间:[①]

(1) 1992年5月1429高点-1999年5月1047低点,84个月;

(2) 1992年11月386低点-1999年12月1341低点,85个月;

(3) 1994年7月325低点-2001年6月2245高点,83个月;

(4) 1995年5月926高点-2002年6月1748高点,85个月;

(5) 1996年1月512低点-2003年1月1311低点,84个月;

(6) 1997年5月1510高点—2004年4月1783高点,83个月;

(7) 1998年6月1422高点—2005年6月998低点,84个月;

(8) 2000年9月1874低点—2007年10月6124高点,85个月;

---

① 由于30年来高低点繁多,笔者在图上一一标注后会显得杂乱不堪,希望读者对照上述高低点,自己动手在行情软件上标注并对照,相信必将有意想不到的收获。

图 5-2　上证指数（000001）1990 年 12 月至 2020 年 12 月的月线图

（9）2002 年 1 月 1339 低点—2008 年 10 月 1664 低点，81 个月；

（10）2002 年 6 月 1748 高点—2009 年 8 月 3478 高点，84 个月；

（11）2003 年 1 月 1311 低点—2009 年 11 月 3361 高点，82 个月；

（12）2003 年 11 月 1307 低点—2010 年 7 月 2319 低点，80 个月；

（13）2004 年 4 月 1783 高点—2011 年 4 月 3067 高点，84 个月；

（14）2005 年 6 月 998 低点—2012 年 2 月 2478 高点，80 个月；

（15）2005 年 10 月 1067 低点—2012 年 12 月 1949 低点，86 个月；

（16）2006 年 7 月 1757 高点—2013 年 6 月 1849 低点，83 个月；

（17）2006 年 7 月 1757 高点—2013 年 9 月 2270 高点，86 个月；

（18）2007 年 6 月 3404 低点—2014 年 3 月 1974 低点，81 个月；

（19）2008 年 10 月 1664 低点—2015 年 6 月 5178 高点，80 个月；

（20）2008 年 10 月 1664 低点—2015 年 8 月 2850 低点，82 个月；

（21）2008 年 10 月 1664 低点—2015 年 12 月 3684 高点，86 个月；

（22）2011 年 4 月 3067 高点—2018 年 1 月 3587 高点，81 个月；

（23）2012 年 1 月 2132 低点—2019 年 1 月 2440 低点，84 个月；

（24）2012 年 2 月 2478 高点—2019 年 4 月 3288 高点，86 个月；

（25）2012 年 12 月 1949 低点—2020 年 1 月 3127 高点，85 个月；

(26) 2013 年 6 月 1849 低点—2020 年 3 月 2646 低点，81 个月；

(27) 2013 年 9 月 2270 高点—2020 年 7 月 3458 高点，82 个月。

以上数据充分说明了上证指数运行的高低点之间确实存在着 7 年的周期循环。

二、数字"八"

在江恩的许多书籍中特别强调了数字"八"的循环。

比如，江恩把圆周分割成 8 份，分割后的角度将成为圆周上的"重要角度"；再比如，价格的高点低点可以用 8 分来划定阻力支撑等等。

为什么江恩特别强调数字"八"的重要性呢？

因为 8 是偶数，也是第一个立方数（$2 \times 2 \times 2 = 8$）；另外"$2+2+2+2=8$"，我们把四个加数 2 从中间分开，可以看到它们是对称的，再分一次的结果仍然对称。

所以，数字"八"可以代表"秩序"与"和谐"。

下面我们就看一下"8"这个数字在上证指数（000001）的中的秩序。从图 5 – 3 中可以看到，8 的倍数在上证指数（000001）2015 年的股灾当中呈现出的是一种极度和谐的波动。

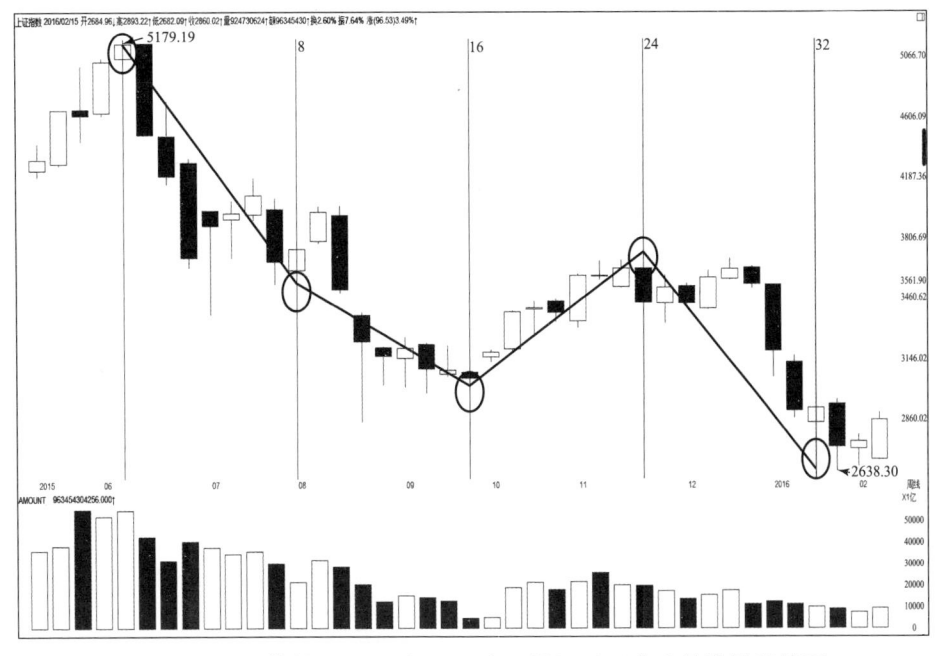

图 5 – 3　上证指数（000001）2015 年 5 月至 2016 年 2 月的周 K 线图

第三节　九方图的数学原理

一、数学原理

九方图是江恩最著名的数字表，是江恩数学原理中最特别的部分。许多江恩爱好者通常使用它作为基本的测市工具。然而，笔者个人认为，大多数投资者只使用了几种简单的技术，而忽视了这种多维图表的真正数学原理。

九方图是一个数字螺旋，它以数字"1"为中心，江恩将其称作金字塔的顶端，紧挨着的右边就是数字2。剩下的数字螺旋就是围绕着中心以逆时针方向直到9，这样就完成了围绕中心数字1的第一圈。10到25构成了第二圈，26到49为第三圈……以此类推。这种数字的特殊排列形式构成了与圆周中其他数字的唯一的平方根关系。

詹金斯在他的著作《读图》中证明了使用九方图时会得到一些有趣的数字平方根。在九方图中挪动坐标，先选个感兴趣的数字（如行情的显著高低点），然后取数字的平方根，再把结果加二或减二，然后再取平方，就会得到一个与之对应的神奇数字。

选价格15为例，也就是沿纵坐标从中心向上数的第二个数字。15的平方根加2，然后再取平方就近似地得到34，它就在15的正上方，或者说从中心1出发的360度线上；如果我们把15的平方根减二再取平方就可以近似地得到4，它在15的正下方，或者说从中心1出发的360度线上，图5-4为九方图。

以此类推，我们可以计算出更多的圆周数字：

（1）N的平方根±2的平方=360°线对应的数字；

（2）N的平方根±1.666的平方=300°线对应的数字；

（3）N的平方根±1.5的平方=270°线对应的数字；

101	100	99	98	97	96	95	94	93	92	91
102	65	64	63	62	61	60	59	58	57	90
103	66	37	36	35	34	33	32	31	58	89
104	67	38	17	16	15	14	13	30	55	88
105	68	39	18	5	4	3	12	29	54	87
106	69	40	19	6	1	2	11	28	53	87
107	70	41	20	7	7	9	10	27	52	85
108	71	42	21	22	23	24	25	26	51	84
109	72	43	44	45	46	47	48	49	50	83
110	73	74	75	76	76	78	79	80	81	82
111	112	113	114	115	116	117	118	119	120	121

图 5-4 九方图

（4）N 的平方根 ±1.333 的平方 = 240°线对应的数字；

（5）N 的平方根 ±1 的平方 = 180°线对应的数字；

（6）N 的平方根 ±0.666 的平方 = 120°线对应的数字；

（7）N 的平方根 ±0.5 的平方 = 90°线对应的数字；

（8）N 的平方根 ±0.333 的平方 = 60°线对应的数字。

这个原理对于确定九方图上的坐标非常有用。而且，江恩相信连接正方形的四个角到中心的数字和以十字交叉的纵向和水平方向的数字在平衡时间和价格上起着关键作用[①]。他还用星体的角度去平衡价格。正如毕达哥拉斯说，圆形或正方形中的角度在一些特殊的点上，价格和时间相互关联。江恩经常从《圣经》，以及艾默生、毕达哥拉斯和法拉第等人的著作中引用一些名

---

① 即圆的八等分线。

词来命名他的理论。事实上，他是在向世人暗示一系列的数学原理。

二、时间角度

围绕着九方图的外圆是时间和角度。这个圆形日历始于中心点水平方向右侧。日期为3月21日，节气为春分，此时正值太阳进入白羊座。日期以逆时针方向绕圆一周。这个关系让使用者很快能确定出以日地关系为基础的神奇数字，即300°、270°、240°等方向的日期所对应的数字。图5-5为九方图的日历外环。

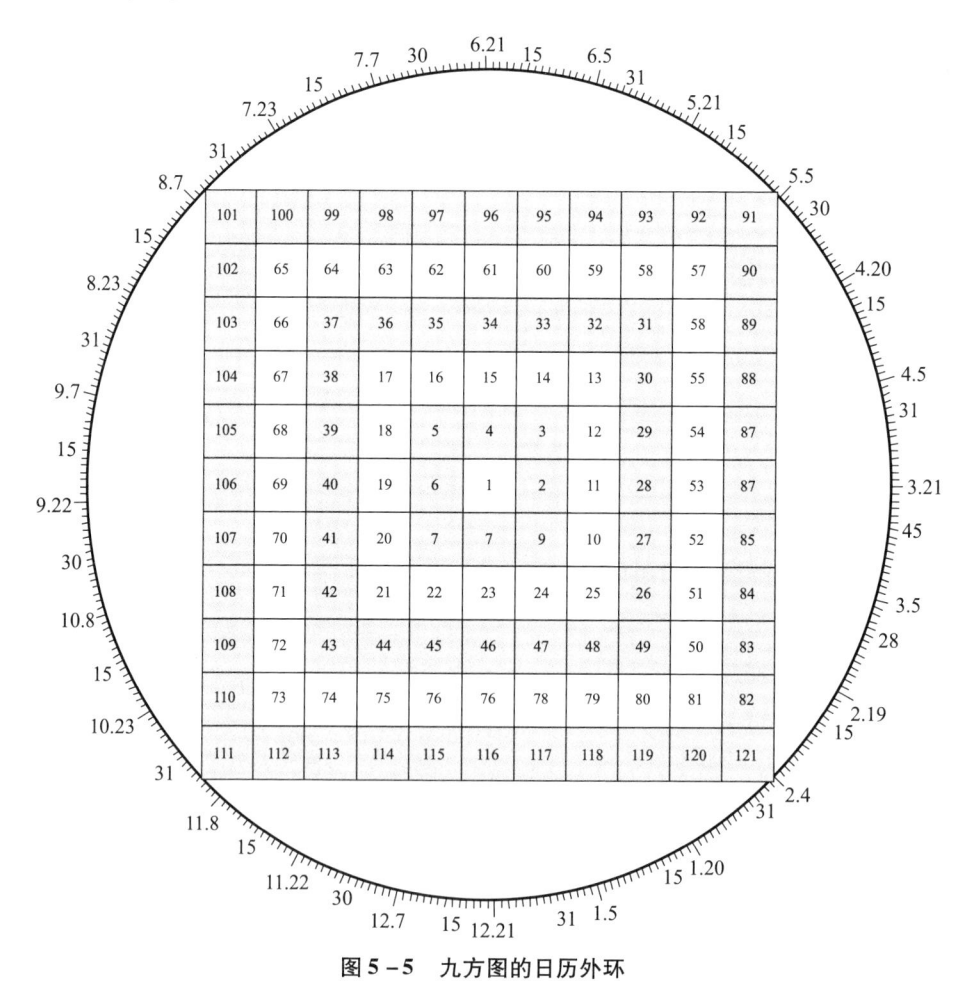

101	100	99	98	97	96	95	94	93	92	91
102	65	64	63	62	61	60	59	58	57	90
103	66	37	36	35	34	33	32	31	58	89
104	67	38	17	16	15	14	13	30	55	88
105	68	39	18	5	4	3	12	29	54	87
106	69	40	19	6	1	2	11	28	53	87
107	70	41	20	7	7	9	10	27	52	85
108	71	42	21	22	23	24	25	26	51	84
109	72	43	44	45	46	47	48	49	50	83
110	73	74	75	76	76	78	79	80	81	82
111	112	113	114	115	116	117	118	119	120	121

图5-5 九方图的日历外环

江恩提到："在圆中形成了一个正方形，其中有一个内圆和内正方形，同时还有外圆和外正方形，它们构成了价格运动的四个方面。"现在，我们已经讨论了地球绕日的轨道，即内圆和内正方形。接下来我们将讨论外圆与外正方形。

外圆象征着十二星体，同样也始于正方形右边的 3 月 21 日。从这点起逆时针以 30 度为基准绕圆运动一周将会形成黄道十二宫，这样就完成了外圆，分析者可以在圆周上验证星体运行与时间价格的对应关系。

为了便于时价分析，我们可以将星体位置（度数）转换成九方图上所对应的价格坐标。江恩讲到："公司成立的日子和公司上市的日子决定了以后不同日子的高低点。每只股票都会根据自己独有的星体而运动。股票诞生星象预示着将来价格运动的强度、力量和方向。"因此，我们可以用股票上市日（诞生星象），定位星体位置去预测日后股价的波动。江恩在给他朋友写的关于大豆的信函中详细论证了这一技术。有理由相信，这就是江恩给我们指明的天文研究方向。图 5-6 为九方图的角度外环。

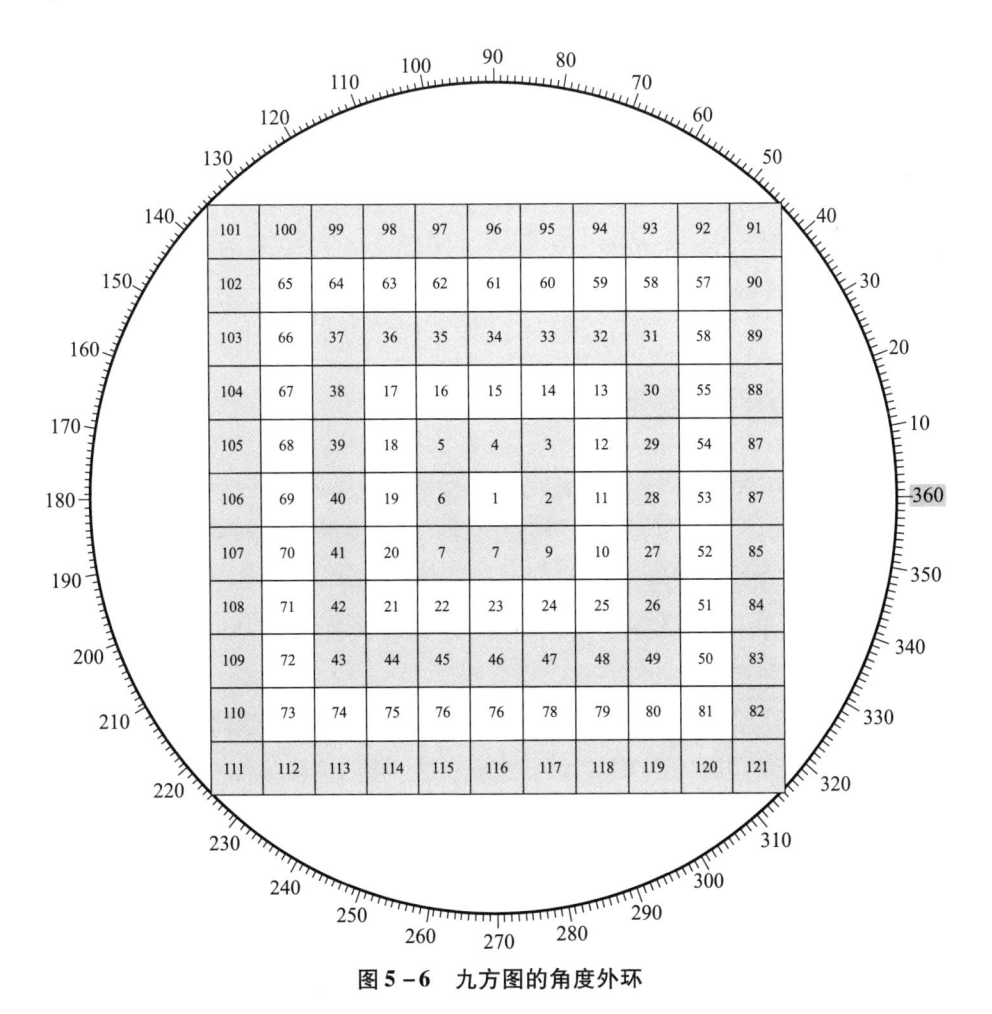

图 5-6 九方图的角度外环

九方图上的哪些角度属于重要角度呢？如同并不是任意数字都叫作"神奇数字"，只有"神奇数列"中的数字才能被称为"神奇数字"一样，在九方图上，只有某些特定的角度才能被称为"重要角度"。在应用九方图时，重要角度包括45°、90°、120°、180°、240°、270°、300°和360°。

江恩没有明确告知后人如何应用九方图。笔者根据自己的实战经验总结出一些九方图的使用方法，下文详述。

三、使用方法

（一）计算潜在的支撑阻力位

如果分析一只股票以15元为起点，那么我们就要在九方图上找到数字15。数字15正好在九方图水平交叉线（图中"十"字标记）的正上方，所以我们不需要调整九方图的角度。当价格上涨时我们可以用来推测阻力位置，九方图由数字15旋转45°到达17后继续上涨，再旋转45°到达数字19时遇阻，我们就说19元是15元的90°上涨阻力。如果价格突破阻力继续上涨至23元，我们就说23元是15元的180°阻力。同理，28元是15元的270°阻力目标。当价格到达34元时，我们就说15元完成了一个360°循环。如图5－7所示。

（二）计算潜在的时间转折点

寻找价格走势图上的显著高低点，用以预测将来的高低点的时间。例如：如果低点A到低点B历时10天，我们便可以在九方图上找到数字10，然后标注出与数字10在相同角度线上的数字。这些数字分别是10，26/27，51/52，84，124/125。当行情运行到上述天数时，就要高度注意行情是否将要发生转折。如图5－8所示。

图5－9为上证指数（000001）2020年9月至2021年3月的日K线图。从图中可以看到，低点A到低点B历时17天。我们依次在九方图上标注出与数字17在相同角度线上的数字，17，37，65，101……。接下来就是见证奇迹的时刻：我们将这些数字标记在价格走势图表上后发现，这些数字所在的天数附近，全都出现了行情的转折（C、D、E）。图5－10为与图5－9对应的九方图。

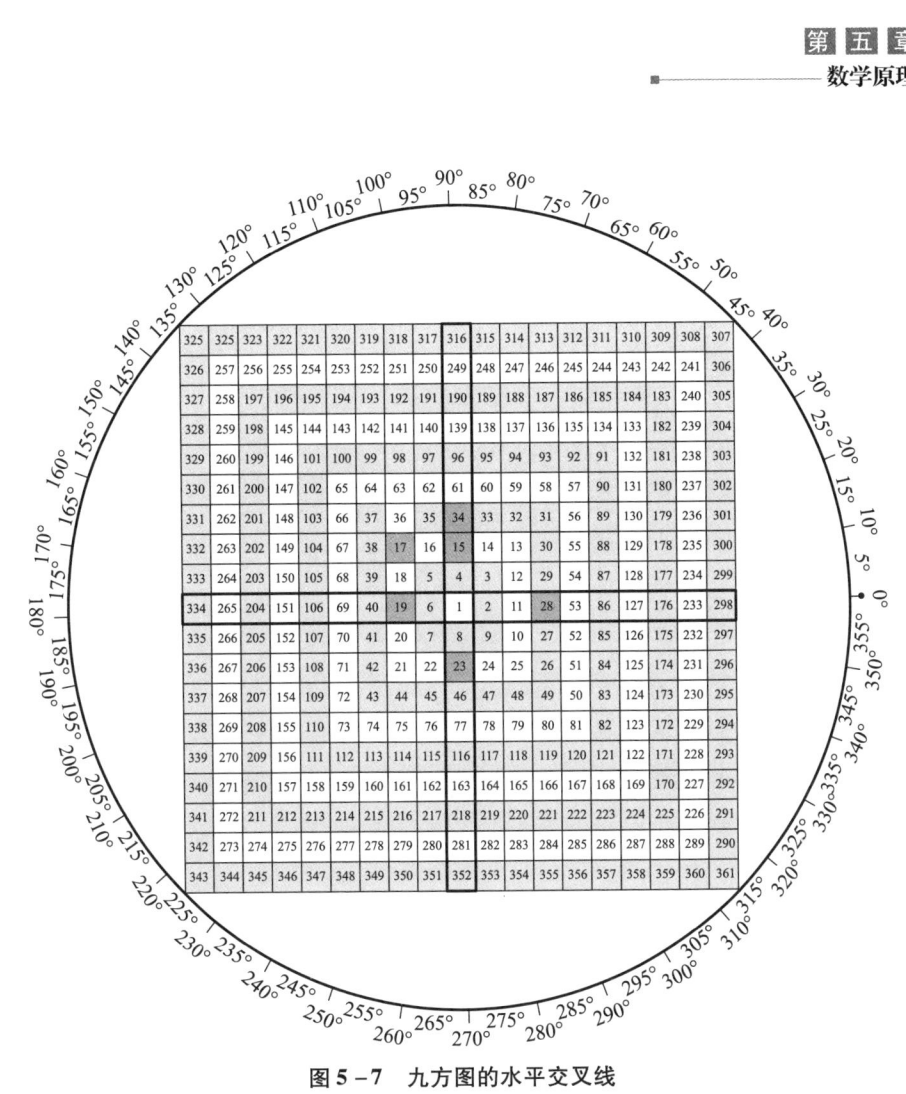

图 5-7　九方图的水平交叉线

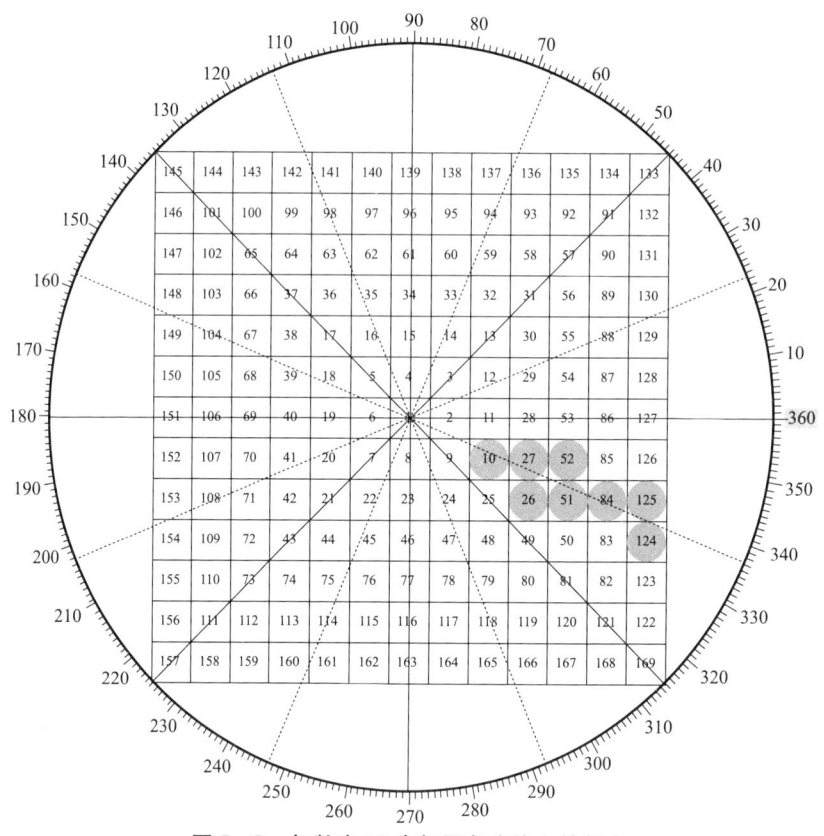

图 5-8　与数字 10 在相同角度线上的数字

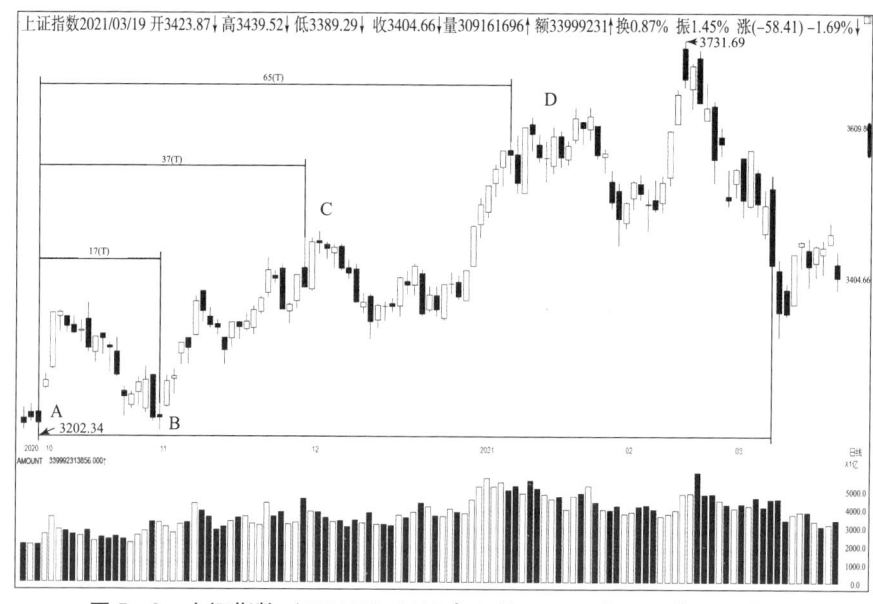

图 5-9　上证指数（000001）2020 年 9 月至 2021 年 3 月的日 K 线图

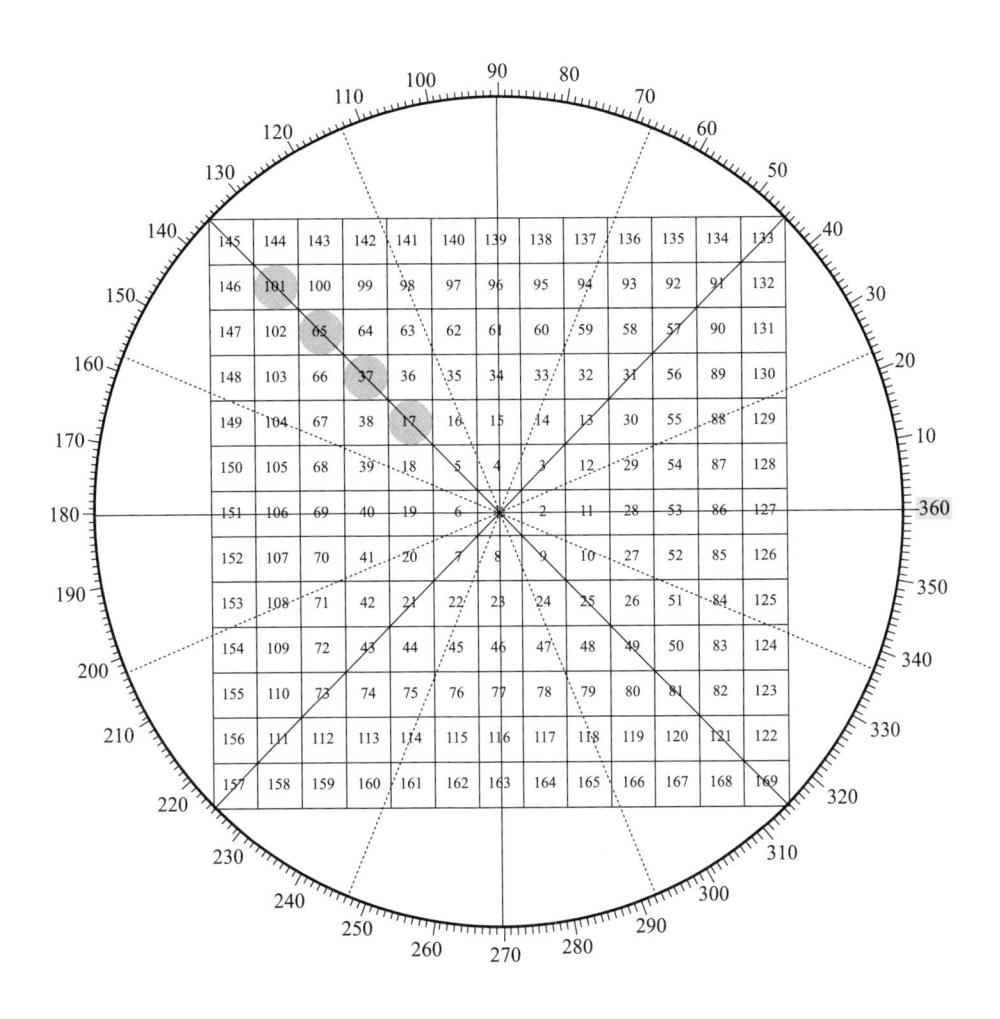

图 5 – 10 与图 5 – 9 对应的九方图

（三）计算潜在的价格转折点

在九方图上找到显著的价格高低点。注意这些数值在九方图上 45°，90°，120°，180°，240°，270°，300°和 360°上的位置。

图 5 – 11 为上证指数（000001）2018 年 12 月至 2019 年 5 月的日 K 线图。我们选取显著低点 2440 作为起始点。为方便在九方图上使用，我们将指数的点位缩小 10 倍为 244。我们以 244 所在的角度线作为九方图的起点后发现，此时，328（3288）高点刚好落在 244 开始的 90°角度线上。图 5 – 12 是与图 5 – 11 对应的九方图。

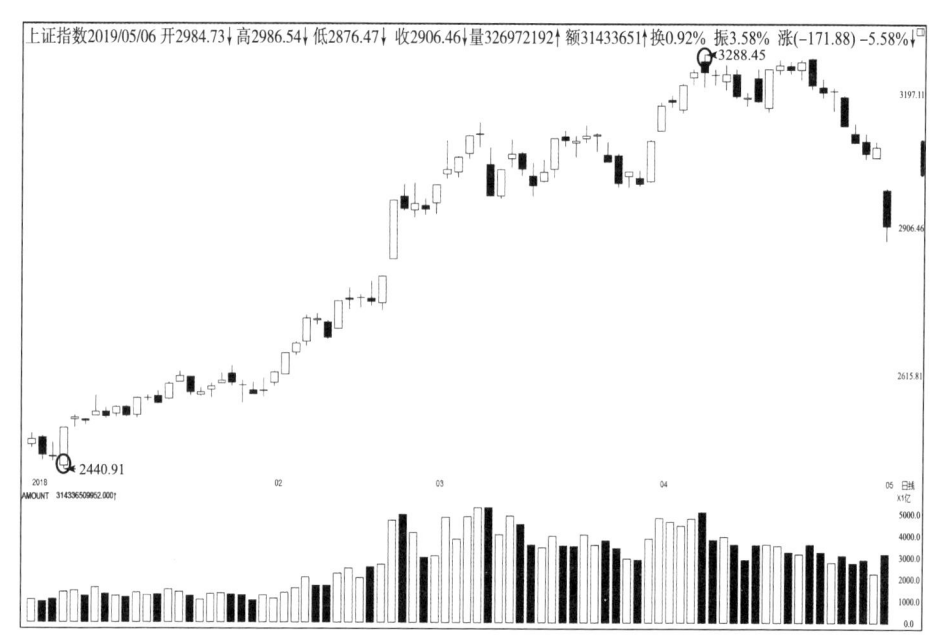

图 5-11 上证指数（000001）2018 年 12 月至 2019 年 5 月的日 K 线图

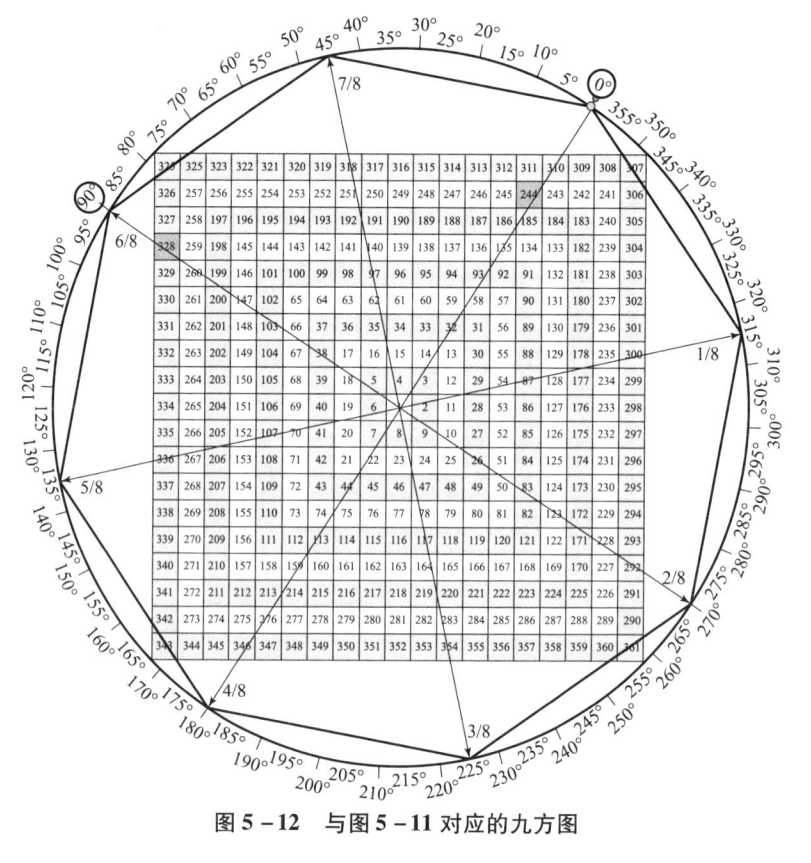

图 5-12 与图 5-11 对应的九方图

第三节 神奇数字

一、定义

神奇数列,即神奇数字序列,又被称为斐波那契数列、费氏数列、黄金分割数列等。其指的是这样一个数列:0,1,1,2,3,5,8,13,21,34,55,89,144……这个数列从第三项开始,每一项都等于前两项之和。神奇数字就是神奇数列上的数字。

很有趣的是:这样一个完全是自然数的数列,通项公式居然是用无理数来表达的。随着数列项数的增加,前一项与后一项之比越逼近黄金分割比例 0.618。

在数学上,神奇数列是以递归的方法来定义的:

$$F_0 = 0$$
$$F_1 = 1$$
$$F_n = F_{n-1} + F_{n-2}, n \geq 2$$

用文字来表述就是,神奇数列由 0 和 1 开始,之后的神奇数字就是由之前的两数相加而得出。前面几个神奇数字是:

0,1,1,2,3,5,8,13,21,34,55,89,144,233…

二、缘起

根据高德纳所著《计算机程序设计艺术》一书记载,1150 年印度数学家戈帕拉和金月在研究箱子包装物件长宽刚好为 1 和 2 的可行方法数目时,首先描述了这个数列。在西方,最先研究这个数列的人是比萨的斐波那契,他在描述兔子生长的数目时用到了这个数列。

如果1对兔子每月能生1对小兔子，而每对小兔在它出生后的第3个月，又能开始生1对小兔子，假定在不发生死亡的情况下，由1对出生的兔子开始，1年后能繁殖出多少对兔子？

斐波纳契把推算得到的头几个数摆成一串：1，1，2，3，5，8……

这串数里隐含着一个规律：从第3个数起，后面的每个数都是它前面那两个数的和。例如3加5等于8，5加8等于13，8加13等于21……，而根据这个规律，只要作一些简单的加法，就能推算出以后各月兔子的数目了。

于是，按照这个规律推算出来的数，就构成了数学史上一个有名的数列。大家都叫它"神奇数列"，又称"兔子数列"，如图5-13所示。

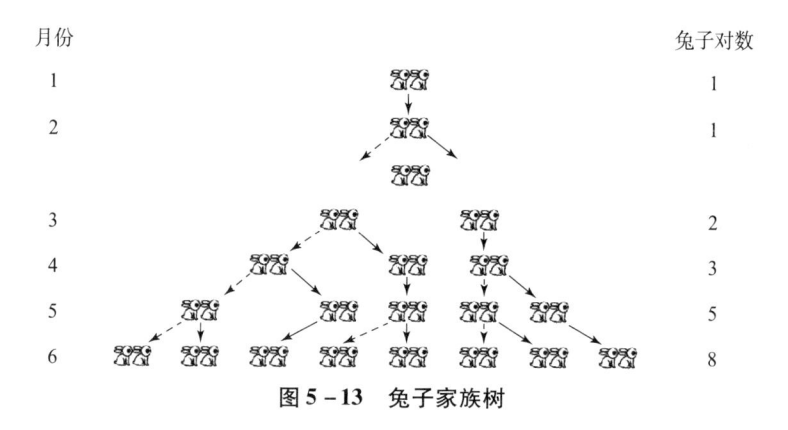

图5-13 兔子家族树

三、特征

（1）任何相邻两个数字之和都等于下一个数字，例如：

$$1+1=2$$
$$2+3=5$$
$$5+8=13$$
$$55+89=144$$

……

（2）除了前3个数外，任何一个数与后一个数的比接近0.618，即黄金分割比例，而且越往后，其比率越接近0.618，比如：

$$5/8=0.625$$
$$8/13=0.615$$

$$13/21 = 0.619$$
$$55/89 = 0.618$$
……

（3）除了前3个数外，任何一个数与前一个数的比接近1.618。有趣的是，1.618的倒数正是0.618，例如：

$$13/8 = 1.625$$
$$21/13 = 1.615$$
$$43/21 = 1.619$$
$$98/55 = 1.618$$
……

（4）隔一个数字相邻的两个数字的比趋向于2.618，或者其倒数0.382。例如：

$$13/34 = 0.382$$
$$34/13 = 2.615$$
……

四、和自然的关系

由神奇数字衍生而来的0.618这个神奇的黄金分割比例，与人类和自然界有着密不可分的关系，许多事物的构成都和神奇数列呈高度正相关关系。例如，一个黄金矩形可以不断地被分为正方形及较小的黄金矩形，通过这些正方形的端点（黄金分割点），可以描出一条等角螺线，而螺线的中心正好是第一个黄金矩形及第二个黄金矩形的对角线交点，也是第二个黄金矩形与第三个黄金矩形的对角线交点，如图5-14所示。

人体从脚底至头顶之距离和从肚脐至脚底之距趋近于黄金分割，如图5-15所示。

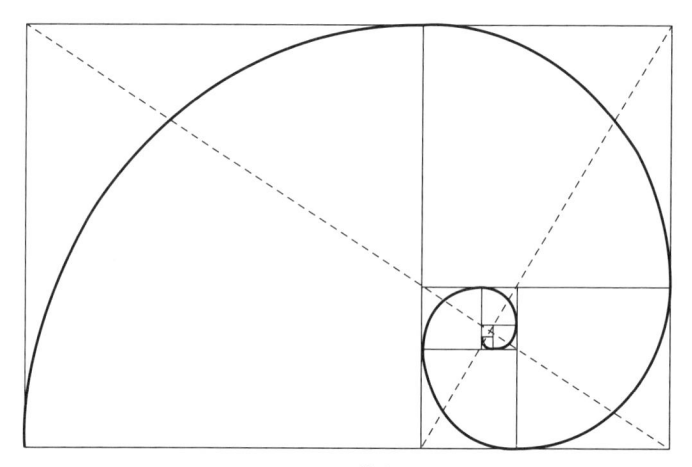

图 5-14　黄金矩形

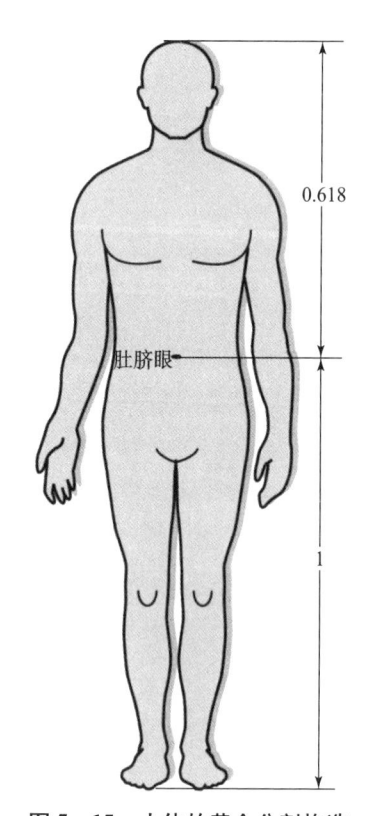

图 5-15　人体的黄金分割构造

第四节 神奇数字的应用

神奇数字在市场周期运行中普遍存在，在把握市场变盘节点方面有非常神奇的功能，对于推演价格走势有较好的实用价值。

一、神奇数字与上证指数历次重要低点

我们把神奇数字扩展 100 倍、1000 倍……，即 1 代表 100 点/1000 点，3 代表 300 点/3000 点……，以此类推，则可发现上证指数历史上的重要低点与神奇数字有着非常微妙的关系。（以下点位均保留至整数位）

(1) 1991 年 5 月 104 点（1）；
(2) 1992 年 11 月 386 点（3）；
(3) 1994 年 7 月 325 点（3）；
(4) 1995 年 2 月 524 点（5）；
(5) 1996 年 1 月 512 点（5）；
(6) 1996 年 12 月 855 点（8）；
(7) 1998 年 9 月 1025 点（1）；
(8) 1998 年 8 月 1043 点（1）；
(9) 1999 年 5 月 1047 点（1）；
(10) 1999 年 12 月 1341 点（13）；
(11) 2002 年 1 月 1339 点（13）；
(12) 2003 年 1 月 1311 点（13）；
(13) 2003 年 11 月 1307 点（13）；
(14) 2005 年 10 月 1067 点（1）；
(15) 2007 年 6 月 3404 点（34）；
(16) 2012 年 1 月 2132 点（21）；

图 5-16 为上证指数（000001）1990 年 12 月开市至 2020 年 9 月的月 K 线图。从图中可以看到，在 2005—2007 年特大牛市之前，上证指数历次重要低点与神奇数字的契合度是非常高的。但在 2005 年大牛市之后，契合度随之降低。为何会出现这种现象？因为神奇数字自身呈螺旋状排列，随着时间的推移，间隔逐渐增大，契合度亦随之降低。

图 5-16　上证指数（000001）1991 年 4 月至 2020 年 10 月的月 K 线图

二、中西合璧之数

《易经·系辞》第九章载："天一地二，天三地四，天五地六，天七地八，天九地十。天数五，地数五，五位相得而各有合。天数二十有五，地数三十，凡天地之数，五十有五，此所以成变化而行鬼神也。"也就是说，天地之数就是 55，同时，55 也是神奇数字之一，因此，55 是一个非常经典的中西合璧之数，有着极为特殊的实战意义。经过笔者多年潜心研究发现，该数字非常适合用在 A 股的月线中，预测行情的转折点。

图 5-17 为上证指数（000001）1990 年 12 月至 2020 年 8 月的月 K 线图。从图中可以看到：

（1）上证指数于 1994 年 7 月见到回调最低点 325 点（A），55 个月后的 1999 年 2 月见到波段低点 1064 点（B），2 个月后开启 1999 年 5·19 行情；

（2）从 B 点起算，至 2003 年 9 月恰好运行 55 个月（C），与 11 月的最低点 1307 点仅差一个月；

（3）从 2004 年 3 月的收盘价最高点 1741 点起算（D），运行 55 个月后见到 2008 年的最低点 1664 点（E）；

（4）从 E 点起算，运行 55 个月后是 2013 年 5 月，与最低点 1849 点（F）仅差 1 个月；

（5）从 F 点起算，运行 55 个月为 2018 年 1 月，此时正好见到高点 3587 点（G），之后出现为期 1 年的单边下跌行情。

图 5-17　上证指数（000001）1990 年 12 月至 2020 年 8 月的月 K 线图

55 天的波动周期用作时间窗口亦是非常精准的，在股市中确实存在着一个 55 天左右的波动周期。我们用 2015 年股灾低点 2638 点之后的走势举例说明如下。

图 5-18 为上证指数（000001）2016 年 1 月至 2017 年 8 月的日 K 线图。

（1）2016 年 1 月 27 日最低点 2638 点（A）到 4 月 13 日高点 3097 点（B），用时 49 天；

图 5-18 上证指数（000001）2016 年 1 月至 2017 年 8 月的日 K 线图

（2）2016 年 2 月 29 日次低点 2638.96 点（C）到 5 月 18 日低点 2781 点（D），用时 55 天；

（3）2016 年 5 月 26 日低点 2780 点（E）到 8 月 16 高点 3140 点（F），用时 56 天；

（4）2017 年 1 月 16 低点 3044 点（G）到 4 月 7 日高点 3295 点（H），用时 52 天；

（5）2017 年 2 月 23 日小高点 3264 点（I）到 5 月 11 日 3016 低点（J），用时 52 天；（6）2017 年 5 月 11 日 3016 低点（J）到 8 月 2 日高点 3305 点（K），用时 57 天。

将以上数字相加除以 6，(49 + 55 + 56 + 52 + 52 + 57)/6 = 53.5。与 55 天周期平均只差 1.5 天。

三、神奇数字 144

（1）144 为神奇数字序列之一。

（2）144 为 12 的平方数，而 12 为一常用自然基数，地支数即为 12，一年有 12 个月。

（3）144 为江恩四方形的常用数。①

（4）144 是 72 的两倍，而 72 为圆形 360 度的五分之一。

以上证指数（000001）为例，举例说明如下。

（1）1990 年 12 月 19 日，上证指数（000001）"开业日"95.79 点至 2001 年 6 月 14 日的 2245 点高点大致运行 18 个 144 交易日周期。图 5-19 为上证指数（000001）1990 年 12 月至 2001 年 7 月的日 K 线图。

图 5-19　上证指数（000001）1990 年 12 月至 2002 年 1 月的日 K 线图

（2）1993 年 2 月 16 日高点 1558.95 点至 2001 年 06 月 14 日 2245 高点大致运行 14 个 144 交易日。图 5-20 为上证指数（000001）1993 年 1 月至 2001 年 7 月的日 K 线图。

（3）1996 年 1 月 19 日低点 512.83 点至 2001 年 6 月 14 日 2245 高点大致运行 9 个 144 交易日周期。图 5-21 为上证指数（000001）1995 年 11 月至 2001 年 12 月的日 K 线图。

---

① 有关江恩"四方形"更为详尽的论述，笔者会另作专著论述。

图 5–20　上证指数（000001）1993 年 1 月至 2001 年 7 月的日 K 线图

图 5–21　上证指数（000001）1995 年 11 月至 2001 年 12 月的日 K 线图

(4) 1997年5月12日高点1510.17点至2001年6月14日的2245高点大致运行7个144周期。图5-22为上证指数（000001）1997年2月至2001年7月的日K线图。

图5-22　上证指数（000001）1997年2月至2001年7月的日K线图

(5) 2001年6月27日次高点2237.52点至2003年4月16日的"非典"反弹高点1649.60点，运行了433天，与3个144交易日周期432天仅差一天。图5-23为上证指数（000001）2001年6月至2003年4月的日K线图。

(6) 2003年4月16日"非典"高点1649.60点至2003年11月13日的低点1307.39点共运行139天，与144周期仅差五天。图5-24为上证指数（000001）2003年3月至12月的日K线图。

(7) 2003年11月13日的低点1307.39点至2004年6月29日的中继低点1376.21点共运行149个交易日，与144交易日周期仅差五个交易日。图5-25为上证指数（000001）2003年9月至2004年7月的日K线图。

案例不胜枚举，2004年以后的案例笔者就不再一一列举了，有兴趣的读者可根据上述方法自行寻找后续走势中的144周期。

图 5-23　上证指数（000001）2001 年 6 月至 2003 年 5 月的日 K 线图

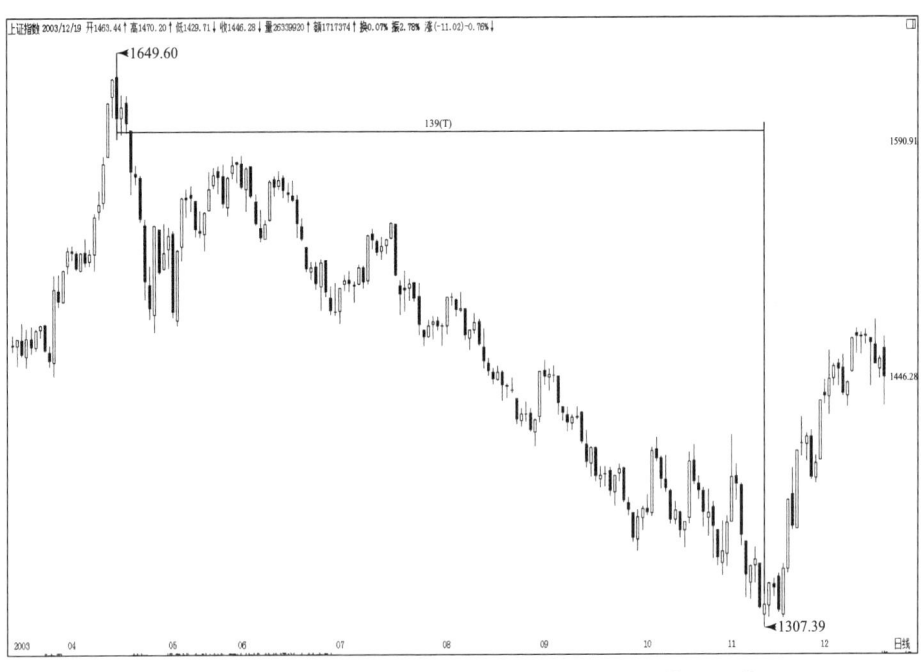

图 5-24　上证指数（000001）2003 年 3 月至 12 月的日 K 线图

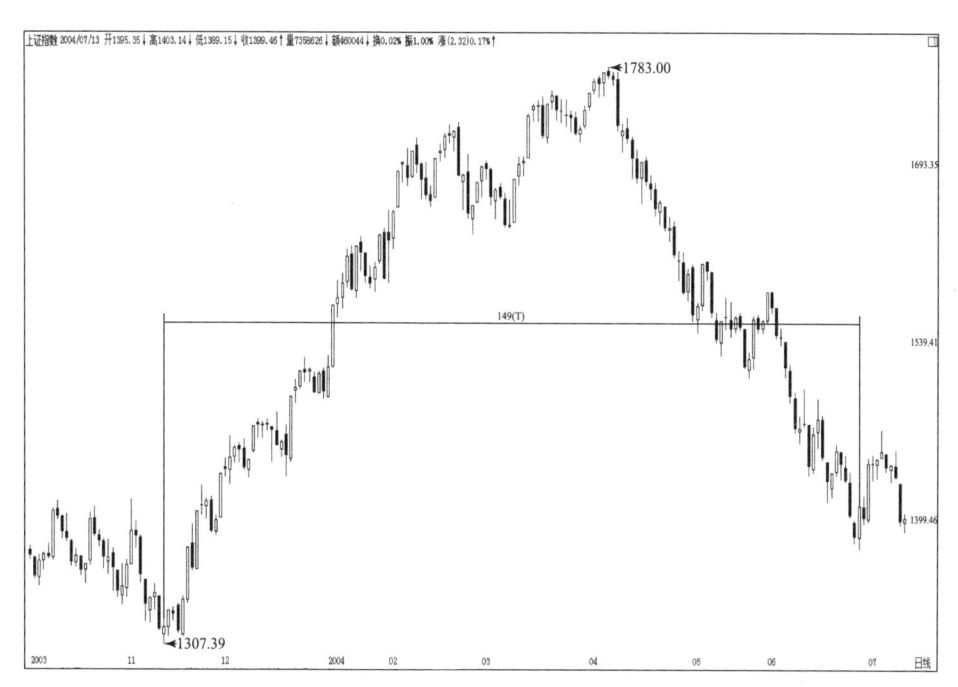

图 5-25 上证指数（000001）2003 年 9 月至 2004 年 7 月的日 K 线图

四、其他神奇数字

上文中我们介绍了神奇数字的倍数、中西合璧之数 55 以及神奇数字 144 的应用案例，现在我们将视线从特殊规律转向普遍规律，随机摘取指数和个股的两段行情来展现神奇数字在市场运行中的普遍存在。

图 5-26 为上证指数（000001）2015 年 2 月至 2019 年 3 月的月 K 线图。从图中不难发现：2015 年最高点 5178 点下跌至 2019 年最低点 2440 点的三大下跌波段，全部是神奇数列中的数字，其中，AB = CD = 3，EF = 13，更为巧合的是，从 A 到 D 整个下跌波段恰好等于 8，而数字 8 既是江恩数字也是神奇数字。

图 5-27 为英科医疗（300677）2019 年 11 月至 2021 年 3 月的周 K 线图。英科医疗作为 2020 年度的超级大牛股，从 2019 年 12 月的 6.69 元升至 2021 年 1 月的 296.99 元，仅用一年时间，累计上涨 44 倍！观察发现，该股在如此猛烈的上涨中，完美地遵循着神奇数字的规律。A 涨至 B 历时 13 周；之后回调 3 周至 C；从回调低点下一周起算再涨 3 周至 D 点；再回调 3 周至 E 点；

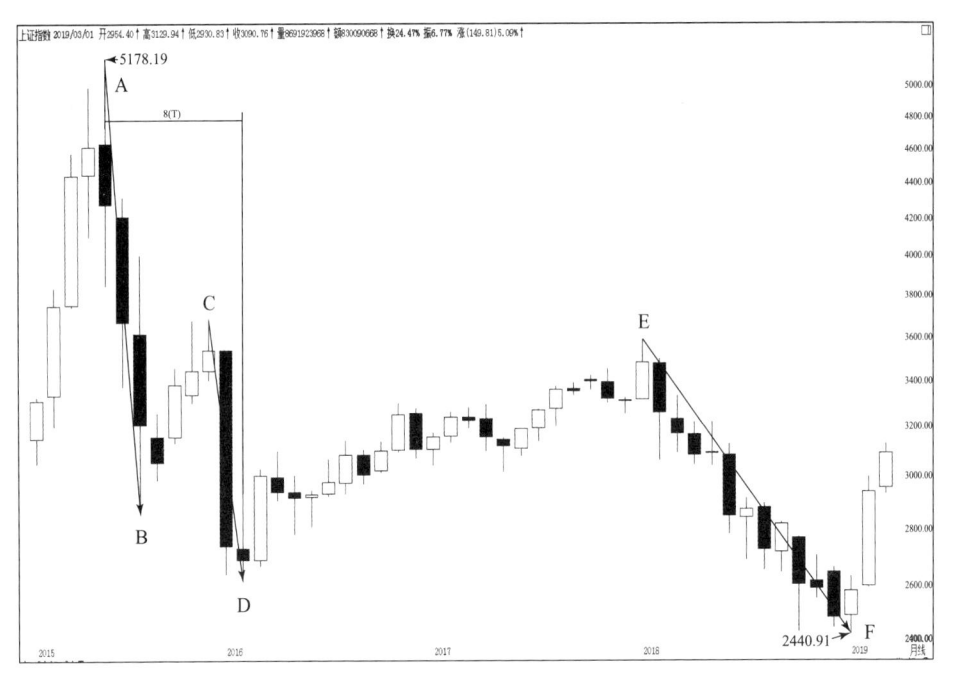

图 5-26　上证指数（000001）2015 年 2 月至 2019 年 3 月的月线图

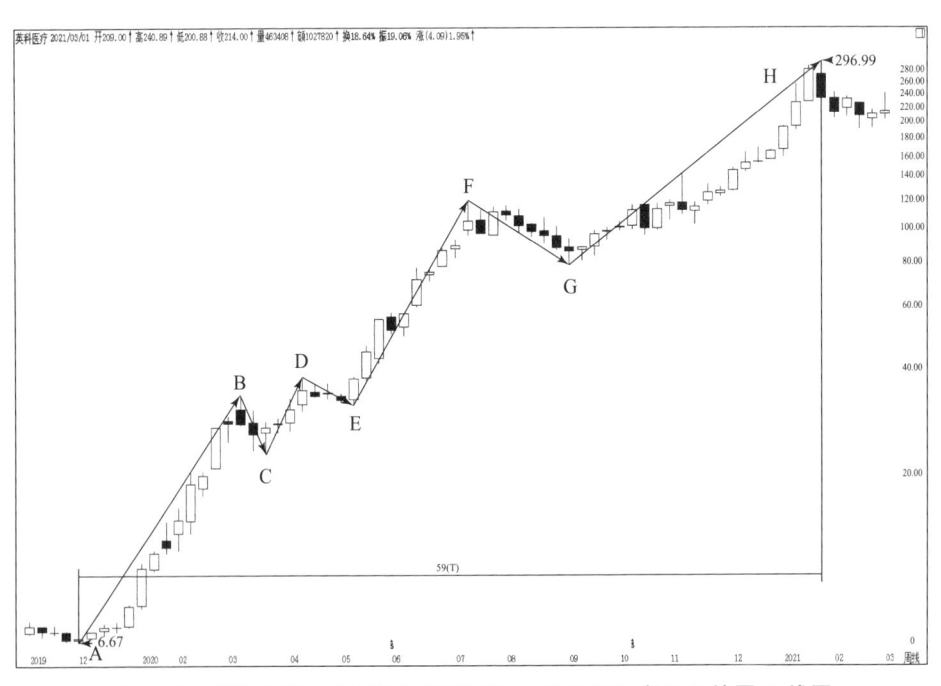

图 5-27　英科医疗（300677）2019 年 11 月至 2021 年 3 月的周 K 线图

巧合的是，将 BC 与 DE 的调整连接起来后的 BE 是 8 周，又是神奇数字；从 E 点开始，股价再次掀起一波狂潮，大涨 8 周后突破百元大关（F 点）；之后再次回调 8 周（G）；之后进入最后的冲刺阶段，冲刺阶段连续上涨 21 周，达到 296.99 点的历史高位（H）；从 A 到 H 整个上升波段历时 59 周，与神奇数字 55 仅差 4 周。

四、神奇数字与波浪理论

市面上介绍波浪理论的书籍多如牛毛，本书在此不做重点讲解，但神奇数字最经典的应用当属波浪理论，因为波浪理论整个理论体系的构造就是以神奇数字为基础的。所以，笔者在此不得不提一下神奇数字与波浪理论的微妙关系。图 5-28 和表 5-1 分别为神奇数字与波浪的关系以及 144 浪的构成。

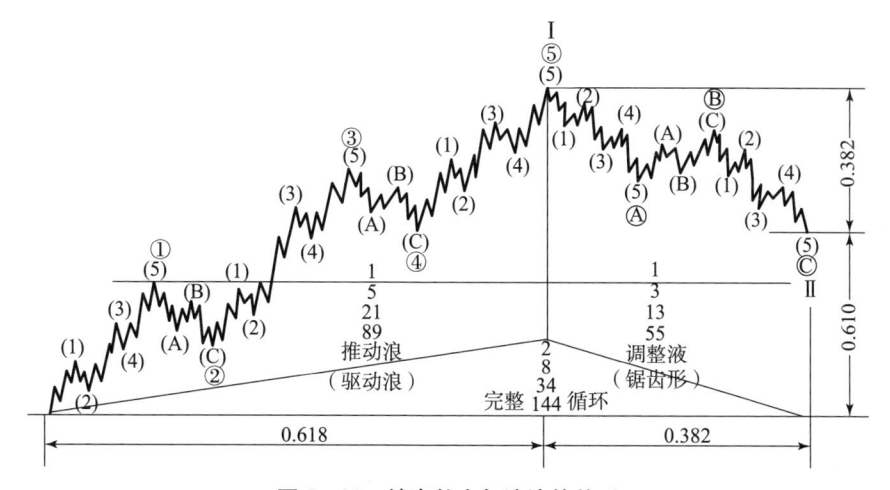

图 5-28 神奇数字与波浪的关系

表 5-1 144 浪的构成

每个级别中的波浪数	推动浪（驱动浪） +	调整浪（锯齿形） =	循环
大浪	1	1	2
中浪	5	3	8
小浪	21	8	34
细浪	89	55	144

第五节　黄金分割

行情的延伸包括空间和时间两个要素，价格走势的两个坐标就是价格和时间，这也恰恰是黄金分割要测量的。除了 0.618 外，0.382（1-0.618）、0.191（0.382/2）、0.236（0.618-0.382）以及 0.809（0.191+0.618）等比例通常也被视为股市中的黄金分割比例。值得一提的是，0.5 是 0.382 与 0.618 之间的中间比例，我们常常将其作为黄金分割比例的重要补充。

一、幅度

最近几十年来，一些美国分析师将黄金分割应用到股市行情分析上。他们经过长期观察发现，每当股价上涨幅度达到上一波段跌幅的 0.382 或是 0.618 附近时，就会产生明显的阻力，股价往往会出现回落；相反，每当股价下跌时，其下跌幅度达到上一波段涨幅的 0.382 或 0.618 附近时，就会产生明显的支撑，股价往往可能开始回升。

几乎所有行情软件的画线工具中，都有黄金分割线。投资者找出前一阶段股价运行的高点和低点后，将其作为黄金分割线的起点和终点，就可以绘制出黄金分割线。

图 5-29 为上证指数（000001）2020 年 4 月至 2021 年 3 月的日 K 线图。从图中可以看到，2020 年 4 月 28 日上证指数创出阶段低点 2758 点（A），同年 7 月 13 日股价创出阶段高点 3458 点（B）。以这一组高点和低点为基础，可以做出一组黄金分割线，之后的回调最低点 3174 点（C）刚好落在 0.382 黄金分割比例上。之后股价开始震荡攀升，至 2021 年 2 月 18 日见到波段高点 3731 点（D），此处又恰好是以低点 C 和高点 B 为参照点的 1.618 黄金分割点附近。

经过 2015 年股灾的第一波猛烈下跌，上证指数（000001）从 3373 点开始的反弹便是在整个跌幅的半分位（0.5）附近停止的，而 0.5 恰恰是黄金比

图 5－29　上证指数（000001）2020 年 4 月至 2021 年 3 月的日 K 线图

例的重要补充。如图 5－30 所示。

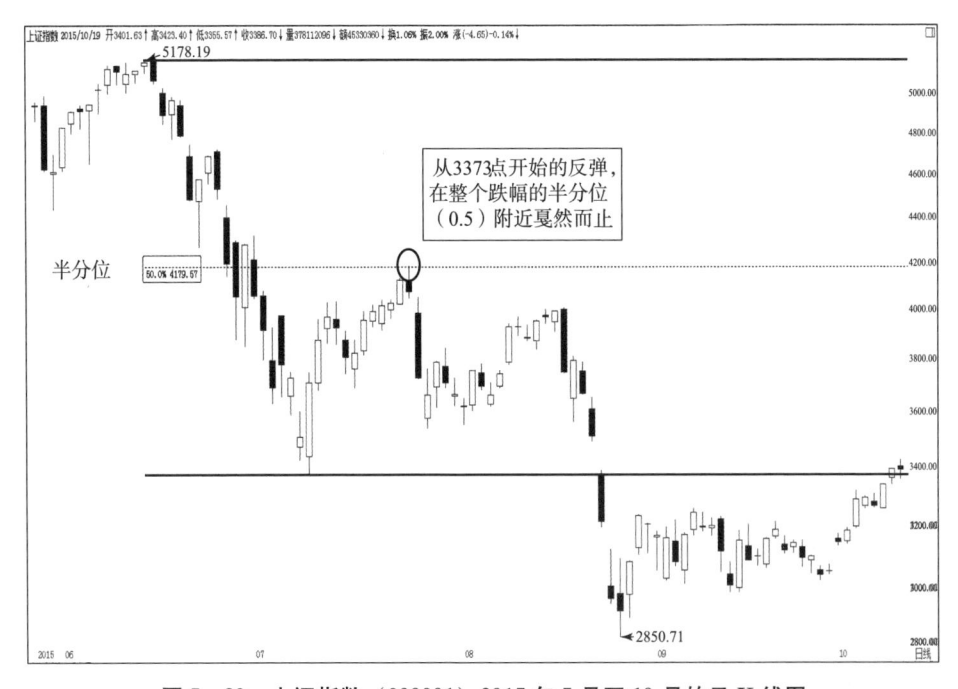

图 5－30　上证指数（000001）2015 年 5 月至 10 月的日 K 线图

二、时间

江恩认为，选取一个波段的显著低点和显著高点为参考点，股价必将在黄金分割比例位发生一些重要的变化。下面我们以案例的形式来说明。

2008 年 10 月至 2009 年 8 月，A 股出现了一波持续的上涨行情。而这一波行情与黄金分割的契合度堪称完美。如图 5-31 所示，我们选取低点 1664 点和反弹高点 3478 点作为参考点，由图可见，在整个波段时间的 0.382 处是一个显著高点（A），根据对称原理，我们便可提前预测时间的 1.382 处是一个高点的概率极大。结果 1.382 处的 2009 年 11 月确实是一个显著高点（B）。

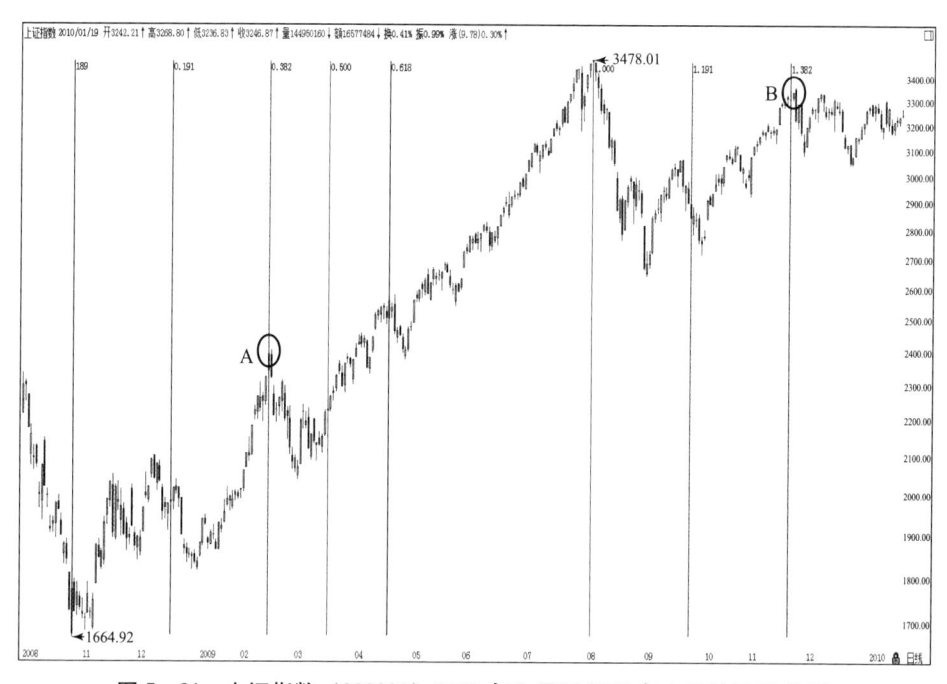

图 5-31 上证指数（000001）2008 年 9 月至 2010 年 1 月的日 K 线图

也许此时有读者会说，1664 点到 3478 点是事后诸葛亮，如果我们想提前预知 3478 这个高点我们怎么去做？

这其实很简单，我们只需要做一个简单的算术题就可以了。当 2009 年 2 月（即图 5-31A 处）见到显著高点的时候，我们便可以假定这是一个时间的 0.382 位置，接下来我们只需要通过简单的计算便可以算出未来的顶部大概在哪个时间。当然，身临其境的时候，我们不可能 100% 认定 2009 年 2 月就是一个0.382位置，我们也可以假设为0.5位置或0.618位置，这样一来，加上之前的0.382假设，我们最终得到了三个不同的顶部时间。这三个顶部时间，在行情彻底走出来之前，我们都必须高度重视。能提前在2009年2月，就能得出三个将来的可能顶部时间，难道这还不能体现黄金分割的强大测市功能吗？

更神奇的还在后面，那就是当行情走出3478点的大顶后，此时0.382作为波段行情内的显著高点已是板上钉钉，此时我们便可以根据重要比例的前后对称原理，顺理成章地预测1.382这个显著高点的大致时间了。

这样的例子还有很多。图5-32为上证指数（000001）2015年6月至2015年12月的日K线图。如果我们以2015年大牛市的天顶5178点和2015年8月26的波段低点2850点作为参考点的话，那么0.382处则为一个显著低点A，根据对称原理，我们便可以在2850点之后提前预知1.382附近或将出现一个显著高/低点B，因此，当行情运行到1.382（B）附近时，我们就有理由高度警惕。

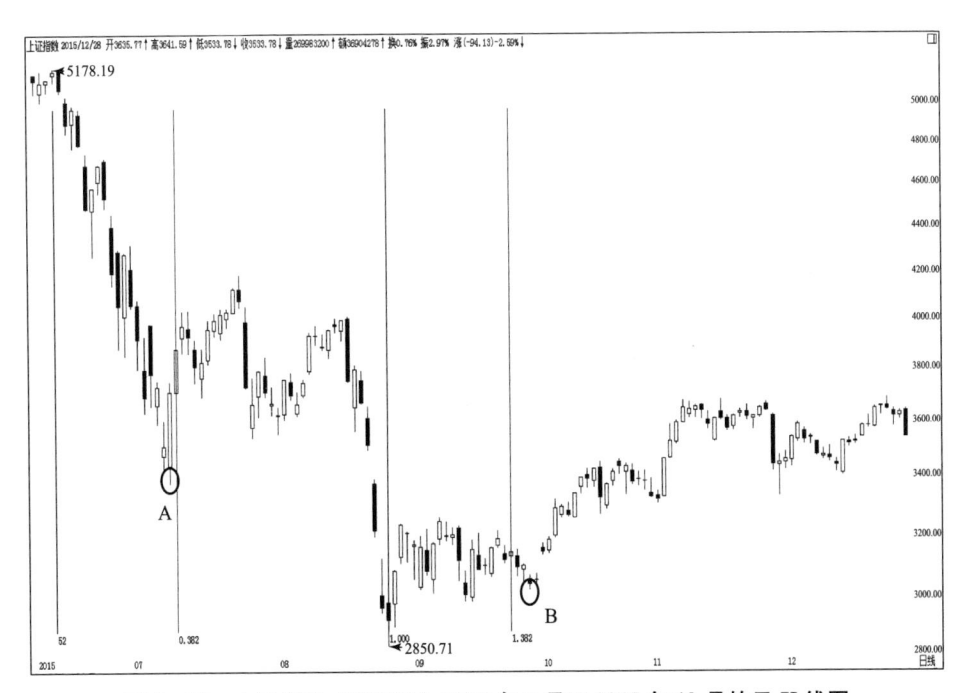

图5-32 上证指数（000001）2015年6月至2015年12月的日K线图

图5-33为上证指数（000001）2015年5月至9月的日K线图。如果我们以5178点（A）以及股灾后第一波反弹行情的高点（B）作为参考点，将

会得到不同的预测结果。此时，股灾后的第一个显著低点（C）恰好落在了时间的 0.618 处，根据对称原理，我们在（B）点走出来后，便可以预知（D）点附近，即时间的 1.618 处，市场将会出现转折。结果也证明了我们的预测：（D）点成为股灾第二波的起始点，并且一天不差。假如市场发展到图中（C）点，我们就先去假定它为 5178 点为起点的一个波段的 0.618 处，那么提前预测到（B）点也将成为一种可能。

图 5-33　上证指数（000001）2015 年 5 月至 9 月的日 K 线图

再比如，当市场发展到（B）点的时候，这时我们想知道（B）点是不是顶部，可以将（A）点（B）点作为参考点，然后观察其 0.382 处、0.618 处，看在黄金分割处行情是否发生了重要的变化，如果是，则目前选取的点位是重要的顶部或是底部的概率就非常大。如图 5-34 所示，当我们选取（A）点以及（B）点作为参考点后，发现 0.618 处是一个显著低点，那么此时我们就有理由相信（B）点应是一个显著高点。

我们再举一个例子。图 5-35 为上证指数 2020 年 6 月至 2021 年 5 月的日 K 线图。2021 年 2 月 18 日，在行情见到 3731 点之后（B 点），我提示大家减仓。如果我们以 A，B 点为时间参考点，不难发现 0.382 位置与时间的半分位 0.5 的位置。由此可以得出，B 点是一个显著高点时间窗口的概率极大，此时

图 5-34　上证指数（000001）2015 年 6 月至 7 月的日 K 线图

图 5-35　上证指数 2020 年 6 月至 2021 年 5 月的日 K 线图

不跑更待何时？同时借着这个图，我们又顺利地预测了1.382位置的重要转折点E，那么下一个转折点在哪呢？当然是在1.5位置的时间窗口。有兴趣的读者，不妨自己去验证一下。

图5-36以及图5-37是黄金分割预测时间窗口在个股及周线的应用案例，读者不妨看看行情在黄金分割处的时间窗口附近发生了什么变化。看到这些图片，你能想到什么？你是否还在怀疑隐藏在市场背后的惊人规律？

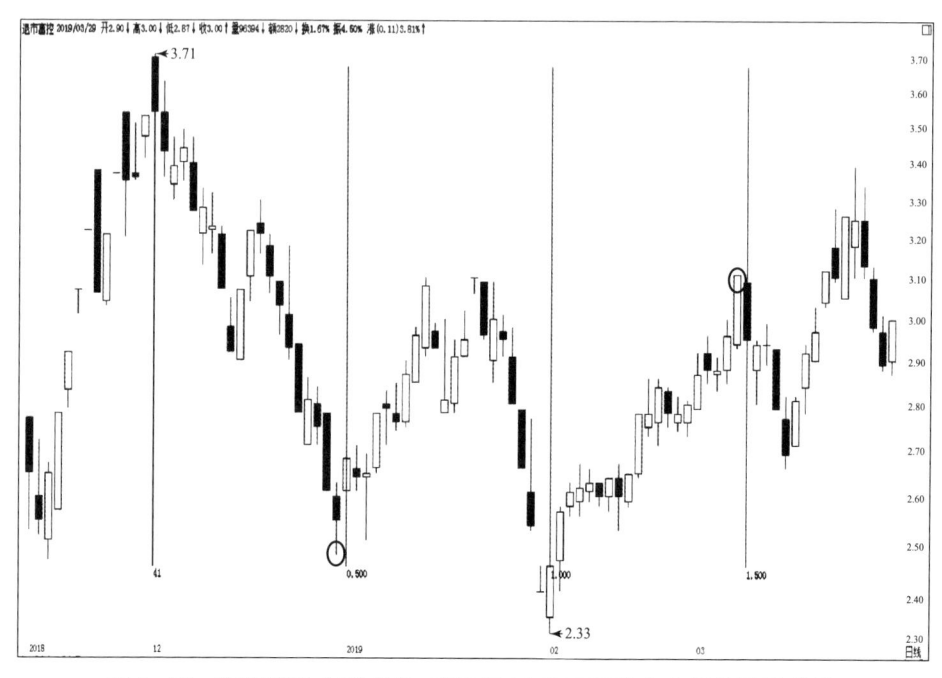

图5-36　退市富控（600634）2018年11月至2019年3月的日K线图

黄金分割的时间预测方法，A股的例子非常多，笔者就不再一一列举了。一般来说，大波段预测大行情，小波段预测小行情，有时候大波段预测的行情与小波段预测的行情重合，这个时候更具有借鉴意义，因为这种重合的时间窗口，其实就是时间窗口的"共振"现象。关于共振对市场的影响，在波动原理一章中已经详细介绍过了，此处不再赘述。

图 5-37　CS 精准医（000863）2018 年 8 月至 2020 年 12 月的周 K 线图

第六节　数学周期

股票价格受基本周期支配的观点是金融分析中最令人兴奋的观点。本节介绍的"数学周期"并非基于天文意义上的周期,[①] 而是单纯基于"数字"的周期,它是包括所有数字在内的单纯的数学周期。单纯的数学周期应用得非常广泛,并且不同的品种、不同的市场以及不同的股票,本身都存在着自己独有的数学周期。

实践中,我们经常不自觉地应用着数学周期,比如股市的循环周期。如上证指数(000001)2019年1月4日的2440历史低点实际上就是由多个周期共同作用的结果。我们可以用某种数学检验方法检查周期时点的置信水平。这些时点不一定完全符合预期,但可以作为很好的"警觉"信号,提醒我们此时应高度注意,进而捕捉机会、避免风险。

资本市场是一个顺逆浮沉、反复无常之地。违背交易法则的后果必定是以破产而告终。万物有时,在合适入市时做合适的事,在应该停止交易的时候撤出市场保住资本,等待时机,在合适入市时再进入市场,才能使自己立于不败之地。

学习和研究数学周期,并不是简单地使用指标,如 KDJ 和 RSI 等,而是探索另一种分析方法、另一种思维模式。通过研究数学周期,能够了解股市为何呈现出某些规律性和周期性的变化,探寻这些变化的魔力来自何方,能够基本预测股市中长期趋势的发展和结束,而在这上面,指标是做不到的。

江恩受人尊敬之处是其测市方法严格遵循着自然规律,而不是简单的实际操作。利用数学周期测市背后的哲学含义和系统思想,则体现了自然法则"天人合一"的至高境界。

笔者运用数学周期测市的能力可能还很一般,但这也无可厚非,因为预

[①] 有关"天文周期"的内容,详见本书第六章。

测股市本就是世界上最复杂的工作，没有之一。好在笔者每年都会吸收一些新知识，以提高自身的实际预测能力。我相信，只要遵循自然法则的指引，抱持科学的态度，我们就能使数学周期在预测市场方面，起到更大的作用。

下面我们通过上证指数的案例进一步增进对数学周期的理解。

一、40 月

图 5-38 为上证指数（000001）1997 年 9 月至 2018 年 12 月的月 K 线图。从图中可以看到，该段时间内上证指数存在一个显著的平均 40 个月的数学周期，2018 年年末至 2019 年年初，笔者就曾据此捕捉到 2440 点历史大底。2018 年年末，笔者发文指出，预计 2019 年年初将会展开一波强势声浪，结果不出所料，2019 年年初，以上证指数为代表的 A 股市场掀起一波"惊涛骇浪"。推算可知，下一个 40 月周期循环时间窗口为 2022 年 3 月，我们将误差设定为 ±3 个月的话，那么 2021 年 12 月至 2022 年 6 月这段时间，则应引起投资者的高度警惕，届时应配合其他信号综合研判（共振），此区间内一旦出现顶底信号，可信度将非常高。

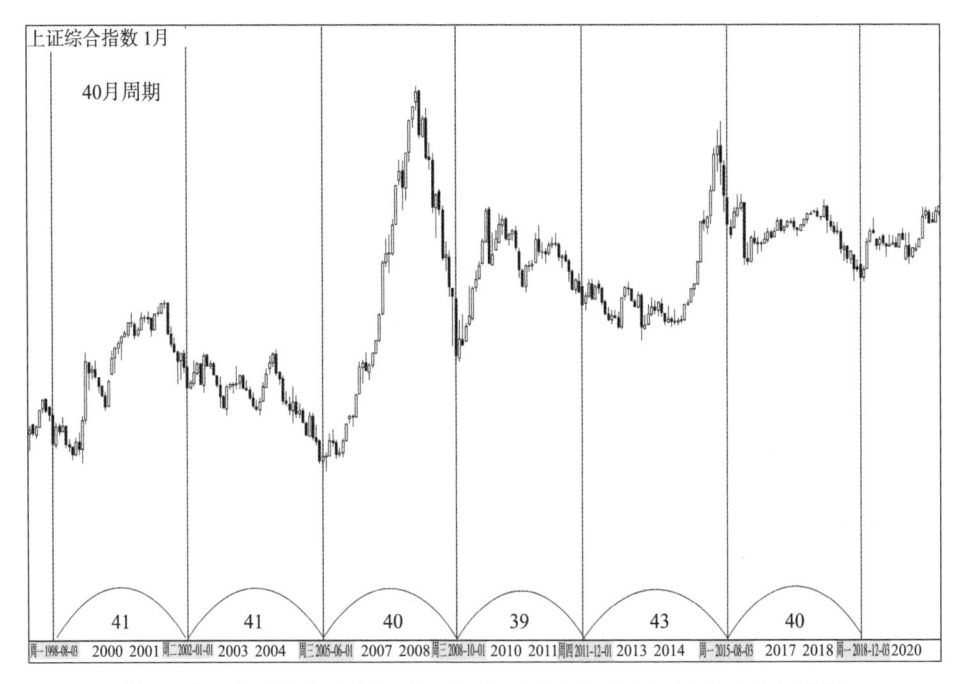

图 5-38　上证指数（000001）1997 年 9 月至 2018 年 12 月的月 K 线图

二、二年

以上证指数（000001）1991年5月的低点104.96点为起点，存在着重要的2年周期循环规律（5月或6月）。图5-39为上证指数（000001）1990年12月至2020年9月的月K线图。

（1）2年后的1993年5月见1380顶点；

（2）2年后的1995年5月见926顶点；

（3）2年后的1997年5月见1510顶点；

（4）2年后的1999年5月见1047低点；①

（5）2年后的2001年6月见2245顶点；

（6）2年后的2003年6月见1582顶点；

（7）2年后的2005年6月见998历史大底；

（8）2年后的2007年5月见4335中途顶；②

（9）2年后的2009年8月见3478高点；③

（10）2年后的2011年4月见3067高点；④

（11）2年后的2013年6月见1849低点；

（12）2年后的2015年6月见5178高点；

（13）2年后的2017年5月见3016低点；

（14）2年后的2019年4月见3288高点。⑤

规律总结：自1991年5月开始，上证指数（000001）每逢奇数年的5—6月，都会出现一次重要顶底。其中，2009年8月沪指见3478高点；2011年4月，沪指见3067高点；2019年8月，沪指见2733低点。以上三次转折点都没出现在5—6月，有一定误差，这个现象值得注意。

后续预测：2年后的2021年5—6月的高低点，会不会因前次2019年的提前1个月而延后1个月呢？⑥

---

① 次月见1756高点，该节点疑似顶底重合。
② 此"中途顶"为著名的"5·30"高点。
③ 此处延迟2个月。
④ 此处提前1个月。
⑤ 此处提前1个月。
⑥ 写于2020年9月。实际上确实延后了一个月，2021年7月见3312低点。

图 5-39 上证指数（000001）1990 年 12 月至 2020 年 9 月的月 K 线图

以上证指数（000001）1991 年 2 的高点 134.87 点为起点，存在着重要的 2 年周期循环规律（1 月或 2 月）。图 5-40 为上证指数（000001）1990 年 12 月至 2020 年 9 月的月 K 线图。

（1）2 年后的 1993 年 2 月见 1558 顶点；

（2）2 年后的 1995 年 2 月见 524 低点；

（3）2 年后的 1997 年 2 月见 870 低点；

（4）2 年后的 1999 年 2 月见 1064 低点；

（5）2 年后的 2001 年 2 月见 1893 低点；

（6）2 年后的 2003 年 1 月见 1311 低点；

（7）2 年后的 2005 年 2 月见下跌中继高点 1328 点；

（8）2 年后的 2007 年 2 月见上涨中继低点 2541 点；

（9）2 年后的 2009 年 2 月见上涨中继高点 2402 点；

（10）2 年后的 2011 年 4 月见 3067 高点；[①]

（11）2 年后的 2013 年 2 月见 2444 高点；

---

① 此处延后 2 个月。

（12）2年后的2015年2月见上涨中继低点3049点；

（13）2年后的2017年1月见3044低点；

（14）2年后的2019年1月见2440低点。

图 5-40　上证指数（000001）1990年12月至2020年9月的月K线图

规律总结：自1990年开始，沪指每逢奇数年的1月或2月，都会出现一重要高低点，且以低点为多。

后续预测：2021年年初（1月或2月）或将出现一个中继高低点。①

三、六年

以上证指数（000001）为例，存在着很重要的6年周期循环规律。

（1）1990年12月19日（生日）95.79低点至1996年12月11日见1258高点，同月25日见855低点，出现高低点同月的奇观。图5-41为上证指数（000001）1990年12月至1997年3月的周K线图；

（2）1991年2月134高点～1997年2月870低点；

---

① 写于2020年9月，实际上2021年2月见到3731高点。

(3) 1991 年 5 月 104 低点~1997 年 5 月 1510 高点；

(4) 1992 年 5 月 1429 高点~1998 年 6 月 1422 高点；

(5) 1992 年 11 月 386 低点~1998 年 11 月 1300 高点；

(6) 1993 年 2 月 1558 高点~1999 年 2 月 1064 低点；

(7) 1993 年 12 月 1044 高点~1999 年 12 月 1341 低点；

(8) 1994 年 7 月 325 低点~2000 年 8 月 2114 高点；

(9) 1994 年 9 月 1052 高点~2000 年 9 月 1874 低点；

(10) 1995 年 2 月 524 低点~2001 年 2 月 1893 低点；

(11) 1995 年 5 月 926 高点~2001 年 6 月 2245 高点；

(12) 1996 年 1 月 512 低点~2002 年 1 月 1339 低点；

(13) 1996 年 12 月 1258 高点~2003 年 1 月 1311 低点。

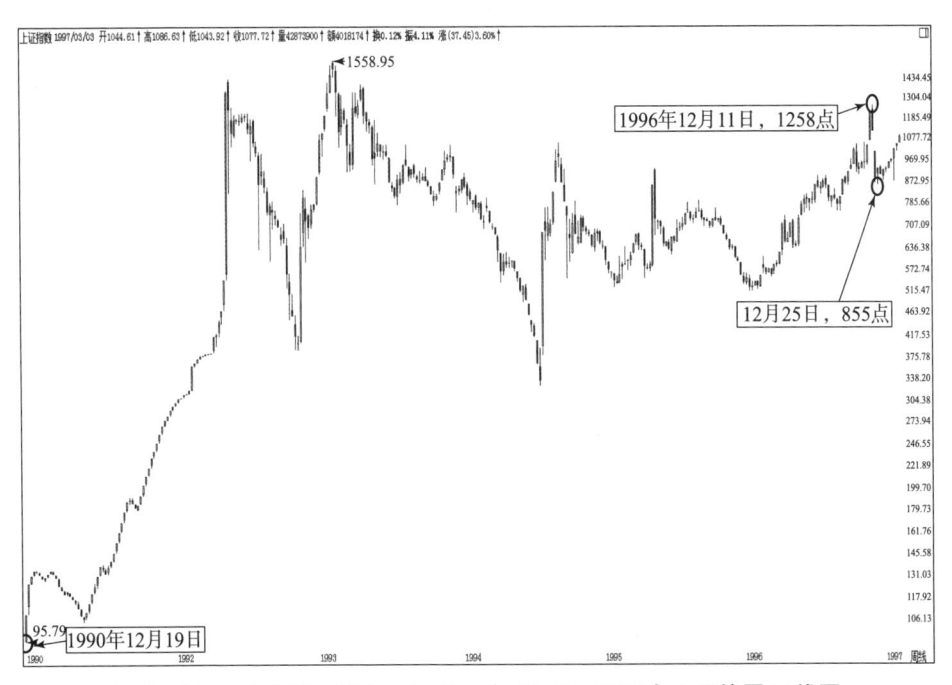

图 5-41　上证指数（000001）1990 年 12 月至 1997 年 3 月的周 K 线图

图 5-42 为上证指数（000001）1990 年 12 月至 2007 年 2 月的月 K 线图。图中标注了 2~13 所对应的高低点所在的月份。

(14) 1997 年 5 月 1512 高点~2003 年 4 月 1649 高点；

(15) 1997 年 9 月 1025 低点~2003 年 11 月 1307 低点；

(16) 1998 年 6 月 1422 高点~ -2004 年 4 月 1783 高点；

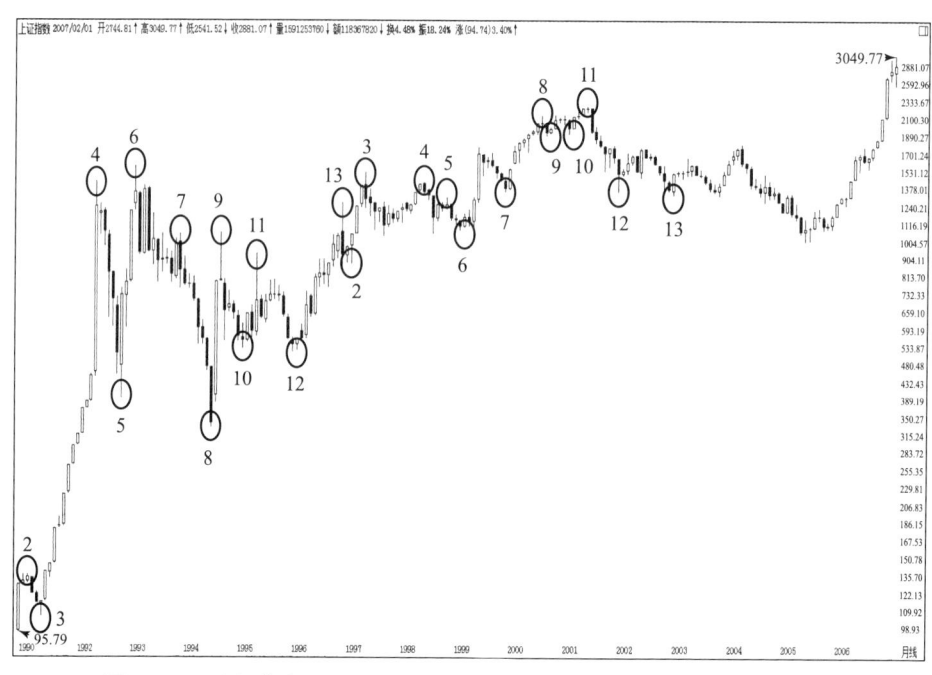

图 5-42　上证指数（000001）1990 年 12 月至 2007 年 2 月的月 K 线图

(17) 1999 年 5 月 1047 低点 ~ 2005 年 6 月 998 历史大底；

(18) 1999 年 12 月 1341 低点 ~ 2005 年 10 月 1067 低点；

(19) 2000 年 8 月 2114 高点 ~ 2006 年 8 月 1541 低点；

(20) 2001 年 6 月 2245 高点 ~ 2007 年 5 月 "5·30" 事件高点；

(21) 2001 年 10 月 1541 低点 ~ 2007 年 10 月 6124 历史大顶。

图 5-43 为上证指数（000001）1995 年 12 月至 2008 年 9 月的月 K 线图。图中标注了 14~21 所对应的高低点所在的月份。

(22) 2002 年 1 月 1339 低点 ~ 2008 年 1 月 5522 反抽高点；

(23) 2002 年 6 月 1741 高点 ~ 2008 年 5 月 3786 反抽高点；

(24) 2003 年 1 月 1311 低点 ~ 2008 年 10 月 1664 低点；①

(25) 2003 年 11 月 1307 低点 ~ 2009 年 11 月的 3361 次高点；

(26) 2004 年 4 月 1783 高点 ~ 2010 年 4 月 3181 次高点；

(27) 2005 年 6 月 998 低点 ~ 2011 年 4 月 3067 次低点；②

---

① 此处有 2 个月的误差。
② 此处有 2 个月的误差。

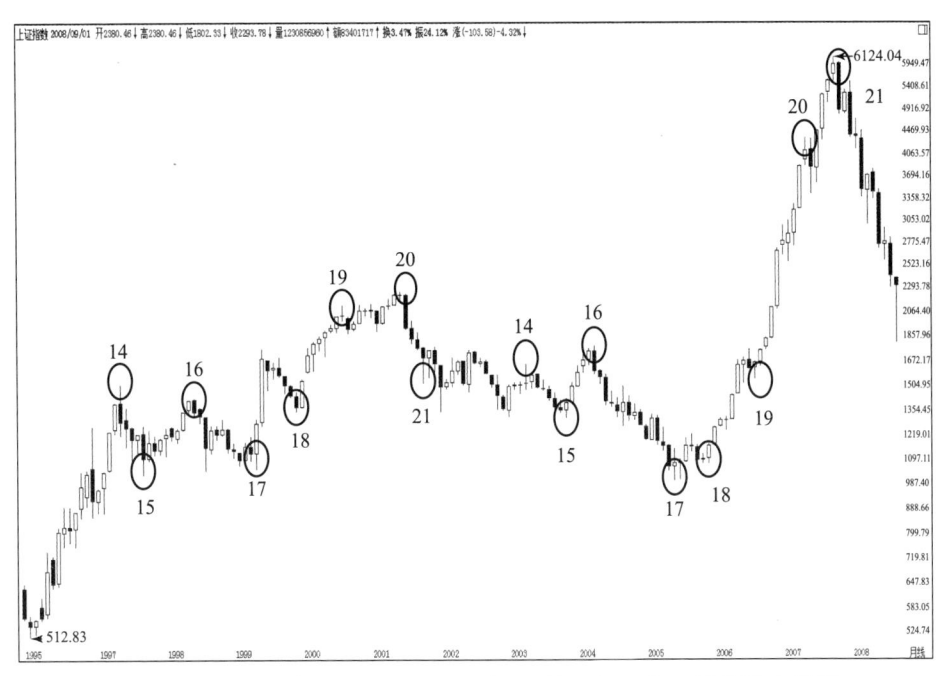

图 5-43　上证指数（000001）1995 年 12 月至 2008 年 9 月的月 K 线图

（28）2007 年 2 月 2541 回调低点～2013 年 2 月 2444 高点；

（29）2007 年 6 月 3404 低点（"5·30"事件）～2013 年 6 月 1849 大底。

图 5-44 为上证指数（000001）2001 年 7 月至 2013 年 12 月的月 K 线图。图中标注了 22～29 所对应的高低点所在的月份。

（30）2008 年 4 月 2990 低点～2014 年 3 月 1974 低点；

（31）2009 年 8 月 3478 高点～2015 年 8 月 2850 低点；

（32）2009 年 11 月 3361 高点～2015 年 12 月 3684 高点；

（33）2010 年 2 月 2890 低点～2016 年 1 月 2638 低点；

（34）2010 年 11 月 3186 高点～2016 年 11 月 3301 高点；

（35）2011 年 1 月 2661 低点～2017 年 1 月 3044 低点；

（36）2011 年 4 月 3067 高点～2017 年 4 月 3295 高点；

（37）2011 年 6 月 2610 低点～2017 年 5 月 3016 低点；

（38）2012 年 1 月 2132 低点～2018 年 1 月 3587 高点；

（39）2012 年 12 月 1949 低点～2019 年 1 月 2440 低点；

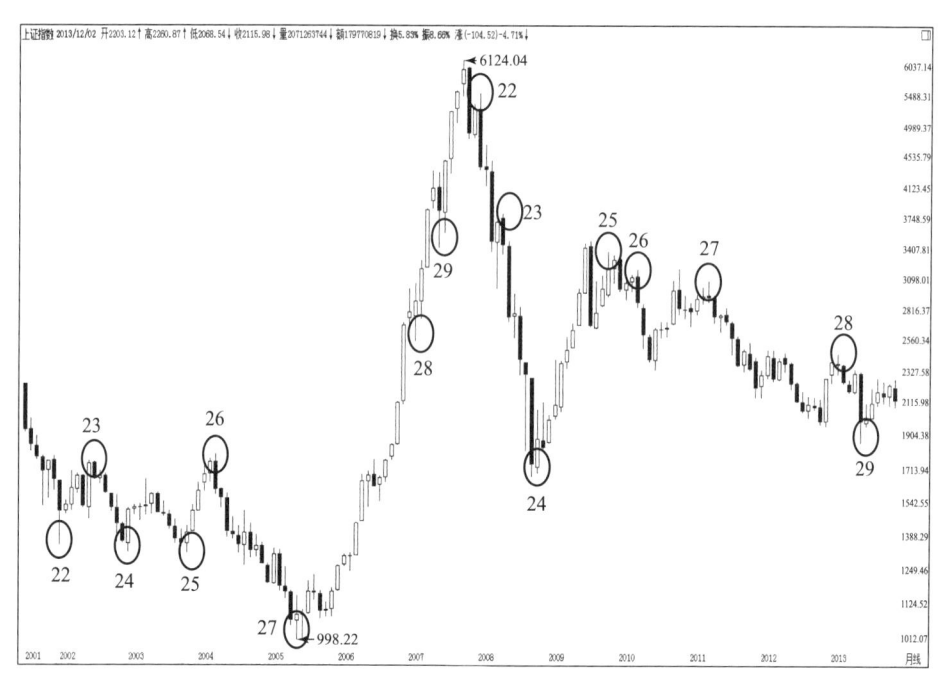

图 5-44 上证指数（000001）2001 年 7 月至 2013 年 12 月的月 K 线图

（40）2013 年 2 月 2444 高点～2019 年 4 月 3288 高点；①

（41）2013 年 6 月 1849 大底～2019 年 8 月 2733 低点；②

（42）2013 年 12 月 2260 高点～2020 年 1 月 3127 高点；

（43）2014 年 3 月 1974 低点～2020 年 3 月 2646 低点。

图 5-45 为上证指数（000001）2007 年 9 月至 2020 年 9 月的月 K 线图。图中标注了 30～43 所对应的高低点所在的月份。

规律总结：几乎历史上所有的重要高低点六年后都有循环点或者说纪念日。

后续预测：

（44）2015 年 1 月 3406 高点～2021 年 1 月，该月或将出现一个次级高/低点；③

（45）2015 年 6 月 5178 高点～2021 年 6 月，该月将出现一个重要/

---

① 此处有 2 个月的误差。
② 此处有 2 个月的误差。
③ 实际上，2021 年 2 月出现高点 3731 点。

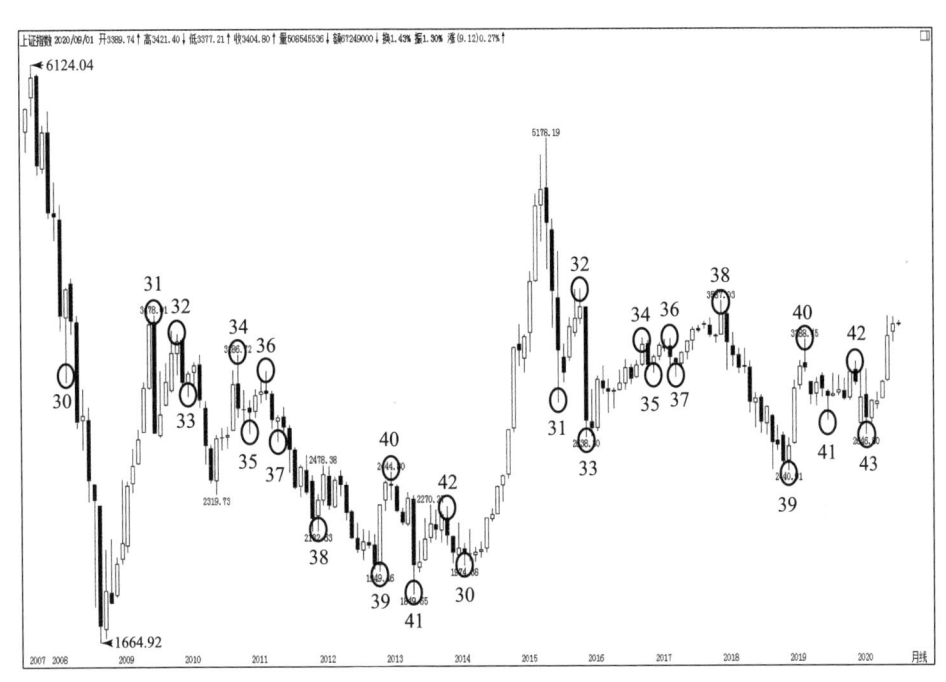

图 5-45 上证指数（000001）2007 年 9 月至 2020 年 9 月的月 K 线图

低点；①

（46）2015 年 8 月 2850 低点～2021 年 8 月，该月或将出现一个显著高/低点；②

（47）2015 年 12 月 3684 高点～2021 年 12 月，该月或将出现一个显著高/低点；

（48）2016 年 1 月 2638 低点～2022 年 1 月，该月或将出现一个显著高/低点；

（49）2018 年 1 月 3587 高点～2024 年 1 月，该月或将出一个现显著高/低点；

（50）2019 年 1 月 2440 低点～2025 年 1 月，该月或将出现一个显著高/低点；

（51）2019 年 4 月 3288 高点～2025 年 4 月，该月或将出现一个显著高/低点。

值得一提的是，在上文的 2 年循环中，已经预测过在 2021 年年中将出现一个重要高/低点，此处 6 年循环再次出现在 2021 年年中，值得投资者高度重视！这说明 2021 年二三季度（6 月～9 月，四个月）总体来看将比较复杂，

---

① 实际上，2021 年 7 月出现低点 3312 点。
② 实际上，2021 年 7 月出现低点 3312 点。

有着较高的"警觉"概率。①

图 5-46 为上证指数（000001）2013 年 11 月至 2020 年 9 月的月 K 线图。图中标注了 43~51 所对应的高低点（已出现），由于 43 之后所对应的未来高低点还未出现，在图上未有标注。②

图 5-46　上证指数（000001）2013 年 11 月至 2020 年 9 月的月 K 线图

四、三年

上证指数（000001）存在着明显的三年周期循环规律，即六年循环的二分法。循环规律如下：

（1）1990 年 12 月 95.79 低点~1993 年 12 月反弹高点 1044 点；

（2）1993 年 12 月反弹高点 1044 点~1996 年 12 月 1258 高点；

（3）1996 年 12 月 1258 高点~1999 年 12 月上升途中低点 1341 点；

（4）1999 年 12 月上升途中底部 1341 点~2003 年 1 月 1311 低点；③

---

① 实际上，2021 年 7 月 28 日见到 3312 低点。

② 写于 2020 年 9 月。

③ 此处误差 1 个月。

(5) 2003 年 1 月 1311 低点~2005 年 10 月的 1067 点，2007 年大牛市之前的最后一个低点；①

(6) 2005 年 10 月的低点 1067 点~2008 年 10 月大底 1664 点；

(7) 2008 年 10 月大底 1664 点~2012 年 1 月 2132 低点；②

(8) 2012 年 1 月 2132 低点~2015 年 1 月 3406 波段高点；

(9) 2015 年 1 月 3406 波段高点~2018 年 1 月 3587 高点。

规律总结：1990 年 12 月 19 日为沪指的"生日"，每当三年后的"生日"临近月份就会形成一个重要变盘点，大多为上涨中继或下跌中继。

后续预测：2021 年年初或将出现一个中继高低点。值得一提的是，结合前文二年周期循环预测，2021 年年初出现中继高低点的概率很大，值得投资者高度重视。③

图 5-47 为上证指数（000001）1990 年 12 月至 2020 年 9 月的月 K 线图。图中数字标记 1~9 为从 1990 年 12 月开始的三年循环终点所对应的高低点。

图 5-47　上证指数（000001）1990 年 12 月至 2020 年 9 月的月 K 线图

---

① 此处误差 2 个月。
② 此处误差 2 个月。
③ 实际在 2021 年 2 月见到 3731 高点，此处误差 1 个月。

第六章

天文原理

本章摘要：再神秘的理论都有最本质的线索，江恩理论也是如此。自然法则是江恩整套预测系统的基础，其中对于天文学的利用更是为其奠定了成功的基石；波动法则是来源于行星运行原理中的行星作用法则，周期理论来源于单个行星周期和行星角度的重现周期。稍稍具备天文学知识的投资者都会很容易地重新发现江恩理论。本章将详细讲述江恩理论的基石——天文学。

第一节 引 言

江恩在著作中关于其使用的天文原理的论述可谓是"惜字如金"。江恩的著述中唯一没有详细介绍过的部分就是他所使用的"天文原理"。不知是有意还是无心，正是因为江恩对天文原理的这种欲言又止、欲说还休的"暧昧"态度给他的"江恩理论"蒙上了一层神秘面纱。

对于江恩，信者，把其奉为前知五百年，后晓五百年的再世"刘伯温"；怀疑者，把其看作江湖术士，他的理论不过是故弄玄虚的"附道玄学"。在笔者看来，造成这一现象的根本原因，是江恩没有把他的理论所使用的基本原理讲明白、讲透彻。

江恩于1927年出版了一本玄之又玄的书籍——《空中隧道》。这本书是一部半自传体爱情小说，是江恩诸多传世著作中唯一的一部文学作品，书中描写了一个踌躇男孩由孤独农舍步入理想殿堂的传奇故事。

实际上，这本书不仅涵盖了大量的数学原理，还隐密地阐述了大量天文原理。主角罗伯特的生日是1906年6月10日，这个日子恰好有着我们中国人所说的"行星连珠"的星象相位，火星、木星、水星及冥王星集结在双子座17°至22°之间。

在主角出生之前的两个月，旧金山发生了大地震，一年之后的春天，棉花收成有困难，及至秋天又发生金融恐慌。这恰恰说明了"天有异象，地有灾殃"，亦证明《空中隧道》引用了大量的天文学知识。

接下来，我们看一下1927年出版的第一版《空中隧道》的封面（图5-1）。第一版《空中隧道》的封面是江恩本人亲自设计的。江恩关于天文学的"重要秘密"并不仅仅体现在小说的内容中。实际上，江恩亲自为小说设计的封面就已经展现了诸多天文学的"重要秘密"。《空中隧道》封面的图片有三个基本元素：

（1）在背景中有一个圆规和三角尺，从那里产生了一个隧道。

（2）在前景里有个天平，一边是沙漏，另一边是价格的运动。

（3）背景和前景之间延伸的是紧密相连的正方形。

本书封面插图背后的深奥含义如下。

（1）圆规和三角尺是"共济会"的象征。更具体地说，圆规（用于绘制圆形）象征着天圆，或者说是星盘上的黄道；三角尺（用于绘制正方形的90°角）象征着宇宙中两颗行星之间最重要的角度——90度（或"正方"相位）。因此，通过解读江恩的著作，我们同时知道了"共济会"符号背后的深奥含义：圆周和行星之间的角度，具有根本和永恒的重要性。

天文学家研究表明，宇宙中行星对地球的作用是通过无数纵波的形式从太空传递到地球的不同频率的振动进行的。因此，空中隧道封面的插图象征着宇宙中行星的力量从太空向地球传递。

（2）天平的一边是沙漏，它象征着时间因素（由行星与地球的相位决定）；天平的另一边是价格的运动，一共有12个价格条，这12个价格条代表着12个星座。因此，这个天平象征着这样一个事实：在江恩对价格走势的预测中，权衡了时间因素（由行星相位决定）过去、现在和未来对价格的影响。

（3）封面这一系列紧密相连的正方形象征着这样一个事实：正如江恩所观察到的，特定股票或商品的价格行为是根据一系列时价正方展开的。根据江恩的说法，这就是为什么"每只股票在某个精确的数学点上与之前的某个走势成比例地出现顶部或底部""小麦或其他商品的每个顶部或底部都与其他顶部或底部构成精确的数学比例。"（《如何在商品中获利》，第32页）

总而言之，《空中隧道》封面上的插图强调了这样一个事实：行星对地球的作用力以无数纵波的形式通过空中隧道传递到地球，在权衡了这些行星的作用力对特定股票或商品的历史影响后，便可以预测其未来的价格走势。

事实上，天文原理的"重要秘密"也在封面的插图中被巧妙地揭示了出来。

封面上的插图显示了延伸至地平线的两组互锁正方形。一组显示在天上，一组显示在地上，地上这一组还建有一座刻有江恩名字的金字塔。

在封面的图片中，天空中的正方形象征着天文意义上的"正方形"（即当行星之间彼此形成90度角时）。地面上的正方形象征着价格以"时价正方"的形式运动。这正印证了那句基督教的古老谚语"如其在上，如其在下"。更具体的象征意义是，行星的90°相位促成了价格的正方。江恩在其他著作中也指出了这一点，他说，"我们使用奇方数和偶方数①，不仅可以验证市场的价格运动，还可以得到运动的原因。"

江恩对股市和大宗商品市场的未来循环是基于"时间因素"，可以定义为"时间的流逝是对所能实现目标的限制"。在江恩的理论体系中，天文原理可被定义为"研究时间对趋势的影响"，因此，我们可以通过对天文学的研究来精确地定义江恩的"时间因素"。

以上就是《空中隧道》封面中透露给我们的江恩用天文测市的蛛丝马迹。而若想真正将天文原理应用到测市中去，江恩本人并未给出现成的答案，这就意味着我们必须深入复杂的天文学中去，非下大功夫不可。这里展示一幅江恩研究预测股市的九宫星象节气图（图6-1），供大家学习参考。因此，如

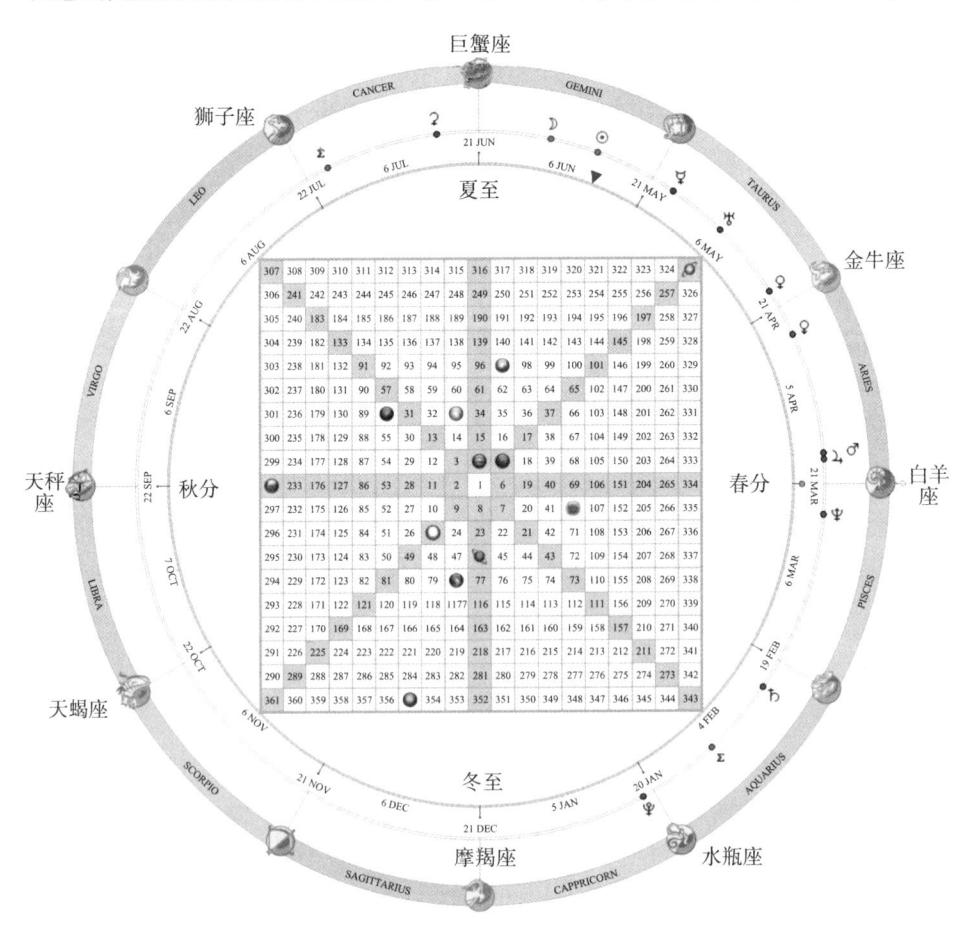

图6-1　江恩用于天文测市的九宫星象节气图

---

① 奇数的平方与偶数的平方。米库拉：《九方图》。

果你是一个非常忙碌的人，或者不喜欢深入复杂的天文学中去，那么本章内容大概会令你失望，学习没有捷径。现成的方案，只要花钱就可以买到。

2019年，笔者受邀参加了一场国内的技术分析研讨大会。它是由一些著名的行情软件商赞助举办的，这些公司为投资者提供行情分析软件。

演讲者吴先生讲到："交易容易，价低时买，价高时卖。"

台下有人发问："我们怎么知道它是高还是低？"

演讲者对这个问题很不自在。他随即答道："关于高低点的研判，可以使用众多指标以及神奇数字。"

很明显，这个回答似是而非，如何找出未来价格走势的主要问题仍然不清楚。技术分析提供的数以千计的提示无法替代对这个主要问题的回答："市场下一个转折点何时出现？"

本章所讲述的内容完全是为了回答这个问题。在本章的大量案例中，笔者并未过多使用技术指标（尽管有时笔者会这样做）。本章将要讨论的内容是基于最先进的天文方法，通过笔者自己的观察和分析他人收集的知识，深入分析天文学对股票市场的影响。

利用天文学来测市，同样基于分析过去的价格历史，并根据过去的知识做出对未来的预测。在这里，我们考虑的是基于天体运动的周期循环来处理自然循环的问题。我们遵循一个传统：关于太阳和月亮周期的古老知识是所有天文学的基础。这些周期的重要性是毋庸置疑的，无论是过去还是现在。笔者可以很负责任地说，最可靠的预测是基于这两个周期，即使遇到类似2008年时罕见的全球性经济危机，这种日月周期现象依然能够在资本市场上大显神威。

图6-2是根据道琼斯工业指数（DJI）始于1885年的历史数据与太阳周期的关系计算得到的2009年3月至8月的预测路径（上图）及其后续实际走势（下图）。

另一个例子是月相周期对资本市场的影响。研究发现，道指在2008年经济危机引发的股市狂泻末期，呈现出"新月前后通常处于高位，满月前后则通常处于低位"的规律。如图6-3所示，图中的曲线为新月满月线，其中峰为新月，谷为满月。从图中可以看到，新月前后，指数多在相对高位；满月前后，指数多在相对低位。

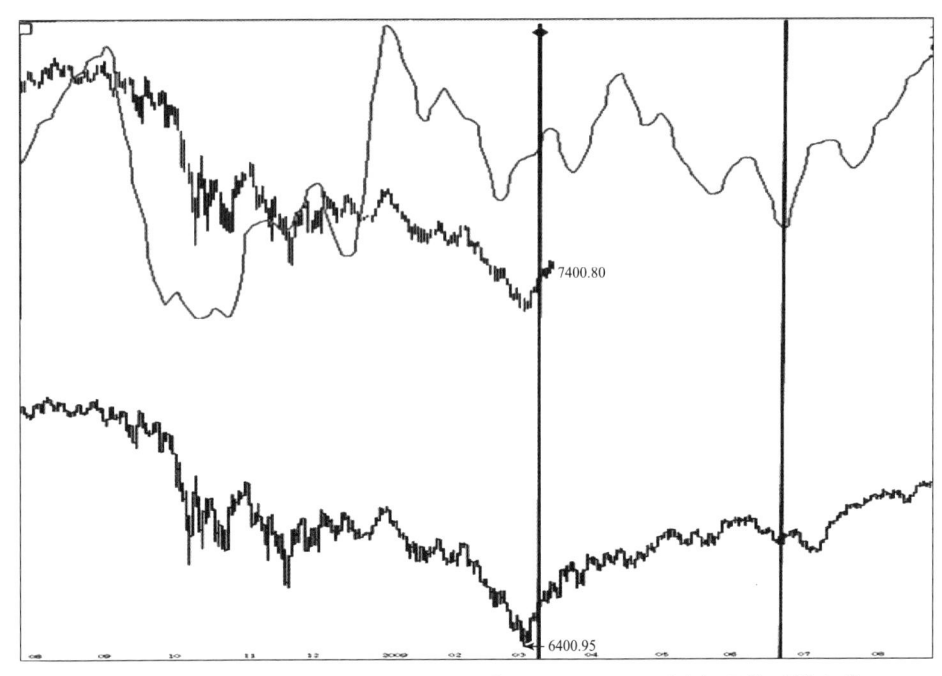

图6-2 道琼斯工业指数（DJI）2009年3月至8月预测路径及其后续走势

图6-3 道琼斯工业指数（DJI）2008年12月至2009年4月的日K线图（自然日）

我们可以用类似的方法计算任何已知的天文周期，并将其与我们的数据进行比较。从图6-4中可以看到，道琼斯工业指数（DJI）的周线运行路径非常接近于木星的运行周期。

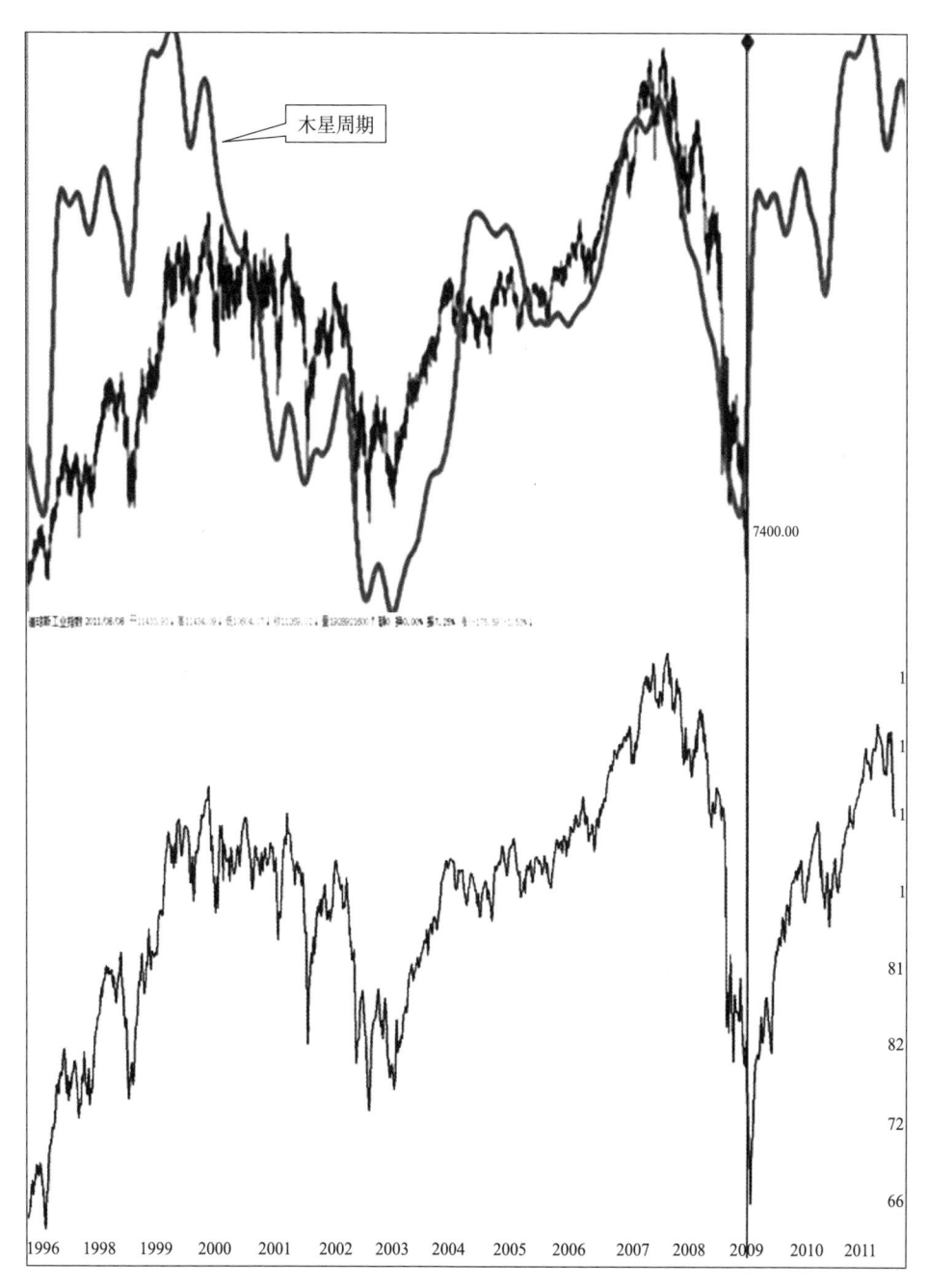

图6-4　木星周期及道琼斯工业指数（DJI）1996年12月至2011年7月的周收盘线图

这里还有一个例子，由四条布拉德利晴雨表预测线提供，如图 6-5 所示。

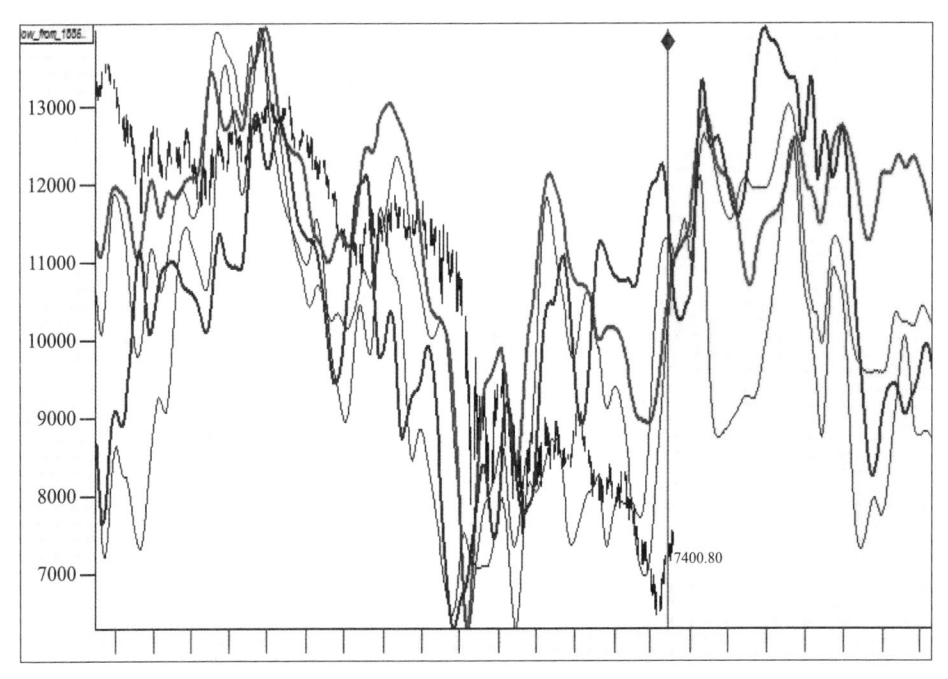

图 6-5　道琼斯工业指数（DJI）2008 年 1 月至 2009 年 3 月的日收盘线图

我们还可以使用两个行星之间的角度间隔来计算周期循环之间的距离，如图 6-6 所示。图中垂直虚线表示太阳和火星的间隔角度。

以上所提到的预测方法只是天文测市的一小部分。宇宙中已知的任何天体都可以用来预测市场。我们还可以根据中点或凌日宫，或者行星在宫里的位置，或者行星的运行速度来对市场进行预测，也可以利用行星的位置、月亮（或任何行星）进入黄道带的度数（这对日内交易是有用的）和许多其他天文现象进行相关预测。

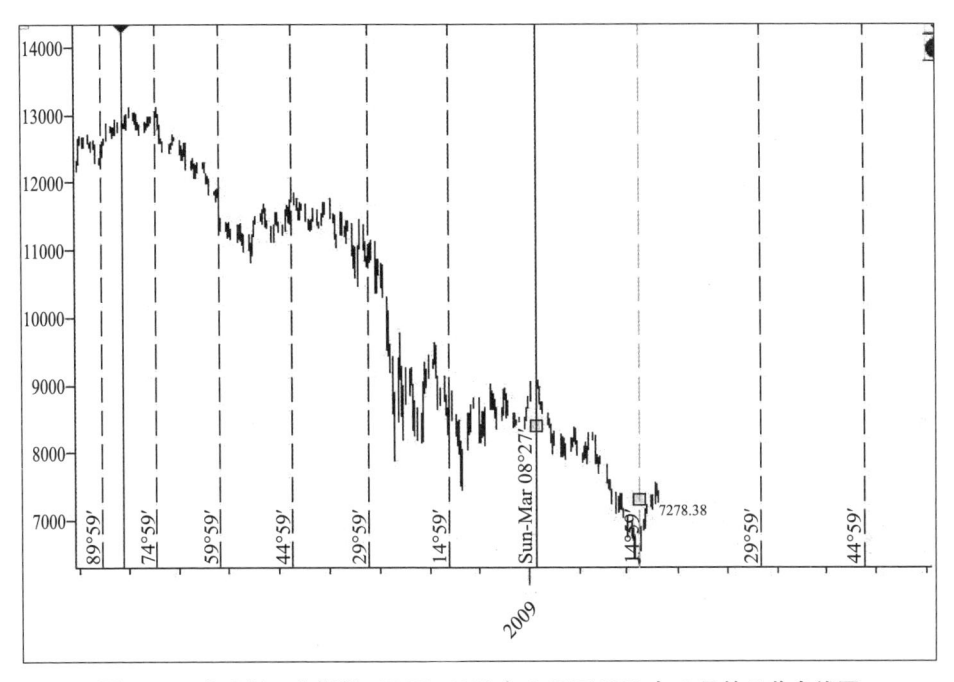

图6-6 道琼斯工业指数（DJI）2008年3月至2009年4月的日收盘线图

第二节　历法测市

在宇宙中没有不运动的物质，也没有不是物质的运动。运动离不开时间与空间，时空辩证地统一于物质的运动之中。

宇宙天体运行会不同程度地作用于地球生命，从而在地球生命上深深地打下烙印，尤其以日月的影响最大。在天体运动中，蕴藏着万物此消彼长的规律，蕴含着深奥的哲学原理。因此，在研究人和自然的关系中，离不开对天体运行的研究，而历法则为这种研究提供了最好的基础。

历法是天文学的一个分支，是天文学与数学结合的产物。所谓历法，就是根据天象变化的规律来计量时间，划分季节的一种法则。其目的在于科学地安排时间，使之既符合天体运行规律，又能助益人们的生产生活。

如果对中国古代历法有所了解的话，就会发现历法是中国古代一切自然科学中最初的成果，并被直接应用于农业及军事领域。历法是古人对大自然运动变化及天体运行规律的总结，古人的一切行动讲究"顺天应时"，那现代经济活动是不是也该如此呢？答案是肯定的。

股市运行流行"时间窗口"一说，不同的分析方法会对时间窗口做出不同的判断，如果我们将股市出现的拐点历法化，就会发现：股市大部分拐点与历法的重要时间节点高度重合，国外股市如此，A股同样如此，关键在于怎样将市场"历法化"。

中国古代历法具有鲜明的特点，西历与中历相比，实乃相形见绌，中历涉猎范围更广，不仅需要设置闰年、闰月，还要将日月、五行、天干地支、二十八星宿等各种天体运行考虑进去，类似于现代的天文历。

历法测市特别关注重要天象期间股市的运行态势，如新月、上弦月、满月、下弦月。二十四节气特别是两至两分（春分、夏至、秋分、冬至）期间也会特别关注。这里的重要天象区间是指各种天象"共振"产生的时区。如节气点和月相点的共振、阴阳干支的共振区间等。应用合历来做股市预测能明显弥补单一历的不足,它能使我们找到更精准的与股市相关的共振时间窗口。

中历的全称为"阴阳干支三合历",故关键的时间不光有阴历和阳历中的一些重要日期,还包括一些重要的干支日。

图 6-7 为上证指数(000001)2017 年 12 月至 2020 年 7 月的日 K 线图。从图中可以看到,在整个区间内分别出现四个高低点,即 2018 年 1 月 29 日的 3587 点、2019 年 1 月 4 日的 2440 点、2019 年 4 月 8 日的 3288 点以及 2020 年 3 月 19 日的 2646 点。四个高低点中,就有两个同时落在甲午旬辛酉日。值得一提的是,这四个高低转折点,笔者均进行了预测,并提前在自媒体上公开发布。

图 6-7　上证指数(000001)2017 年 12 月至 2020 年 7 月的日 K 线图

历法测市的一个重要环节是将天文历法的一些重要节点与市场的固有周期循环相结合。江恩大师指出:"任何事物都按照固有的周期循环发生,无一例外。预测未来,必须要知道过去曾经发生过什么,并且站在一个正确的起点之上。如果站在正确的起点上,又知道历史再现的循环,那么预测 100 年甚至 1000 年将会同预测 1 日、1 周一样简单。"A 股已过而立之年,全面地了解它的成长过程,了解它的童年期、少年期、青年期,对我们的研究将起到至关重要的作用。

第三节　甲子线

甲子线，即把60个自然日看做一个天文周期循环，当其与数学周期循环产生共振时，市场便极有可能发生转折。

图6-8为上证指数（000001）2007年9月至2016年1月的甲子线图。以2007年10月16日的天顶6124点为起点，在图上每隔60个自然日用竖线进行标注，即以60自然日周期及其倍数进行标注。从图中可以看到，确有某些规律性的东西存在。

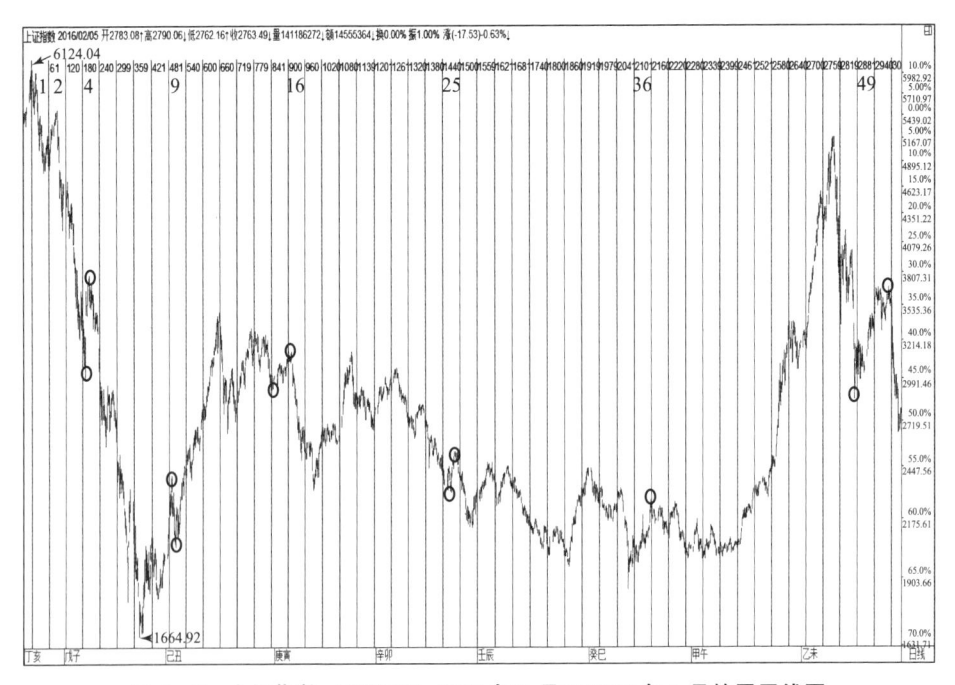

图6-8　上证指数（000001）2007年9月至2016年1月的甲子线图

将从2开始的自然数平方的数学周期与甲子线的天文周期相结合，将产生更加强大的共振效果。

（1）$2^2=4$，第四根甲子线在图中的时间段为 2008 年 4 月 13 日至 6 月 12 日，在该时间段内同时见到下跌低点 2990 点（4 月 22 日）以及反弹高点 3786 点（5 月 6 日）；

（2）$3^2=9$，第九根甲子线在图中的时间段为 2009 年 2 月 7 日至 4 月 8 日，在该时间段内同时见到上升高点 2402 点（2 月 17 日）以及回调低点 2037 点（3 月 3 日）；

（3）$4^2=16$，第十六根甲子线在图中的时间段为 2010 年 4 月 3 日至 6 月 2 日，在该时间段内同时见到反弹高点 3181 点（4 月 15 日）以及回调低点 2481 点（5 月 21 日）；

（4）$5^2=25$，第二十五根甲子线在图中的时间段为 2011 年 9 月 25 日至 11 月 24 日，在该时间段内同时见到下跌低点 2307 点（10 月 24 日）以及反弹高点 2536 点（11 月 4 日）；

（5）$6^2=36$，第三十六根甲子线在图中的时间段为 2013 年 7 月 16 日至 9 月 14 日，在该时间段内同时见到回调低点 1965 点（7 月 30 日）以及反弹高点 2270 点（9 月 12 日）；

（6）$7^2=49$，第四十九根甲子线在图中的时间段为 2015 年 9 月 4 日至 11 月 3 日，在该时间段内并未出现明显的高低点，但在其相邻的两个时间段内分别于 8 月 26 日见到最低点 2850 点以及 12 月 23 日见到最高点 3684 点。

由于篇幅所限，笔者在此就不一一列举了。读者不妨以此类推，自行查看第八八六十四根甲子线，以及其后的第九九八十一根甲子线所在时段内的显著高低点，并通过不断归纳总结，将其运用到实战中去。

第四节　置　　闰

农历是我国的一种传统历法，是我国古人的伟大创造之一，它的特点是：

（1）用严格的朔望周期来定月，任何一日都含有月相的意义；

（2）潮汐现象是由月亮的引力造成的，因此，利用农历日期可以推算潮汐；

（3）用置闰的办法使农历年的平均长度与回归年相近。农历年的长度是以回归年的长度为准的，但是一个回归年是 365.2422 天，这个数目比十二个朔望月的日数多，而比十三个朔望月的日数少，如果农历固定每年十二月的话，则一年只有 354 天，因此，古代天文学家采用了"十九年七闰"的方法，使得农历年与回归年相吻合。

农历把没有中气的月份作为闰月，因为在十九个回归年中有 228 个节气，而农历十九年有 235 个朔望月，显然有七个月没有中气。古代天文学家对七个没有中气的月份进行"置闰"，也正是这一设置使农历闰月节气必然与望月重叠，而正是这一重叠，天文周期中的黄金分割[1]被体现：即 2 年 1 闰，3 年 1 闰，8 年 3 闰，11 年 4 闰和 19 年 7 闰。

香港技术分析大师黄栢中先生认为，黄金分割是大自然的一个基本的比例结构，从太阳系行星之间的距离，到地球上多种植物的结构，再到人类身体细胞的 DNA 都存在着黄金比例的结构。由此可见，无论是人类行为的结果还是大自然的现象，皆显示出"天人合一"的至高境界。

自 2008 年全球经济危机以来，至笔者落笔时共经过了五次闰月。下面我们来分析一下 2008 年以来的五次闰月与上证指数（000001）之关系。图 6-9 为上证指数（000001）2008 年 12 月至 2020 年 7 月的周 K 线图。

（A）2009 年 6 月 24 日至 7 月 22 日为闰五月，结果在结束闰月后的 8 月

---

[1] 见本书第五章。

图 6-9　上证指数（00001）2008 年 12 月至 2020 年 7 月的周 K 线图

4 日见到年内最高点 3478 点，大盘从此进入漫漫熊市；

（B）2012 年 5 月 21 日至 6 月 18 日为闰四月，结果开始闰月前的 5 月 4 日见到年内次高点 2453 点，之后一路杀跌至 2012 年末；

（C）2014 年 10 月 24 日至 11 月 21 日为闰九月，闰月期间的 10 月 27 日见到回调低点 2279 点，之后进入主升浪；

（D）2017 年 7 月 23 日至 8 月 21 日为闰六月，闰月期间的 8 月 11 日见到回调低点 3200 点，之后出现加速赶顶；

（E）2020 年 5 月 23 日至 6 月 20 日为闰四月，闰月结束后，上证指数开启了一波年内最强劲的升浪，高见 3458 点。

规律总结：

（1）农历闰月出现的年份具有明显的规律性，呈现出周期交叠现象，周期间隔时间为 2 至 3 年，2 和 3 皆为神奇数字，具有黄金分割比例关系。

（2）闰月望逢节，趋高不怕跌。A 处 2009 年闰五月期间的 7 月 7 日为"望逢节"，即当天为望日，恰逢小暑节气，称作"望逢节"；C 处 2014 年闰九月期间的 11 月 7 日为"望逢节"，即当天为望日且恰逢立冬节气。从图中可以看到，闰月望逢节，行情都出现了不同程度的加速上涨。

（3）闰月过后，市场如果立即转势，可能会进入比较长的下跌（上升）周期。这有助于我们对中期趋势的把握；其中 A、B 两处转势进入下跌周期，尤其是 A 处引发的转折，导致行情进入长达四年之久的漫漫熊途；而 C、E 两处转势后则进入上升周期，尤其是 C 处引发的转折，大盘一口气登上 5178 点。

（4）闰月前月如出现建星"值满"月，闰月高点将提前在"满"月出现；[1]

（5）闰月前后在天文周期上均有日食发生，可以配合日食发生时间对高低点进行综合研判。[2]

为什么闰月前后行情容易发生转势呢？

我们知道，趋势运行是需要能量支持的，在闰月之前，由于能量的不断聚集，大盘就会沿着一个趋势运行。但到了闰月，由于这个月"有节无气"，能量接续不上，所以容易引发转折。转折可大可小，在上升趋势中，诱发的可能只是一般回调，如 2017 年 8 月的回调；甚至此回调就是主升浪前的最后一次回调，如 2014 年闰月期间的回调以及 2020 年闰月期间的回调，之后都迅速进入一波主升浪行情；在上升趋势的末端，容易诱发趋势的根本性转折，如 2009 年闰月后次月便见到最高点 3478 点；在下跌过程中，则极有可能产生反弹高点，如 2012 年闰月前见到反弹的次高点 2453 点，之后便再次拐头向下运行。

---

[1] 相关内容，详见本章第九节。
[2] 相关内容，详见本章第八节。

第六章 天文原理

第五节 螺旋历法

古时带兵打仗，双方短兵相接，讲究排兵布阵，如"八卦阵""天门阵"等等。现代金融市场是没有硝烟的战场，多空双方激烈搏斗。多空双方是否也会排兵布阵？

"环状列石阵"是英国索尔兹伯里以北的一个著名的远古巨石建筑遗址，人们将这个建于三四千年前的巨石群称为"环状列石阵"，如图6-10所示。有学者对它进行了深入的研究后指出，从环状列石建筑中心向外围不同的巨石方向望去，构成了一年中夏至、冬至、春分、秋分以及其他一些节气，并进一步推断，在建造环状列石阵的年代，人们已经在使用一种把一年分成八个节气的历法。由于环状列石阵反映了日出日落、月出月落，也就精确地记录了两种时间，即太阳历和太阴历，即所谓的"阴阳历"。

图6-10 环状列石阵

所谓阴阳历，就是兼顾太阳、月亮两个星体而制定的历法。中国自殷商时代起便采用阴阳历，由于它与农业生产的紧密联系，故阴阳历又被称为农历。该历以月亮绕地球运行一周的运行时间（朔望月）纪月，又以地球围绕太阳运行一周的时间纪年。阴阳历中每一个月的每一个时期都有月相上的意义，如初一为朔，十五为望。由于阴历一年的时间为354天，而阳历一年的时间为365天，两者相差十一天左右，所以随着时间的运行，阴历和阳历就形成了不同的相位差。古人在长期观察和精密计算的基础上，制定了"十九年七闰法"，可以把阴历和阳历较好地协调起来。这样，十九个农历年的长度和就和十九个回归年的长度大致相同了。

"十九年七闰"使得阳历和阴历具有了较好的协调性，但十九年中阳历和阴历存在不同的相位差，即阳历中的某一日可以坐落在阴历的初一至三十的任何一日之中，这就产生了历法日期上的"环状列石排列"，即"螺旋历法"：

新月逢春分日，新月逢夏至日。

满月逢春分日，满月逢夏至日。

新月逢秋分日，新月逢冬至日。

满月逢秋分日，满月逢冬至日。

以上就是太阴相位和太阳节气的八对重要的环状列石排列组合。其时间组合对国外股市的影响最早见于美国人佳露兰先生于1992年10月公布的"螺旋历法"，因此"螺旋历法"又被称作"佳露兰历法"。

螺旋历法适用于A股吗？螺旋历法和中国股市的关系如何？

笔者经多年研究后发现，螺旋历法如应用在A股市场，远不止上面介绍的八对组合，实际上结合中国的二十四节气，可以产生四十八对不同的排列组合，只是其重要性有所不同而已。图6-11为上证指数（000001）开市至2020年7月的日K线图，现将重要拐点前后的螺旋历法排列组合列举如下：

（1）1994年7月23日大暑逢满月，7月29日见325低点；

（2）1995年12月22日冬至逢新月，1996年1月19日见512低点；

（3）1998年7月23日大暑逢新月，8月18日见1043低点；

（4）2001年6月21日夏至逢新月，6月14日见2245点大顶，A股自此进入历史上第一次大熊市；

（5）2004年5月5日立夏逢满月，4月7日见反弹高点1783点，至此结束大熊市中的次级反弹，进入熊市的最后杀跌段；

图 6-11　上证指数（000001）开市至 2020 年 7 月的日 K 线图

（6）2009 年 7 月 7 日小暑逢满月，8 月 4 日见反弹高点 3478 点，之后进入 A 股历史上第二次超级大熊市；

（7）2019 年 2 月 19 日雨水逢满月，1 月 4 日见到最近的一次历史大底，自此结束 2015 年 6 月 5178 点以来的下跌趋势。

由于篇幅所限，本书仅列举了一些重要拐点前后的螺旋历法排列组合，其他有关组合不再一一列举。有兴趣的读者可自行对照万年历查对，这必将给你带来更多的实践收获。

第六节　行星群聚

太阳系里有九大行星，按照距离太阳由近及远排列分别是水星、金星、地球、火星、木星、土星、天王星、海王星和冥王星。[①] 因为水星、金星、火星、木星和土星离地球较近，在远古时代，人们便开始注意并识别它们了，在我国的传统文化中，离地球最近的五颗行星，成了我国古代天文学家重点观测的对象。

这五颗行星绕着太阳运行，不断改变在恒星之间的位置，因而造成许多特殊天象，如行星掩恒星，行星互掩，行星群聚以及和月亮的掩合等。中国天文学之大成《开元占经》全书120卷，而观测天象就占了42卷之多，不难看出观测天象在我国古代天文学中的地位。由于五星同时在一小片天空相聚的机会不多，被古人认为是非同寻常的大事，这一天象可说是大凶大吉，说好说坏都有，盖言之为"吉人自有天相，小姐请自宽心"。

气象专家奕巨庆先生在《行星与长期天气预报》中指出，短时特大暴风雨多发生在朔望前后，这与潮汐原理相同。但是，朔望的影响，一二日便过去，而异常旱涝却长达数月，他认为五星对地球也同样有显著的影响。内行星的"下合"是在月地之间，如月之朔；外行星的"冲地"则是在行星与太阳之间。如在月地朔望的背景下，再遇上行星的朔望，两者便会形成共振时间窗，被影响的地区便极有可能在此间遭受特大的暴雨洪水，不被影响的地区或将遭受特大干旱。

当地球与某个行星之间距离达到最近的时候，相斥作用将变得非常强烈，我们将这种天文现象称为"大冲"（如木星大冲，火星大冲等）。逢大冲之年，地球上的地震、水旱、灾荒、瘟疫等天灾或将频繁发生。

---

① 2006年，国际天文联合会将冥王星排除出行星行列，重新划为矮行星。故按最新说法，太阳系内共有八大行星。因传统分析多据"九大行星"而来，本书仍采用旧说法，将冥王星视为行星。

行星运动对地球的影响最大者当属"行星群聚",即多个行星处于太阳的同一面。据刘杰先生在《中国运气学》一书中介绍,我国五百年来的两个干旱高峰,就发生在九大行星群聚附近。十二世纪至十九世纪之间,我国发生的五个低温时期(1126年、1308年、1483年、1655年及1844年)也发生在行星群聚期间。

我国古代医学"圣经"《黄帝内经》就详细记载过"五星"对人体疾病产生的影响,并认为人体五脏上应五星,即肝木合岁星(木星)、心火应火星(火星)、脾土合镇星(土星)、肺金合白星(金星)、肾水合辰星(水星)。如果岁运大过或不及,五星升降失调,或将引起天地气交的异常,节序颠倒,从而影响人体万物。

股市作为人类投资交易的场所,其波动与行星群聚是否相关?历法与天文学皆讲究周期规律,国外已有专门用天文学预测股市的流派,天文学与历法学本出同门,其循环规律之奥秘何在?现结合中国股市作相关探讨。

五星汇聚[①]

五星汇聚,是指太阳系内最光亮的五颗行星(水星、金星、火星、木星和土星)集中在太阳的同一面的天文现象。从地球上观看,观测者可在夜空中同时观测到五颗行星五星汇聚出现的时间并不规律,每次汇聚时,五颗行星的相对位置亦会不同。如图6-12所示,当水星、金星、火星、木星和土星移至太阳的同一面时,从地球上观看它们之间的位置相对较为接近时,便出现五星汇聚的天文奇观。

五星连珠[②],是指金木水火土五大行星同时出现在天空同一方,并且连成一条线的现象。这种现象不常发生,所以古人认为它是祥瑞之兆。后人推广到只要五星各居一宫且相连不断时就叫作"连珠"。清代钦天监缩小其范围,规定五行星的黄经相差小于45度时才叫"连珠"。在很多科幻电影中,只要出现五星连珠这种现象,就可以穿越到过去。如图6-13所示,当水星、金星、火星、木星和土星移至太阳的同一面时,并且张角比五星汇聚小得多时,则出现五星连珠的天文奇观。

---

① "五星汇聚"为"行星群聚"的特例,由于古人最多识别到五颗行星,因此"五星汇聚"与"五星连珠"最具代表性。

② "五星连珠"是"五星汇聚"的特例。

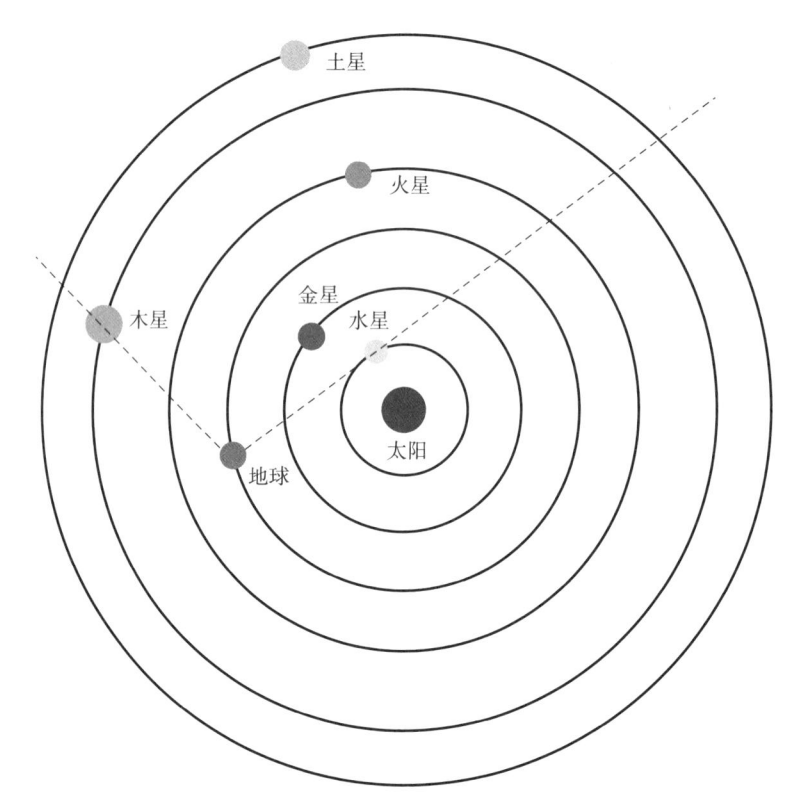

图 6-12　五星汇聚

图 6-13　五星连珠

第六章
天文原理

有人称金木水火土五大行星同现夜空的少见天象为"五星连珠",这是不妥的,这种现象只能称得上"五星汇聚"而非"五星连珠"。广东天文学会的专家认为:传统所说的"五星连珠"是以地球为中心,金木水火土五大行星位于太阳的同一侧,其张角小于60度,并能被肉眼观察到,五星连珠张角越小越难得且越小越好。

因此"行星汇聚"与"行星连珠"其实是两个不同的天文现象,"行星连珠"的标准要严于"行星汇聚"。其中,多星连珠现象十分罕见。资料显示,最近一次"行星连珠"发生在2000年5月20日。这是个渐进的过程,从5月5日就开始了,到5月20日这天,除天王星和海王星外,太阳系的其余七大行星:水星、金星、地球、火星、木星、土星、冥王星,散落参差,排列在一定的方向上,形成"七星连珠"奇观。而上一次"五星连珠"发生在1962年2月5日。两次"行星连珠"天体现象都未给地球带来地质、气候等灾难。美国科学家根据天文运动计算出,下一次"五星连珠"将在北京时间2040年9月9日中午12时出现。

从天文学的角度出发,五星连珠的现象是很容易解释的。水星公转一周大约需要88天,金星需要225天,火星需要687天,木星需要4333天,土星需要10760天,只要求出这几个数字的最小公倍数,就是发生一次五星连珠所需的天数。按照这个数字算出来的五星连珠,才是真正的五星连珠,由此看来,真正五星连珠现象的频率其实是非常低的。所幸古人对五星连珠的要求并不高,只要五大行星的经度差不超过45度就算是五星连珠。在这样的条件下,发生五星连珠现象就容易得多了。

五星汇聚(连珠)对股市的影响如下:

(1)五星汇聚(连珠)发生期间股市一般处于波段高位;

(2)五星汇聚(连珠)发生后行情或将急转直下。

现将20世纪至今发生的五次五星汇聚(连珠)现象对股市的影响举例说明如下:

(1)1962年2月5日发生五星连珠现象,其后道琼斯工业指数(DJI)从波段高位出现急跌,至1962年6月,将前一波段涨幅悉数抹去,累计跌幅逾20%。图6-14为道琼斯工业指数(DJI)1959年11月至1963年2月的月K线图。

(2)1987年8月发生五星汇聚现象,恰逢农历置闰区间,是天文共振时间窗。道琼斯工业指数于8月25日见波段高点2736点而下行,其后引发全球

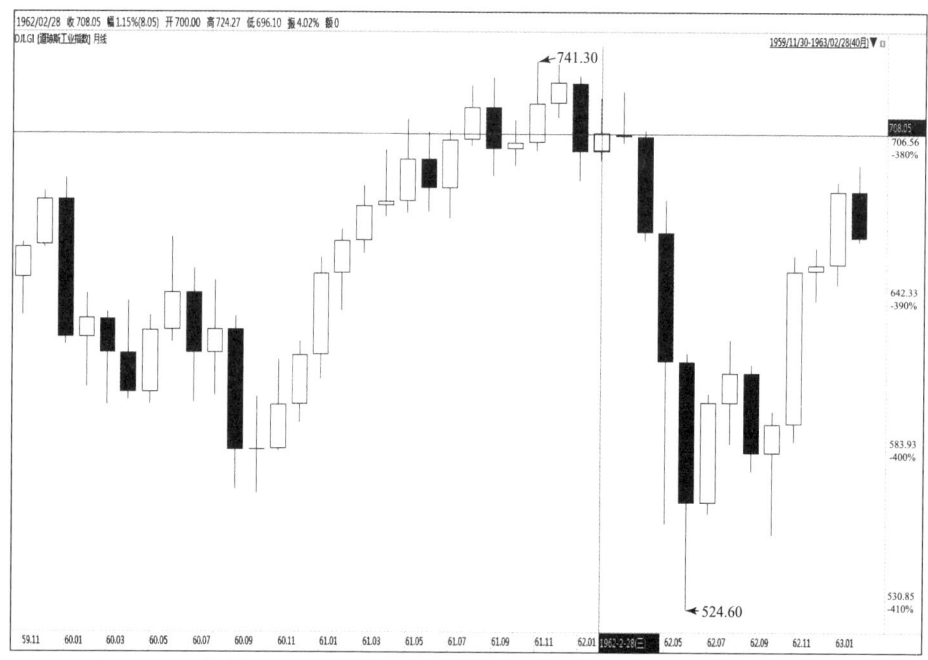

图 6-14 道琼斯工业指数（DJI）1959 年 11 月至 1963 年 2 月的月 K 线图

股灾，至当年 10 月，全球股灾持续近两个月，道指累计下跌逾 40%，异常惨烈。图 6-15 为道琼斯工业指数（DJI）1987 年 3 月至 1988 年 3 月的日 K 线图。

图 6-15 道琼斯工业指数（DJI）1987 年 3 月至 1988 年 3 月的日 K 线图

(3) 最近一次五星连珠发生在 2000 年 5 月,此次五星连珠现象开始于 5 月 5 日,持续至 5 月 20 日。其间,上证指数(000001)从 5 月 8 日的波段次高点 1582 点跌至 5 月 15 日的波段低点 1695 点,短短 5 个交易日累计跌幅近 10%。图 6-16 为上证指数(000001)2000 年 3 月至 5 月的日 K 线图。

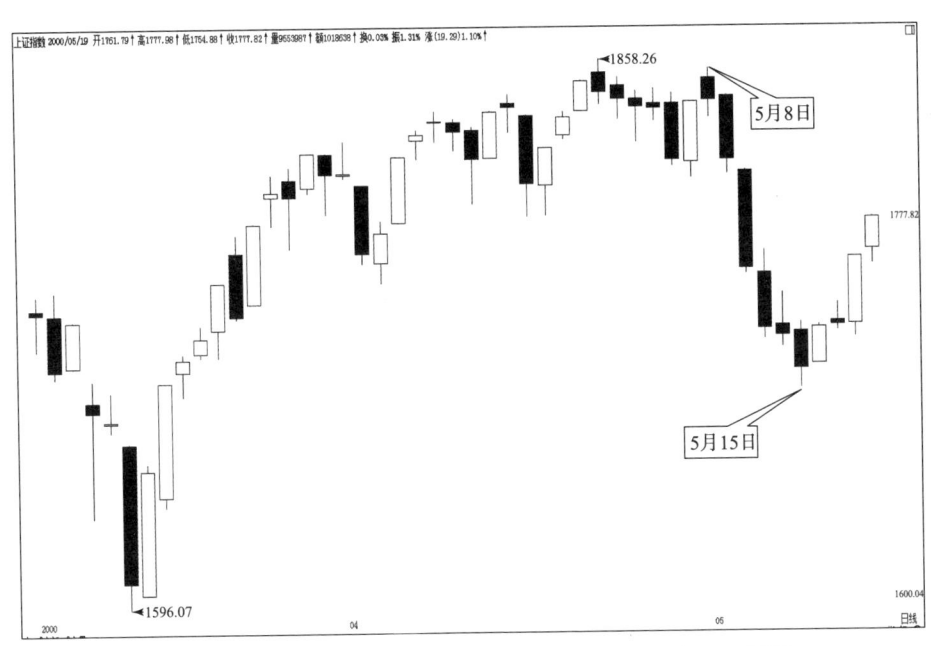

图 6-16 上证指数(000001)2000 年 3 月至 5 月的日 K 线图

(4) 2002 年 4 月下旬至 5 月初这五颗行星的相对位置非常接近。2002 年 5 月 12 日,它们之间以太阳为中心及在黄道面上的角距只有约 33 度。在此前后,道琼斯工业指数(DJI)从 3 月 19 日的反弹高点 10673 点开始下跌,一路跌至 10 月 10 日的最低点 7197 点才止跌企稳,其间累计跌幅逾 30%;图 6-17 为道琼斯工业指数(DJI)2002 年 2 月至 10 月的日 K 线图。

(5) 五星汇聚在 2004 年 3 月底至 4 月初重现,五颗行星在黄道附近的位置由西向东顺序是水星、金星、火星、土星和木星。水星在西面地平线附近,再高些在西或西北偏西方向是金星、火星和土星,而木星则处于东南偏东方向较高的位置。此次五星汇聚时水星、金星、火星、土星和木星的视星等别为 -0.5、-4.3、+1.4、0.0 和 -2.4。① 图 6-18 为水星、金星、火星、土

---

① 视星等表示星体的亮度。暗星的视星等值是较大的正数,越亮的星体其视星等值越小。最明亮的星体的视星等值是负值(太阳及满月时月球的视星等分别为 -26.8 和 -12.5)。在郊外晴朗的夜晚,肉眼可观看到最暗的星的视星等值约为 +6。

图 6-17 道琼斯工业指数（DJI）2002 年 2 月至 10 月的日 K 线图

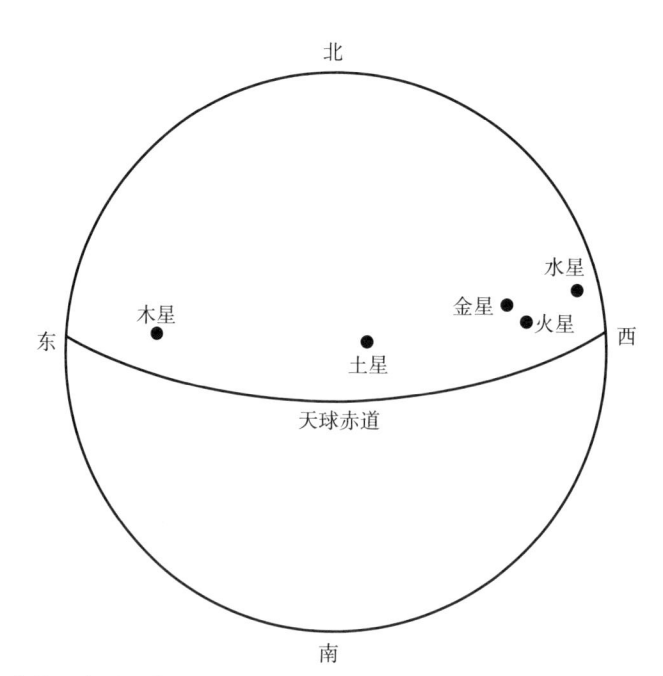

图 6-18 水星、金星、火星、土星和木星在夜空中的位置（图片来源：香港天文台）

星和木星在夜空中的位置（观测地点：香港）。

此次五星汇聚恰逢闰二月，形成天文共振时间窗口，威力倍增。2004年4月7日，上证指数（000001）见到熊市反弹最高点1783点，之后行情走势急转直下，快速下挫，一路跌至次年（2005年）6月6日的历史大底998点才止跌，其间累计跌逾40%，部分个股更是跌破面值，市况极为惨淡。图6-19为上证指数（000001）2004年3月至2005年10月的日K线图。

图6-19　上证指数（000001）2004年3月至2005年10月的日K线图

第七节　七元禽星历

古人以二十八星宿中的一宿配六十甲子，共得甲子七次，称为"七元"。对于七元甲子的意义，《协纪辨方·本原》解释说："考原云，日有六十，宿有二十八，四百二十日而一周，四百二十者，以六十与二十八俱可度尽也。故有七元之说，一元甲子起虚，二元甲子起奎，三元甲子起毕，四元甲子起鬼，五元甲子起翼，六元甲子起氐，七元甲子起箕，至七元尽，而甲子又起虚，周而复始。一元为六十日（周月年，笔者注，下同），七元四百二十日。小三元计一百八十日。"

众所周知，阳历是利用太阳周期编制的历法，阴历是利用月亮周期编制的历法，而七元禽星历则是利用日月地三星体的相位关系编制的历法。利用七元禽星历分析股市最大的方便之处就是能回避节假日所带来的不便之处。由于七元禽星历四百二十日为一周期，一元为60日，所以每个周期的周一至周五乃至配合干支日都是相同的，只要股市运行周期与420日相合，关键的时间窗口和干支日都不发生变化。中国股市流行黑色星期四的说法，究其缘由，则与此周期相关。据此推测，江恩非常重视数字"七"，应与七元禽星历存在着某种内在联系。

笔者经多年研究发现，A股存在很明显的日禽（420日）及周禽（420周）相关周期，现举例说明如下。

（1）图6-20为上证指数（000001）1990年12月至1993年9月的日K线图（自然日，下同）。从图中可以看到，上证指数自1990年12月19日开市（A）以来，用时840（420×2）个自然日升至第一波上涨的相对高位（B）；自开市以来的第一个高点C运行420个自然日后见到波段低点（D）。

（2）图6-21为上证指数（000001）1992年4月至1994年10月的日K线图。从图中可以看到，上证指数（000001）在1992年5月26日见到上市以来第一个高点1429点（A），其后的第840（420×2）个自然日，即1994

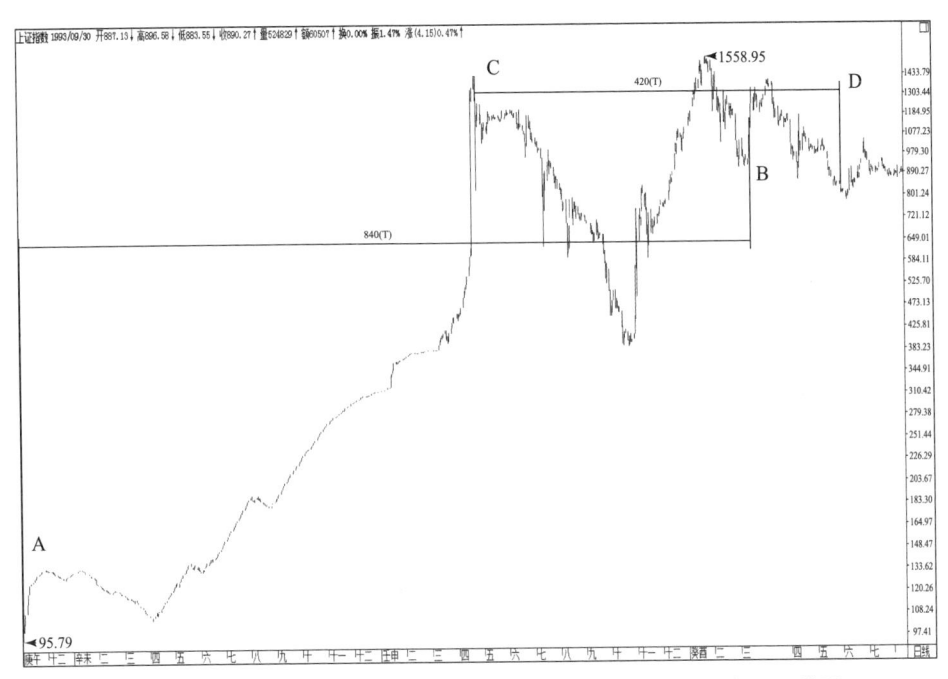

图 6-20　上证指数（000001）1990 年 12 月至 1993 年 9 月的日 K 线图

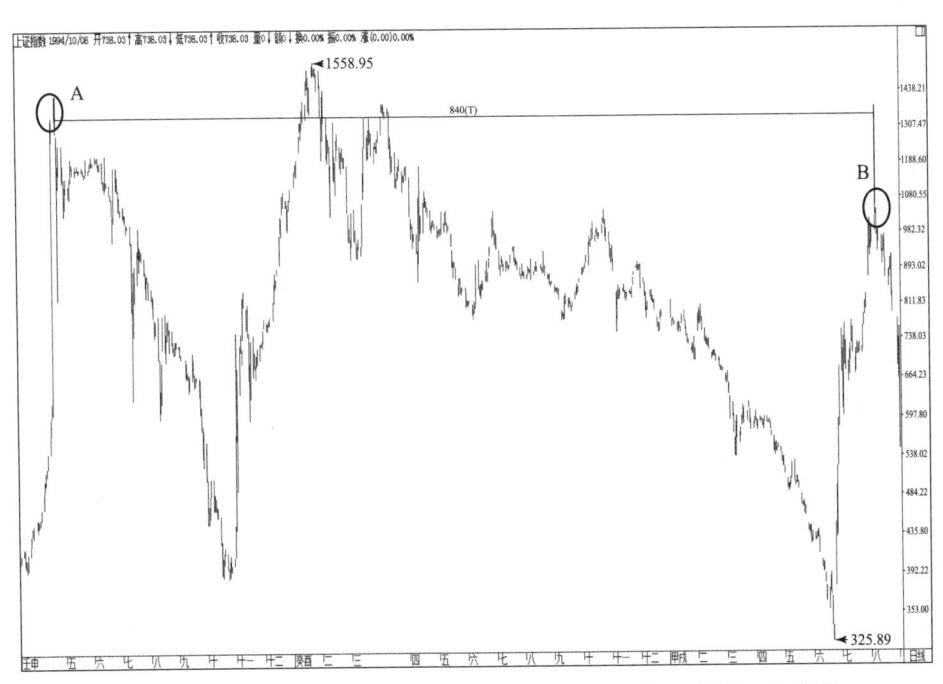

图 6-21　上证指数（000001）1992 年 4 月至 1994 年 10 月的日 K 线图

年9月13日又产生了另一高点（B）。值得一提的是，这是一个天文测市的经典案例，公历1994年9月13日是农历八月初八，是二分之一朔望相位。众多天文周期汇集于此，产生天文共振效应，结果十分精准，一天不差，正好在该日见到最高点1052点（B）。

经笔者验证，利用周禽来预测高低点亦准得惊人。

（1）图6-22为上证指数（000001）2005年1月至2020年8月的周K线图（自然周，下同）。从图中可以看到：

①2005年6月6日这一周见到历史大底998点（A），运行420周后，于2013年6月24日这一周见到另一历史大底1849点（B）；

②2007年10月15日这一周见到历史大顶6124点（C），运行420周后，于2015年11月2日这一周到达2015年5178点股灾下跌以来的反弹高位区域（D），本周的最高点3596点与反弹最高点3684点仅差88点；

③2009年8月3日这一周见到2009年反弹最高点3478点（E），运行420周后，于2017年8月21日这一周到达2016年初以来的反弹高位区域（F），本周的最高点3331点与波段最高点3587点仅差256点。如果投资者能按照周禽及早逃离的话，则可避免2018年初因"中美贸易战"导致的全球股灾。

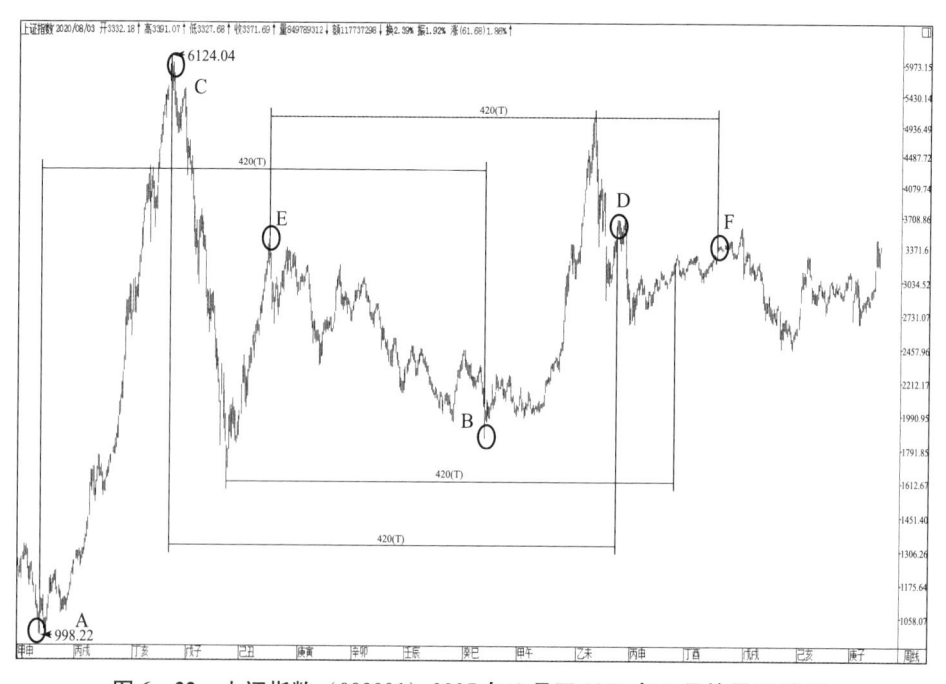

图6-22 上证指数（000001）2005年1月至2020年8月的周K线图

第六章
天文原理

（2）图6-23为上证指数（000001）2005年1月至2020年8月的周K线图。从图中可以看到，从2005年6月的最低点998点运行两个周禽（420×2＝840）为2021年7月12日这一周，从2013年6月最低点1849点运行一个周禽（420）同样为2021年7月12日这一周，届时将出现周禽共振现象，笔者在另一本著作《炒股实战技法》中曾预测A股在2022年前后会出现大牛市，① 至笔者写这本书时，上证指数已经突破3400点，那么笔者在此大胆预测，小心求证，2021年7月前后，或将出现一个阶段低点，值得投资者留意。②

图6-23 上证指数（000001）2005年1月至2020年8月的周K线图

例子还有很多，由于本书篇幅所限，笔者在此就不一一列举了，相信读者利用七元禽星历一定会发现更多A股的时间密码。

---

① 江道波：《炒股实战技法》。北京：中国宇航出版社。
② 笔者写作的时间为2020年7月，大盘在2021年7月见到阶段低点3312点。

第八节 日月食

日月食是一种美丽壮观而又比较常见的天文现象,随着科学常识的普及,今天的人们对日月食现象已经并不感到陌生。

日月食实际上是由于太阳、月亮、地球的相对位置变化而产生的一种天文现象。当月球运行至太阳和地球之间时,月亮挡住了太阳,就发生了日食;而月亮运行到太阳的对面,地球挡住了太阳,就发生了月食。

古代巴比伦人发现日月食是有周期的,一次日食或月食之后的6585.32天,即18年11天又8小时(若18年内有5个闰年则是18年10天又8小时),通常会发生很多次有类似特征的日月食,这一周期称为"沙罗"周期,"沙罗"在古巴比伦语中有重复、恢复的意思。

早在公元462年,中国古代历法《大明历》便首次引入了"交点月"的数值。所谓"交点月"就是月亮沿黄道运行时,由一个黄白交点(黄道和白道的交点)运行至下一黄白交点所需要的时间,《大明历》中交点月数值为27.21223日,与现代理论值27.21222日相比只差十万分之一。交点月的数值极为重要,因为只有当朔和望发生在交点附近时才有可能发生"交食",若能较好地把握交点月的规律,就能准确地预测日月食的时间。

中国古代历法《太初历》,早在公元前104年就首次计算了交食周期,即日月食发生的周期,得出135个朔望月中,有23个食季,每个食季中可能发生一至三次日月食的结论,并明确指出日月食的发生,具有一定的规律性。

关于日月食与股市运行的关系,目前市面上的资料少之又少。"螺旋历法"对日月食周期稍有介绍,但形成不了现实的参考意义,国外虽有人致力于研究日月食和股市的关系,但成果十分有限。笔者认为,既然日月食是因日月地的相互关系而产生,对人群大规模参与的股市交易,势必存在一定的影响。经过多年刻苦钻研,得出如下七条推论:

(1) 月食前后几天的股市有明显变化,或出现波段高点(高点日月食);

或出现波段低点（低点日月食）；或致使原有趋势发生停顿，笔者喜欢将其称为"打嗝现象"（停顿日月食）；

（2）月食过后几天，股市趋势常出现大幅扭转，持续一个月以上；

（3）月食当天股市的变化与月食前几天有明显不同，且最高值较前更高，最低值较前更低；

（4）相邻两次月食容易成为上涨（下跌）波段的起讫点，特别是时间间隔较短的两次月食，比如一个月；

（5）如果月食发生在极其猛烈的上升与下跌趋势中，其对行情之影响将大打折扣；

（6）股市受日食影响的天数为月食的65%，其影响特征与月食大致相同；

（7）日月食周期符合黄金分割比例，并且日食大多发生在朔日，月食大多发生在望日。

一、月食

21世纪共有230次月食，其中87次半影食，58次偏食和85次全食。月食每隔12个朔望月（354天）在相同的交点发生一次。现将1998年至今（2020年）已发生的月食结合股市运行规律详细解析如下。

（一）1998年

1998年8月8日2：25在109沙罗周期发生半影月食。

图6-24为上证指数（000001）1998年5月至1999年2月的日K线图（自然日）。从图中可以看到，月食当日为周六休市，下周一开盘上证指数（000001）跳空低开，跌破前期震荡回落平台，其后出现瀑布般暴跌，至8月18日见下跌最低点1043点，短短11个交易日，大盘累计下跌近20%。值得一提的是，此次月食发生时的价位成了下次反弹的重要阻力位，下次反弹未能有效突破该阻力区便再次拐头向下。

（二）1999年

（1）1999年1月31日16：18在114沙罗周期发生半影月食；

（2）1999年7月28日11：34在119沙罗周期发生月偏食。

图6-25为上证指数（000001）1999年1月至8月的日K线图（自然

图 6-24　上证指数（000001）1998 年 5 月至 1999 年 2 月的日 K 线图（自然日）

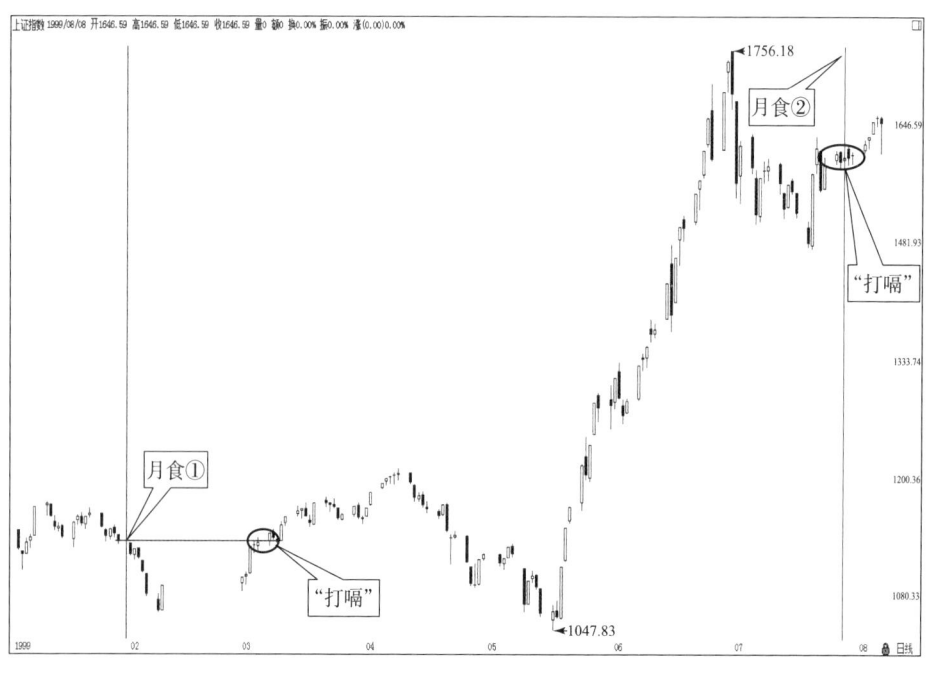

图 6-25　上证指数（000001）1999 年 1 月至 8 月的日 K 线图（自然日）

日)。从图中可以看到，第一次月食发生当日为周日休市，下周一开盘上证指数（000001）跳空低开，其后出现短期暴跌，至 2 月 8 日见下跌最低点 1064 点，短短 10 个交易日，大盘累计跌逾 6%。值得一提的是，此次月食时的价位同样成了下次反弹的阻力位，反弹至此处出现短暂的打嗝现象。

伴随着第二次月食的出现，行情同样出现打嗝现象，但此次月食对行情的主要趋势影响不大。

(三) 2000 年

(1) 2000 年 1 月 21 日 4:44 在 124 沙罗周期发生月全食；
(2) 2000 年 7 月 16 日 13:56 在 129 沙罗周期发生月全食。

图 6-26 为上证指数（000001）2000 年 1 月至 9 月的日 K 线图（自然日）。从图中可以看到，在本年度第一次月全食前的 1 月 14 日见波段低点 1401 点，此后展开长达近 8 个月之久的持续升浪，巧合的是，该年度第二次月全食不久便见到波段高点 2114 点。两次月全食几乎涵盖了整个上升波段。

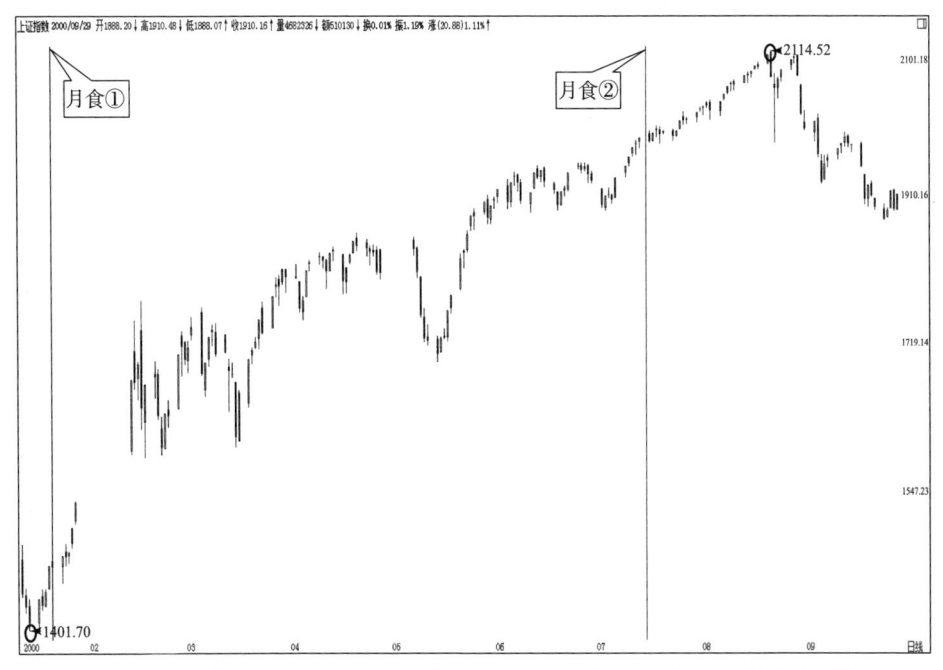

图 6-26 上证指数（000001）1999 年 12 月至 2000 年 9 月的日 K 线图（自然日）

(四) 2001 年

（1） 2001 年 1 月 9 日 20：21 在 134 沙罗周期发生月全食；

（2） 2001 年 7 月 5 日 14：55 在 139 沙罗周期发生月偏食；

（3） 2001 年 12 月 30 日 10：29 在 144 沙罗周期发生半影月食。

图 6 – 27 为上证指数（000001）2000 年 12 月至 2001 年 11 月的日 K 线图（自然日）。从图中可以看到，第一次月全食（1 月 9 日 20：21）前一交易日沪指见波段高点 2131 点，其后开启暴跌模式，直到 2 月 22 日的 1893 点才转跌为升，短短 23 个交易日，大盘累计跌逾 11%；

第二次月偏食（7 月 5 日 14：55）发生前不久的 6 月 14 日沪指见到开市以来的最高点 2245 点，月食发生后不久便进入长期暴跌阶段，至同年 10 月 22 日见 1514 点才波段止跌，此时沪指已经跌去 30%；

第三次半影月食（12 月 30 日 10：29）当天为周日休市，次日便结束波段高点 1776 点下跌以来的小幅反弹，开启更加快速的下跌模式，至次年 1 月 29 日见 1339 点才波段止跌，短短 18 个交易日累计跌幅近 20%。

图 6 – 27　上证指数（000001）2000 年 12 月至 2001 年 11 月的日 K 线图（自然日）

（五）2002 年

（1）2002 年 5 月 26 日 12：03 在 111 沙罗周期发生半影月食；

（2）2002 年 6 月 24 日 21：27 在 149 沙罗周期发生半影月食；

（3）2002 年 11 月 20 日 1：47 在 116 沙罗周期发生半影月食。

图 6-28 为上证指数（000001）2002 年 4 月至 12 月的日 K 线图（自然日）。从图中可以看到，该年度第二次月食次日见波段高点 1748 点，而前两次月食正好包含了整个上升波段；本年度第三次月食发生后的第四个交易日见到波段低点 1353 点，而后两次月食又基本上涵盖了本年度的主要下跌波段。

图 6-28 　上证指数（000001）2002 年 4 月至 12 月的日 K 线图（自然日）

（六）2003 年

（1）2003 年 5 月 16 日 3：40 在 121 沙罗周期发生月全食；

（2）2003 年 11 月 9 日 1：19 在 126 沙罗周期发生月全食。

图 6-29 为上证指数（000001）2003 年 5 月至 11 月的日 K 线图（自然日）。从图中可以看到，第一次月食发生后不久便见到反弹高点 1582 点，第

二次月食发生后的第四个交易日后见到年度低点 1307 点，本年度发生的两次月全食，与本年度为期半年之久的整个单边下跌波段的起点与终点高度契合。

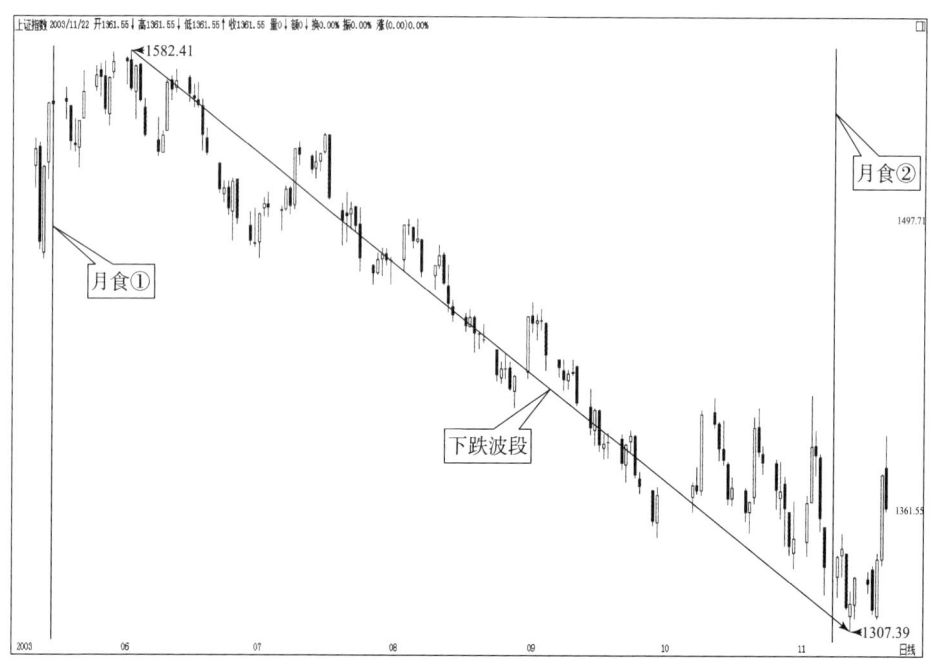

图 6-29　上证指数（000001）2003 年 5 月至 12 月的日 K 线图（自然日）

（七）2004 年

（1）2004 年 5 月 4 日 20：30 在 131 沙罗周期发生月全食；

（2）2004 年 10 月 28 日 3：04 在 136 沙罗周期发生月全食。

本年度共发生两次月食，且全部为月全食。图 6-30 为上证指数（000001）2004 年 4 月至 11 月的日 K 线图（自然日）。从图中可以看到，第一次月食发生在该年度五一长假期间，开市后行情出现下跌途中的 abcde 五波反弹，之后再次出现单边下跌，一路跌至 9 月 13 日的 1259 点才止跌企稳；伴随着第二次月全食的出现，波段高点 1496 点以来的单边下跌趋势出现打嗝现象。

（八）2005 年

（1）2005 年 4 月 24 日 9：55 在 141 沙罗周期发生半影月食；

（2）2005 年 10 月 17 日 12：03 在 146 沙罗周期发生月偏食。

图 6-31 为上证指数（000001）2005 年 3 月至 11 月的日 K 线图（自然

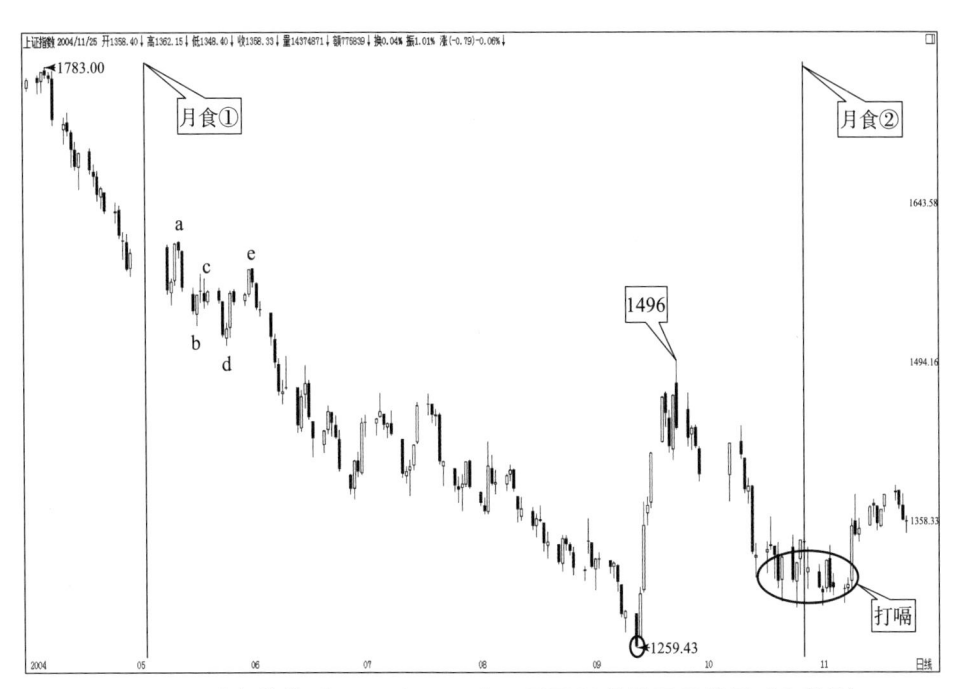

图 6-30　上证指数（000001）2004 年 4 月至 11 月的日 K 线图（自然日）

图 6-31　上证指数（000001）2005 年 3 月至 11 月的日 K 线图（自然日）

日）。从图中可以看到，该年度两次月食皆诱发原本的下跌趋势出现打嗝现象，即我们通常所说的下跌中继现象。

（九）2006 年

（1）2006 年 3 月 14 日 23：48 在 113 沙罗周期发生半影月食；

（2）2006 年 9 月 7 日 18：51 在 118 沙罗周期发生月偏食。

图 6 – 32 为上证指数（000001）2006 年 1 月至 2007 年 2 月的日 K 线图。从图中可以看到，2006 年度的两次月食基本上在一小一大两个波段的起涨点附近。小波段误差小，大波段误差大，但同属起涨点区域。

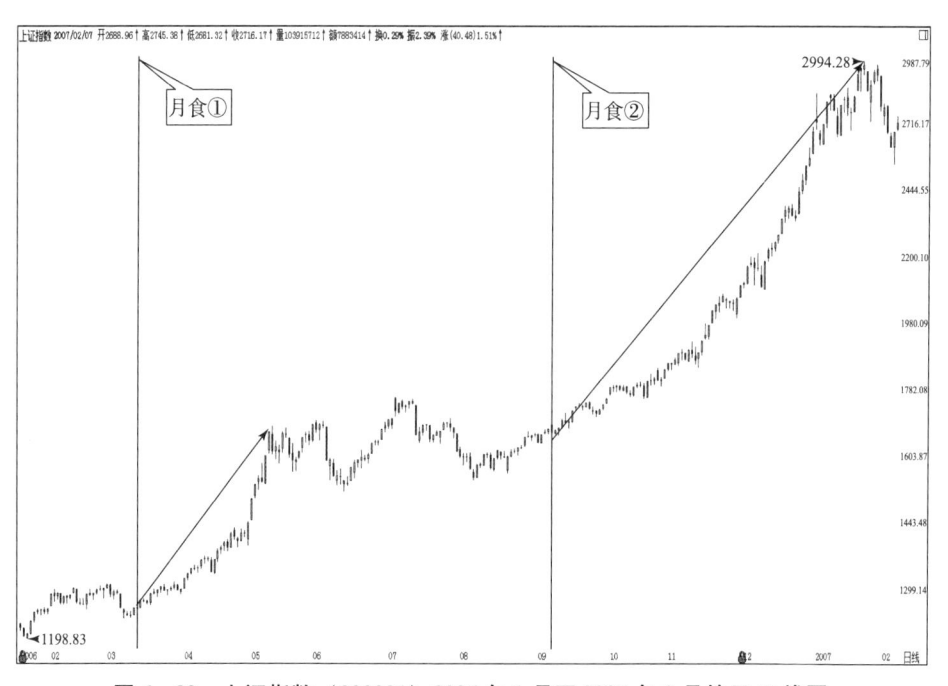

图 6 – 32　上证指数（000001）2006 年 1 月至 2007 年 2 月的日 K 线图

（十）2007 年

（1）2007 年 3 月 3 日 23：21 在 123 沙罗周期发生月全食；

（2）2007 年 8 月 28 日 10：37 在 128 沙罗周期发生月全食。

图 6 – 33 为上证指数（000001）2007 年 2 月至 2007 年 10 月的日 K 线图（自然日）。从图中可以看到，第一次月食次日见波段最低点 2723 点，之后行情进入单边上升趋势，一路涨至 5 月 29 日的 4335 点，之后受到提高印花税利

空消息的影响出现短期暴跌；本年度第二次月食出现在天顶6124之前，此时做多气氛浓厚，处于所谓的"鸡犬升天"阶段，但从图中可以明显看到，第二次月食出现后，行情的斜率明显不如从前，且震荡加剧。

图6-33 上证指数（000001）2007年2月至10月的日K线图（自然日）

（十一）2008年

（1）2008年2月21日3：26在133沙罗周期发生月全食；

（2）2008年8月16日21：10在136沙罗周期发生月偏食。

图6-34为上证指数（000001）2007年9月至2008年11月的日K线图。整个2008年的下跌趋势犹如奔流而下的大瀑布，在这种极快而猛烈的下降趋势中，任何时间窗口，任何支撑阻力，都显得微不足道。

（十二）2009年

（1）2009年2月9日14：38在143沙罗周期发生半影月食；

（2）2009年7月7日9：39在110沙罗周期发生半影月食；

（3）2009年8月6日00：39在148沙罗周期发生半影月食；

（4）2009年12月31日19：23在115沙罗周期发生月偏食。

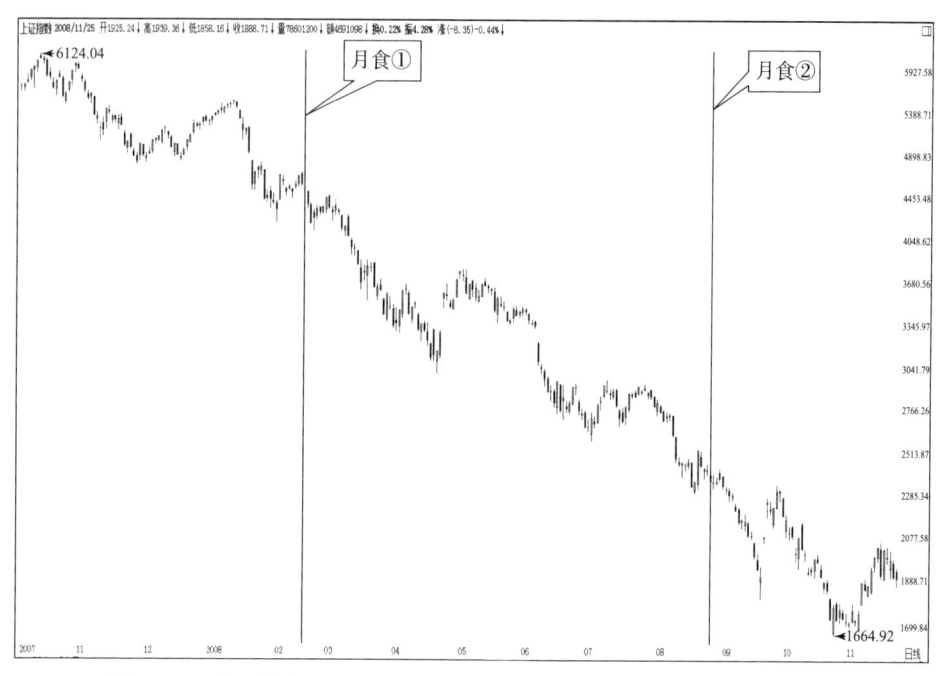

图 6-34　上证指数（000001）2007 年 9 月至 2008 年 11 月的日 K 线图

图 6-35 为上证指数（000001）2008 年 12 月至 2010 年 7 月的日 K 线图。从图中可以看到，本年度第一次月食发生后的第六个交易日见到波段高点 2402 点；第二次月食影响不大；第三次月食发生前两个交易日见到天顶 3478 点，与第二次月食构成的区间正好是行情的"赶顶"区间；第四次月食发生后见波段高点 3306 点，其后进入漫漫熊途。

（十三）2010 年

（1）2010 年 6 月 26 日 11：38 在 120 沙罗周期发生月偏食；

（2）2010 年 12 月 21 日 8：17 在 125 沙罗周期发生月全食。

图 6-36 为上证指数（000001）2010 年 4 月至 2011 年 3 月的日 K 线图（自然日）。从图中可以看到，该年度两次月食皆为下跌中继的结束信号，两次月食的出现，都导致行情由震荡转为继续下跌。

（十四）2011 年

（1）2011 年 6 月 15 日 20：13 在 130 沙罗周期发生月全食；

（2）2011 年 12 月 10 日 14：32 在 135 沙罗周期发生月全食。

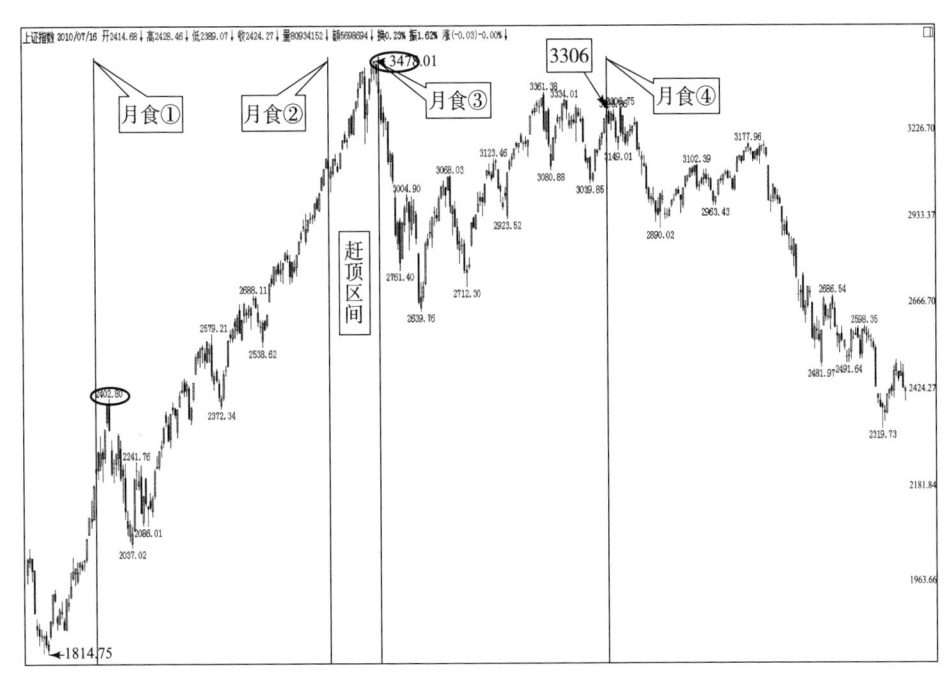

图 6-35　上证指数（000001）2008 年 12 月至 2010 年 7 月的日 K 线图

图 6-36　上证指数（000001）2010 年 4 月至 2011 年 3 月的日 K 线图（自然日）

图 6-37 为上证指数（000001）2010 年 4 月至 2011 年 3 月的日 K 线图（自然日）。从图中可以看到，该年度第一次月食发生后仅隔两个交易日见波段低点 2610 点；第二次月食发生后，完成对前期低点 2307 点的试探，随即加速下跌。

图 6-37　上证指数（000001）2010 年 4 月至 2011 年 3 月的日 K 线图（自然日）

（十五）2012 年

（1）2012 年 6 月 4 日 11：03 在 140 沙罗周期发生月偏食；

（2）2012 年 11 月 28 日 14：33 在 145 沙罗周期发生半影月食。

图 6-38 为上证指数（000001）2012 年 5 月至 12 月的日 K 线图。从图中可以看到，第一次月食前 4 个交易日见反弹高点 2393 点；第二次月食后 4 个交易日见年度下跌低点 1949 点，前后 4 个交易日正好负负得正，可以说 2012 年的两次月食完美对接了上证指数该年度的整个下跌波段，其后指数出现一波强有力的上涨行情。

（十六）2013 年

（1）2013 年 4 月 25 日 20：07 在 112 沙罗周期发生月偏食；

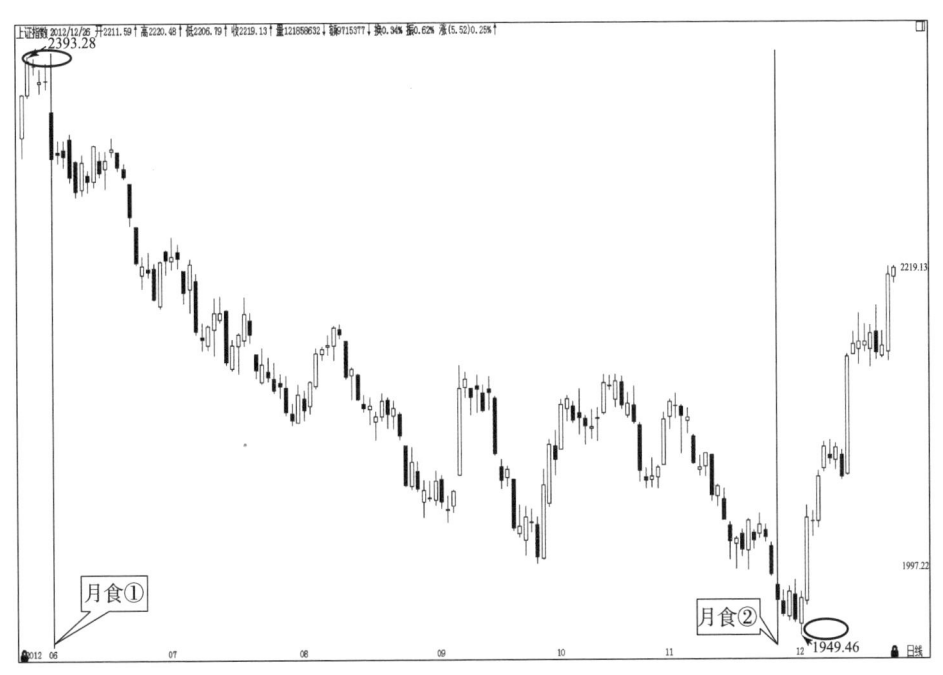

图 6-38　上证指数（000001）2012 年 5 月至 12 月的日 K 线图

（2）2013 年 5 月 25 日 4：10 在 150 沙罗周期发生半影月食；

（3）2013 年 10 月 18 日 23：50 在 117 沙罗周期发生半影月食。

图 6-39 为上证指数（000001）2012 年 12 月至 2014 年 1 月的日 K 线图（自然日）。从图中可以看到，第一、二次月食基本涵盖了上证指数 2013 年 4 月至 5 月的小上升波段，且第二次月食发生后不久便见到波段高点，其后出现瀑布般的暴跌；第三次月食则成为 2013 年 10 月至 11 月小下跌波段的诱发因子。

（十七）2014 年

（1）2014 年 4 月 15 日 7：46 在 122 沙罗周期发生月全食；

（2）2014 年 10 月 8 日 10：55 在 127 沙罗周期发生月全食。

图 6-40 为上证指数（000001）2014 年 4 月至 10 月的日 K 线图。从图中可以看到，该年度两次月食皆为高位转折诱发因子。第一次月食前三个交易日见波段高点；第二次月食后仅一个交易日见波段高点 2391 点。

图 6-39　上证指数（000001）2012 年 12 月至 2014 年 1 月的日 K 线图（自然日）

图 6-40　上证指数（000001）2014 年 4 月至 10 月的日 K 线图

（十八）2015 年

（1）2015 年 4 月 4 日 12：00 在 132 沙罗周期发生月全食；

（2）2015 年 9 月 28 日 2：47 在 137 沙罗周期发生月全食。

图 6-41 为上证指数（000001）2015 年 3 月至 11 月的日 K 线图（自然日）。从图中可以看到，第一次月食意义不大，为简单的上涨中继信号；伴随着第二次月食的出现，2015 年 5178 点以来的股灾终结了，其后出现一波为期 3 个月左右的中级上涨行情。

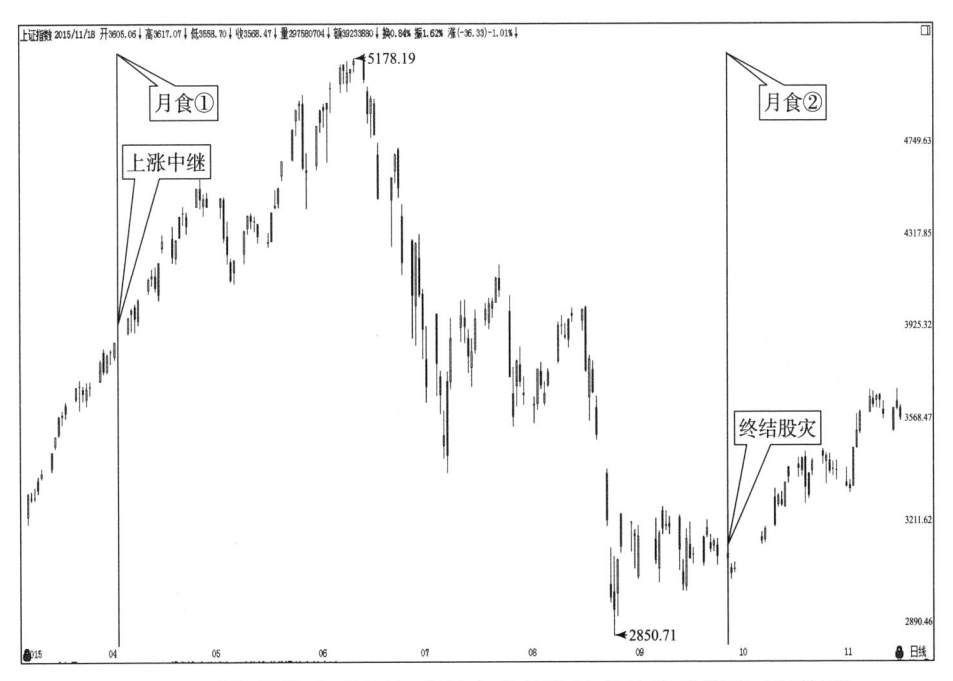

图 6-41　上证指数（000001）2015 年 3 月至 11 月的日 K 线图（自然日）

（十九）2016 年

（1）2016 年 3 月 23 日 11：47 在 142 沙罗周期发生半影月食；

（2）2016 年 8 月 18 日 9：42 在 109 沙罗周期发生半影月食；

（3）2016 年 9 月 16 日 18：54 在 147 沙罗周期发生半影月食。

2016 年共发生三次月食，且皆为半影月食。图 6-42 为上证指数（000001）2016 年 2 月至 9 月的日 K 线图（自然日）。从图中可以看到，第一次月食的发生诱发了上升行情出现打嗝现象；第二次月食发生前两个交易日见波段高点 3140 点；第三次月食则发生在波段低位，第二、三次月食近似于该年度 8—9 月下跌波段的起止点。

图 6 - 42 上证指数（000001）2016 年 2 月至 9 月的日 K 线图（自然日）

（二十）2017 年

（1）2017 年 2 月 11 日 0：44 在 114 沙罗周期发生半影月食；

（2）2017 年 8 月 7 日 18：20 在 119 沙罗周期发生月偏食。

图 6 - 43 为上证指数（000001）2017 年 1 月至 8 月的日 K 线图（自然日）。从图中可以看到，第一次月食后股市随即进入头部盘整区间；第二次月食与波段高点 3305 点仅间隔 2 个交易日。

（二十一）2018 年

（1）2018 年 1 月 31 日 13：30 在 124 沙罗周期发生月全食；

（2）2018 年 7 月 27 日 20：22 在 129 沙罗周期发生月全食。

图 6 - 44 为上证指数（000001）2018 年 1 月至 8 月的日 K 线图。从图中可以看到，该年度第一次月食发生时与波段高点 3587 点仅隔一个交易日；第二次月食发生则导致了始于 2691 点的反弹小波段的终结。

图 6-43　上证指数（000001）2017 年 1 月至 8 月的日 K 线图（自然日）

图 6-44　上证指数（000001）2018 年 1 月至 8 月的日 K 线图

(二十二) 2019 年

(1) 2019 年 1 月 21 日 5：12 在 134 沙罗周期发生月全食；

(2) 2019 年 7 月 16 日 21：31 在 139 沙罗周期发生月偏食。

图 6-45 为上证指数 (000001) 2018 年 12 月至 2019 年 8 月的日 K 线图。从图中可以看到，本年度两次月食影响期间，行情都出现打嗝现象，即中继现象，只不过一次为上涨中继，另一次为下跌中继。

图 6-45　上证指数 (000001) 2018 年 12 月至 2019 年 8 月的日 K 线图

(二十三) 2020 年

(1) 2020 年 1 月 10 日 19：10 发生半影月食；

(2) 2020 年 6 月 5 日 19：25 发生半影月食；

(3) 2020 年 7 月 5 日 4：30 发生半影月食；

(4) 2020 年 11 月 30 日 9：43 发生半影月食。

2020 年这个庚子年，发生了四次月食现象，且皆为半影月食。图 6-46 为上证指数 (000001) 2020 年 1 月至 12 月的日 K 线图 (自然日)。从图中可以看到，伴随着第一次月食的发生，出现 2020 年度第一次显著高点，其后因为疫情的影响,出现恐怖的下跌趋势;第二次与第三次月食仅隔一个月左右,巧合的是,这一个月恰恰是 2020 年行情的主升浪阶段;伴随着第三次月食的发生,行情戛然而止;其后伴随着第四次月食的发生,沪指见到波段高点 3465 点。

图 6-46　上证指数(000001)2020 年 1 月至 12 月的日 K 线图(自然日)

二、日食

21 世纪共有 224 次日食,其中有 77 次不带其他日食的日偏食,72 次日环食,68 次日全食和 7 次全环食。此外,在这些日食当中,有两次日环食及一次日全食会偏离日食中心。另外,有 82 年一年内发生 2 次日食,有 12 年一年内发生 3 次日食,有 6 年一年内发生 4 次日食。最常发生日食的年份,分别是 2011 年、2029 年、2047 年、2065 年、2076 年及 2094 年,各会发生四次日食。

本书将按照日食发生的先后顺序来逐一剖析 21 世纪初至今(2020 年),日食对股市运行的影响。

（一）2001 年

（1）2001 年 6 月 21 日 12：04：46 在 127 沙罗周期发生全食；

（2）2001 年 12 月 14 日 20：53：01 在 132 沙罗周期发生环食。

图 6-47 为上证指数（000001）2001 年 6 月至 2002 年 2 月的日 K 线图。从图中可以看到，受第一次日食影响，指数见到 2245 点高点，其后进入长达 4 年之久的特大熊市；受第二次日食影响，始于 2001 年 10 月 22 日的以 1514 点为起点的反弹宣告终结。

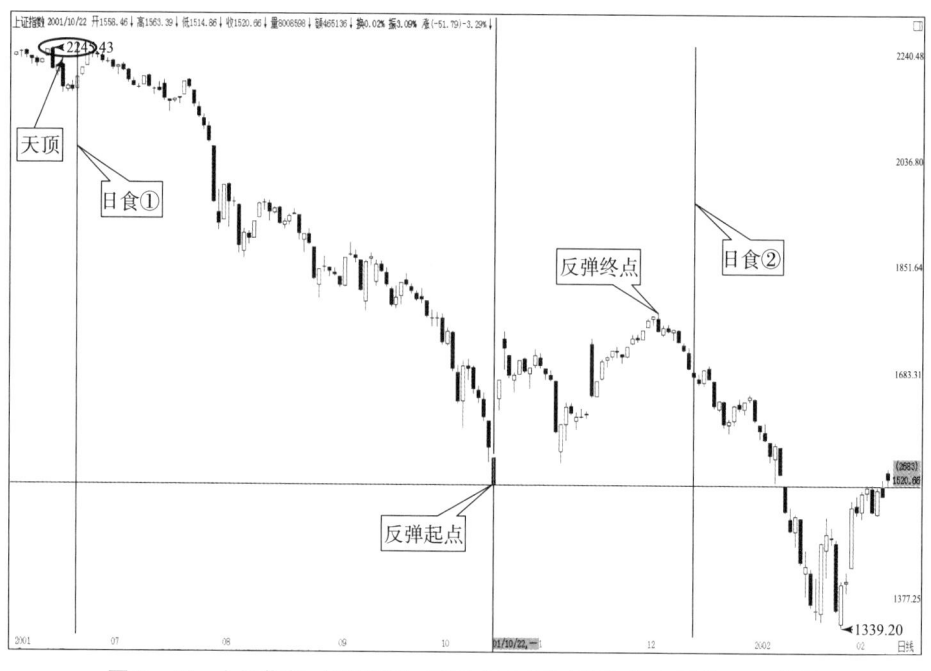

图 6-47　上证指数（000001）2001 年 6 月至 2002 年 2 月的日 K 线图

（二）2002 年

（1）2002 年 6 月 10 日 23：45：22 在 137 沙罗周期发生环食；

（2）2002 年 12 月 4 日 07：32：16 在 142 沙罗周期发生全食。

图 6-48 为上证指数（000001）2002 年 4 月至 2002 年 10 月的日 K 线图。从图中可以看到，第一次日环食当日与 6 月 6 日的最低点 1455.30 点仅隔一个交易日；伴随着第二次日全食的发生，出现猛烈的下跌，随即出现打嗝现象，并于不久后见到波段低点 1311 点。

图 6-48　上证指数（000001）2002 年 5 月至 2003 年 4 月的日 K 线图

（三）2003 年

(1) 2003 年 5 月 31 日 04：09：22 在 147 沙罗周期发生环食；

(2) 2003 年 11 月 23 日 22：50：22 在 152 沙罗周期发生全食。

图 6-49 为上证指数（000001）2003 年 5 月至 12 月的日 K 线图（自然日）。从图中可以看到，该年度第一次日食发生后仅隔一日见到波段高点 1582 点，其后指数一路狂跌，直至受该年度第二次日食影响见波段低点 1307 点，本年度两次日食近乎完美地涵盖了全部下跌波段。

（四）2004 年

(1) 2004 年 4 月 19 日 13：35：05 在 119 沙罗周期发生偏食；

(2) 2004 年 10 月 14 日 03：00：23 在 124 沙罗周期发生偏食。

图 6-50 为上证指数（000001）2004 年 3 月至 11 月的日 K 线图。从图中可以看到，该年度第一次日食发生前 8 个交易日见到波段高点 1783 点；伴随着第二次日食的发生，下跌出现打嗝现象，由此前的急跌转为震荡。

图 6-49　上证指数（000001）2003 年 5 月至 12 月的日 K 线图（自然日）

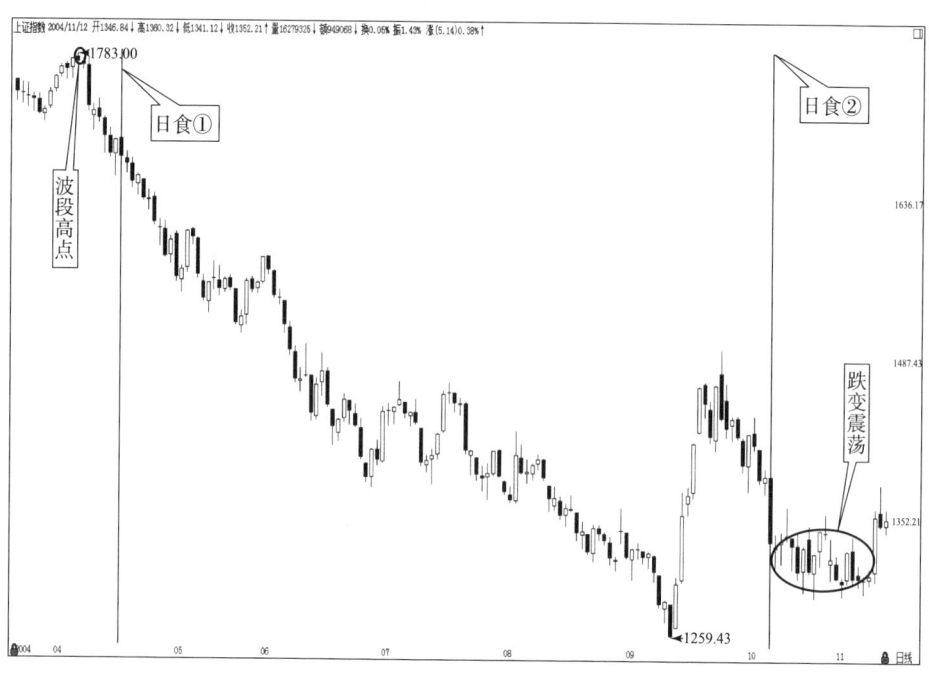

图 6-50　上证指数（000001）2004 年 3 月至 11 月的日 K 线图

（五）2005 年

（1）2005 年 4 月 8 日 20：36：51 在 129 沙罗周期发生全环食；

（2）2005 年 10 月 3 日 10：32：47 在 134 沙罗周期发生环食。

图 6-51 为上证指数（000001）2005 年 3 月至 11 月的日 K 线图。从图中可以看到，本年度第一次日食正好发生在波段高点（高点日食），之后出现一波极为凌厉的下跌走势，直至 998 历史大底；而第二次日食的出现使原有下跌走势出现停顿，震荡后继续下跌（停顿日食）。

图 6-51　上证指数（000001）2005 年 3 月至 11 月的日 K 线图

（六）2006 年

（1）2006 年 3 月 29 日 10：12：23 在 139 沙罗周期发生全食；

（2）2006 年 9 月 22 日 11：41：16 在 144 沙罗周期发生环食。

图 6-52 为上证指数（000001）2006 年 3 月至 11 月的日 K 线图。从图中可以看到，本年度两次日食对行情的影响不大。我们可以想见，在 2006—2007 年的特大牛市中，任何时间窗口在汹涌澎湃的上涨趋势中都会显得微不足道。

图 6-52　上证指数（000001）2006 年 3 月至 11 月的日 K 线图

（七）2007 年

（1）2007 年 3 月 19 日 02：32：57 在 149 沙罗周期发生偏食；

（2）2007 年 9 月 11 日 12：32：24 在 154 沙罗周期发生偏食。

图 6-53 为上证指数（000001）2007 年 2 月至 11 月的日 K 线图。从图中可以看到，本年度两次日食同为行情打嗝后的加速点。

（八）2008 年

（1）2008 年 2 月 7 日 03：56：10 在 121 沙罗周期发生环食；

（2）2008 年 8 月 1 日 10：22：12 在 126 沙罗周期发生全食。

2008 年的两次日食对股市运行没有产生很大的影响，显示出当年股市的单边下跌呈势不可挡之势，配图略。

（九）2009 年

（1）2009 年 1 月 26 日 07：59：45 在 131 沙罗周期发生环食；

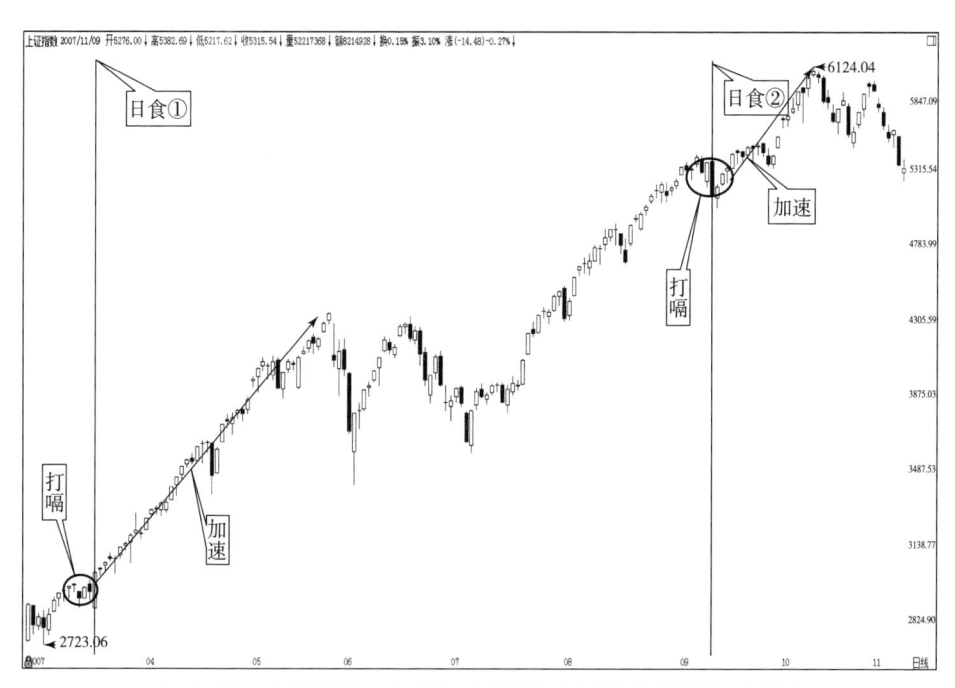

图 6-53　上证指数（000001）2006 年 3 月至 11 月的日 K 线图

（2）2009 年 7 月 22 日 02：36：25 在 136 沙罗周期发生全食。[①]

图 6-54 为道琼斯工业指数（DJI）2008 年 12 月至 2009 年 8 月的日 K 线图。从图中可以看到，伴随着第一次日食的出现，原有下跌趋势出现打嗝现象；伴随着第二次日食的出现，指数则完成了对新升波段的突破确认。通过本例不难看出，日月食现象对股市运行的影响是不分国界的。

（十）2010 年

（1）2010 年 1 月 15 日 07：07：39 在 141 沙罗周期发生环食；[②]

（2）2010 年 7 月 11 日 19：34：38 在 146 沙罗周期发生全食。

图 6-55 为上证指数（000001）2009 年 12 月至 2010 年 9 月的日 K 线图（自然日）。从图中可以看到，第一次日食与波段高点 3306 点仅隔三个交易日；第二次日食与波段低点仅隔 5 个交易日。相对如此漫长的下跌波段而言，本年度两次日食可以近似地看作整个下跌波段的起止点。

[①] 此次日全食是本世纪最长的日全食，维持 6 分 39 秒。日全食最多可持续 7 分 32 秒。
[②] 此次日环食是本世纪最长的日环食，维持 11 分 8 秒。日环食最多可持续 12 分 29 秒。

图 6-54　道琼斯工业指数（DJI）2008 年 12 月至 2009 年 8 月的日 K 线图

图 6-55　上证指数（000001）2009 年 12 月至 2010 年 9 月的日 K 线图（自然日）

（十一）2011 年

（1）2011 年 6 月 1 日 21：17：18 在 118 沙罗周期发生偏食；

（2）2011 年 11 月 25 日 06：21：24 在 123 沙罗周期发生偏食。

图 6-56 为创业板指（399006）2011 年 2 月至 2012 年 2 月的日 K 线图。从图中可以看到，第一次日食发生后不久便见到波段低点；第二次日食发生前不久则见到波段高点。值得一提的是，该年度的两次日食区间与本年度的"N"字反弹区间高度契合。

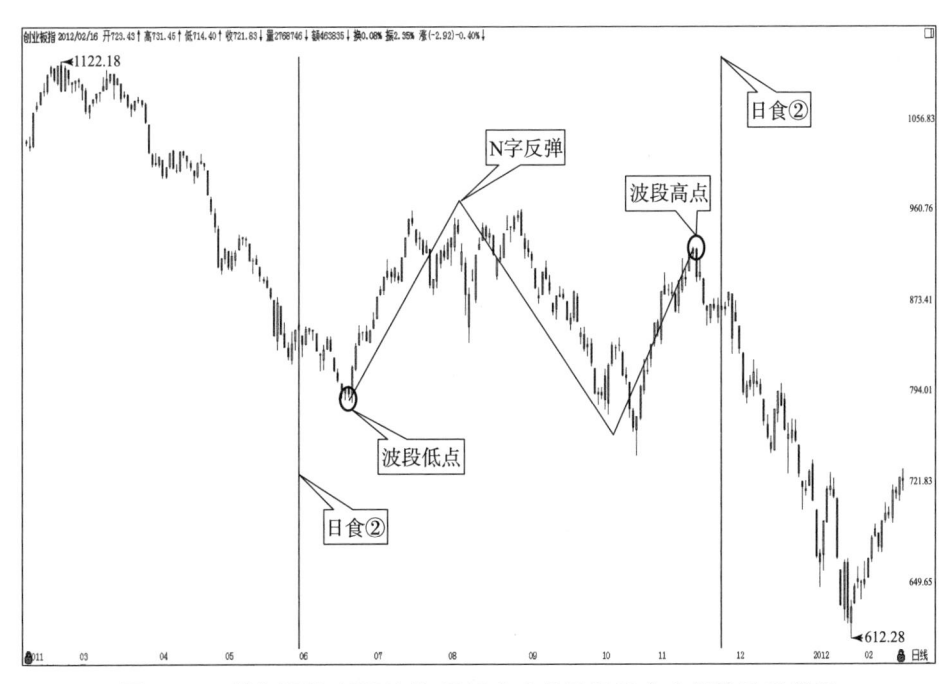

图 6-56　创业板指（399006）2011 年 2 月至 2012 年 2 月的日 K 线图

（十二）2012 年

（1）2012 年 5 月 20 日 23：53：54 在 128 沙罗周期发生环食；

（2）2012 年 11 月 13 日 22：12：55 在 133 沙罗周期发生全食。

图 6-57 为上证指数（000001）2012 年 4 月至 2012 年 12 月的日 K 线图（自然日）。从图中可以看到，本年度两次日食的时间间隔与 2453 点波段高点至 1949 点波段低点的时间间隔高度契合，可近似地认为，本年度的两次日食涵盖了 2012 年 4 月至 8 月的整个下跌波段。

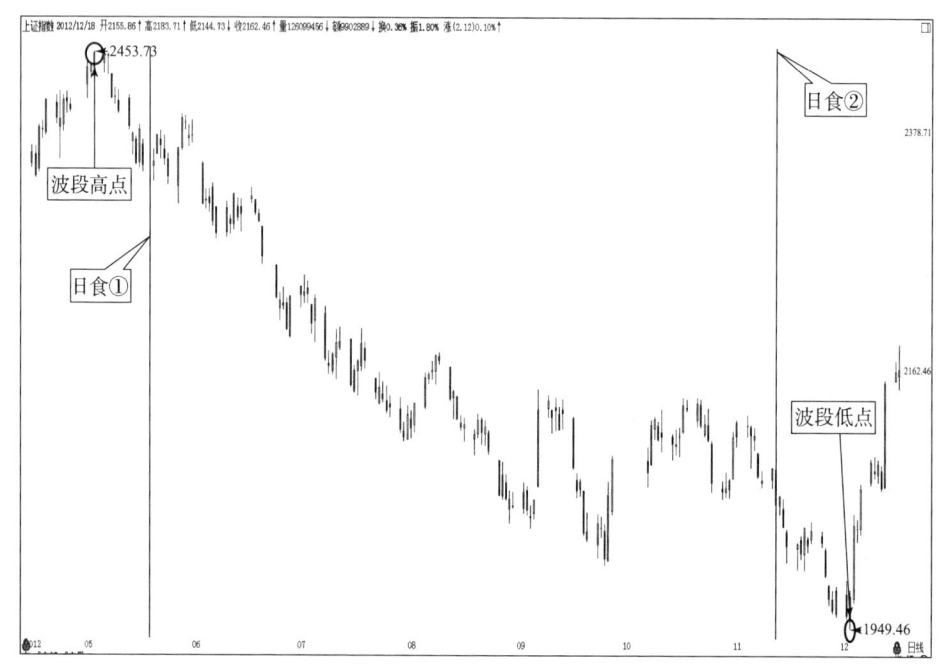

图 6-57　上证指数（000001）2012 年 4 月至 2012 年 12 月的日 K 线图（自然日）

（十三）2013 年

（1）2013 年 5 月 10 日 00：26：20 在 138 沙罗周期发生环食；

（2）2013 年 11 月 3 日 12：47：36 在 143 沙罗周期发生全环食。

图 6-58 为上证指数（000001）2013 年 1 月至 2013 年 12 月的日 K 线图（自然日）。从图中可以看到，受两次日食影响，行情皆止跌回升，第一次日食前第 6 个交易日见回调低点，之后展开反弹；第二次日食后第 9 个交易日见回调低点，随即展开反弹。

（十四）2014 年

（1）2014 年 4 月 29 日 06：04：33 在 148 沙罗周期发生环食；

（2）2014 年 10 月 23 日 21：45：39 在 153 沙罗周期发生偏食。

图 6-59 为上证指数（000001）2014 年 4 月至 2015 年 1 月的日 K 线图。从图中可以看到，受本年度两次日食影响，上证指数皆见到回调低点。受第一次日食影响，当天见回调低点 1997 点，之后出现震荡攀升走势；受第二次日食影响，仅隔一天见回调低点 2279 点，之后再起一波更大升浪，指数一口

图 6-58　上证指数（000001）2013 年 1 月至 2013 年 12 月的日 K 线图（自然日）

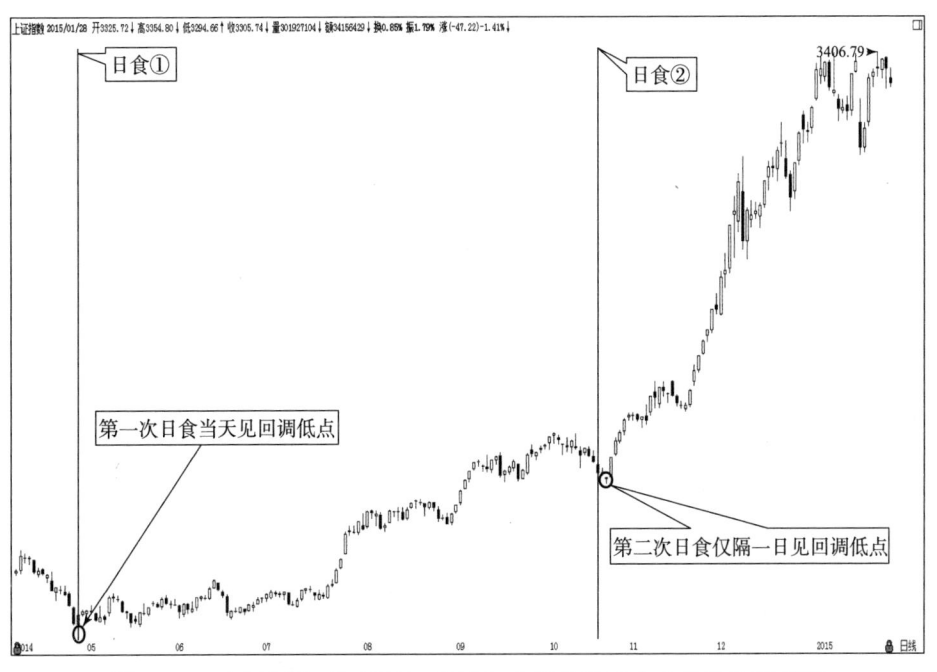

图 6-59　上证指数（000001）2014 年 4 月至 2015 年 1 月的日 K 线图

气涨至 3406 点。由此不难发现，本年度两次日食其实是同年两个上升波段的起涨点。

（十五）2015 年

（1）2015 年 3 月 20 日 09：46：47 在 120 沙罗周期发生全食；
（2）2015 年 9 月 13 日 06：55：19 在 125 沙罗周期发生偏食。

图 6-60 为上证指数（000001）2015 年 1 月至 2016 年 1 月的日 K 线图（自然日）。从图中可以看到，本年度两次日食发生前不久都见到了波段显著低点，且两次波段低点距离日食当天皆间隔较远。本年度两次日食，尤其是第一次日食，对行情的影响较小。

图 6-60 上证指数（000001）2015 年 1 月至 2016 年 1 月的日 K 线图（自然日）

（十六）2016 年

（1）2016 年 3 月 9 日 01：58：19 在 130 沙罗周期发生全食；
（2）2016 年 9 月 1 日 09：08：02 在 135 沙罗周期发生环食。

图 6-61 为上证指数（000001）2016 年 2 月至 2016 年 9 月的日 K 线图。从图中可以看到，本年度两次日食皆为"中继日食"。第一次日食为上涨中继

日食，而第二次日食为下跌中继日食。

图 6-61　上证指数（000001）2016 年 2 月至 2016 年 9 月的日 K 线图

（十七）2017 年

（1）2017 年 2 月 26 日 14：54：33 在 140 沙罗周期发生环食；
（2）2017 年 8 月 21 日 18：26：40 在 145 沙罗周期发生全食。

图 6-62 为上证指数（000001）2017 年 2 月至 2017 年 9 月的日 K 线图。从图中可以看到，本年度行情受到两次日食的影响，之后皆进入头部盘整区间。

（十八）2018 年

（1）2018 年 2 月 15 日 20：52：33 在 150 沙罗周期发生偏食；
（2）2018 年 7 月 13 日 03：02：16 在 117 沙罗周期发生偏食；
（3）2018 年 8 月 11 日 09：47：28 在 155 沙罗周期发生偏食。

2018 年是 21 世纪以来第一次发生三次日食的年份，日食皆为日偏食。图 6-63 为上证指数（000001）2018 年 1 月至 2018 年 9 月的日 K 线图（自然日）。从图中可以看到，第一次日食前 4 个交易日（2 月 8 日）见波段低点

图 6-62　上证指数（000001）2017 年 2 月至 2017 年 9 月的日 K 线图

图 6-63　上证指数（000001）2018 年 1 月至 2018 年 9 月的日 K 线图（自然日）

3180 点；第二次与第三次日食对行情的影响有限，皆为小波段内的中继高点。

（十九）2019 年

(1) 2019 年 1 月 6 日 01：42：38 在 122 沙罗周期发生偏食；
(2) 2019 年 7 月 2 日 19：24：08 在 127 沙罗周期发生全食；
(3) 2019 年 12 月 26 日 05：18：53 在 132 沙罗周期发生环食。

2019 年是 21 世纪以来第二次发生三次日食的年份，所发生的月食为一次偏食、一次全食和一次环食。图 6-64 为上证指数（000001）2018 年 12 月至 2020 年 1 月的日 K 线图（自然日）。从图中可以看到，本年度日食与股市运行高度相关。第一次日食发生在 2019 年 1 月 6 日星期日，而在同一周的周五见到历史大底 2440 点，之后 A 股顺利完成转势，由熊转牛；第二次日食发生在波段高点 3048 点当天，之后行情由急转直下；而第三次日食附近则成为始于 12 月上涨波段的中继低点。

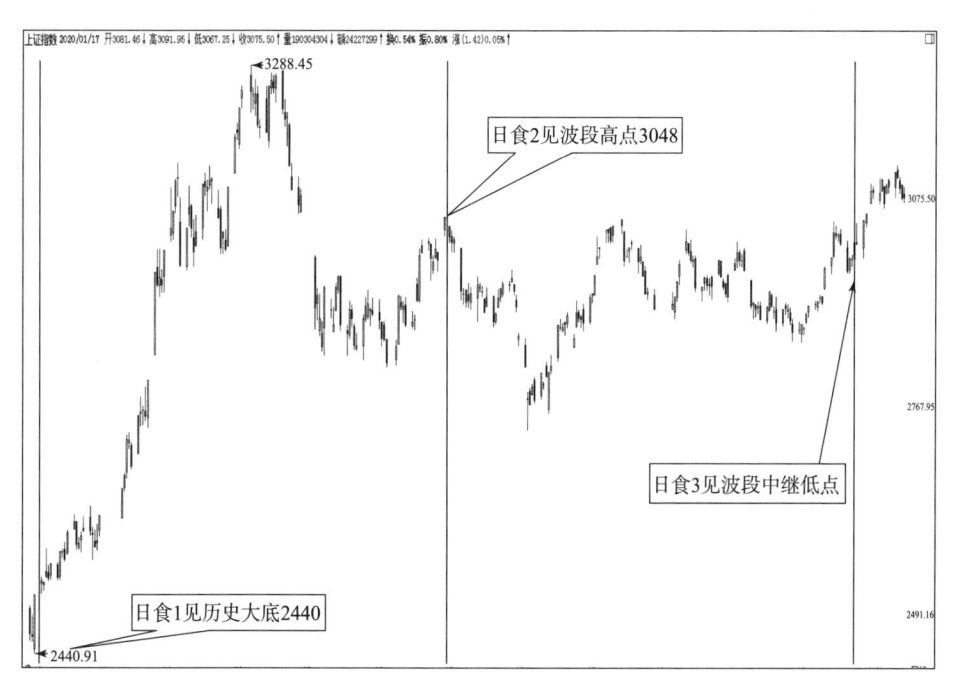

图 6-64　上证指数（000001）2018 年 12 月至 2020 年 1 月的日 K 线图（自然日）

（二十）2020 年

(1) 2020 年 6 月 21 日 06：41：15 在 137 沙罗周期发生环食；

(2) 2020年12月14日16:14:39在142沙罗周期发生全食。

图6-65为上证指数（000001）2020年6月至2020年12月的日K线图（自然日）。从图中可以看到，本年度第一次日食发生后不久，上证指数随即出现一波主升浪行情，于7月13日见年内次高点3458点；第二次日食发生后不久，上证指数再次勇创新高，12月31日收官当天见年内最高点3474点。

图6-65 上证指数（000001）2020年6月至2020年12月的日K线图（自然日）

三、Delta

日月地三者的相位关系是一个有价值的市场转折的触发因子，所以我觉得很有必要提一下技术指标鼻祖维尔德的关门之作——《Delta理论》。

笔者研究发现，Delta理论实际上是根据日月地三者的相位关系设计的，解决的是交易者入场及出场的时机抉择问题。出于个人的交易需要，我编写了全周期的Delta系统，该系统包括超短期STD4天循环、短期ITD4月循环、中期MTD1年循环、长期LTD4年循环及超长期SLTD19年循环，共计五大周期循环。

笔者有计划公开发布这个系统，但《Delta理论》一书中声明其使用方法已经申请了专利。笔者给三角洲国际学会打过多次国际电话索要专利号，他

第六章 天文原理

The Delta Phenomenon
The hidden order in all markets

图 6-66　Delta 源自日、月、地三者之相位关系（图片来源：三角洲国际学会）

们均拒绝提供。他们虽然拒绝提供专利号，但这并不能就此证明他们没有获得这项专利。因此，这就意味着笔者暂时不能公开我自主研发的这个 Delta 系统，因为公开了这一系统，也就意味着公开了 Delta 的使用方法，这或将令笔者陷入无休止的法律纠纷之中。图 6-67 为 1991 年版《Delta 理论》扉页上的"重要提示"。①

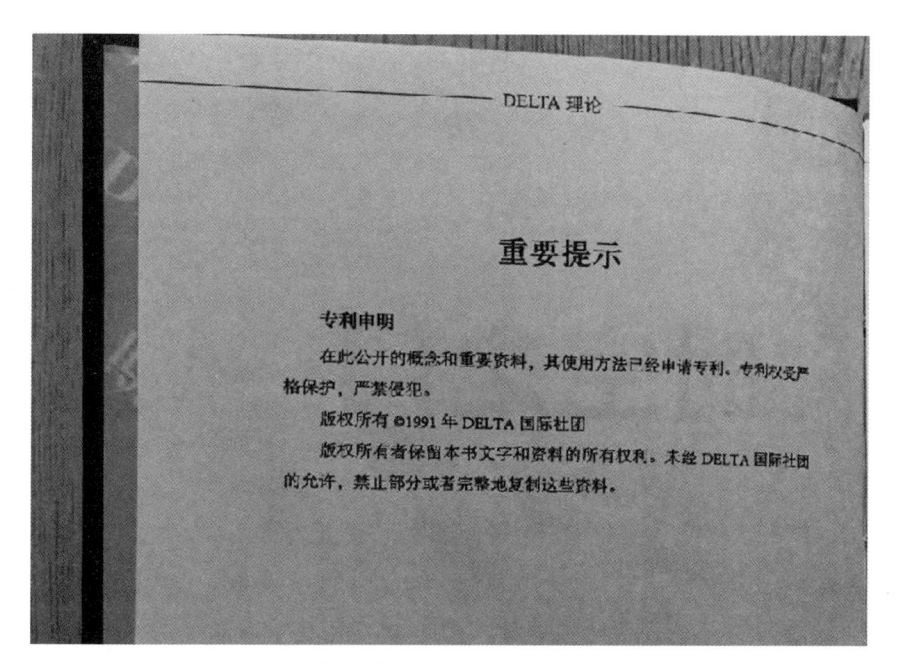

图 6-67　1991 年版《Delta 理论》扉页上的"重要提示"

---

①　维尔德：《Delta 理论》。北卡：Delta 国际社团出版发行，价格：175 美元。

图 6-68 为 2021 年 11 月 29 日星期一绘制的短期 STD4 月循环，四条彩色线（分别标注为"1""2""3""4"）的循环正好为 4 个月。令人遗憾的是，我不能在此处讲述它的使用方法。如果你想了解 Delta 的使用方法的话，请自行购买维尔德所著的《Delta 理论》，你还可以找我索取 Delta 的指标源码用于个人研究。

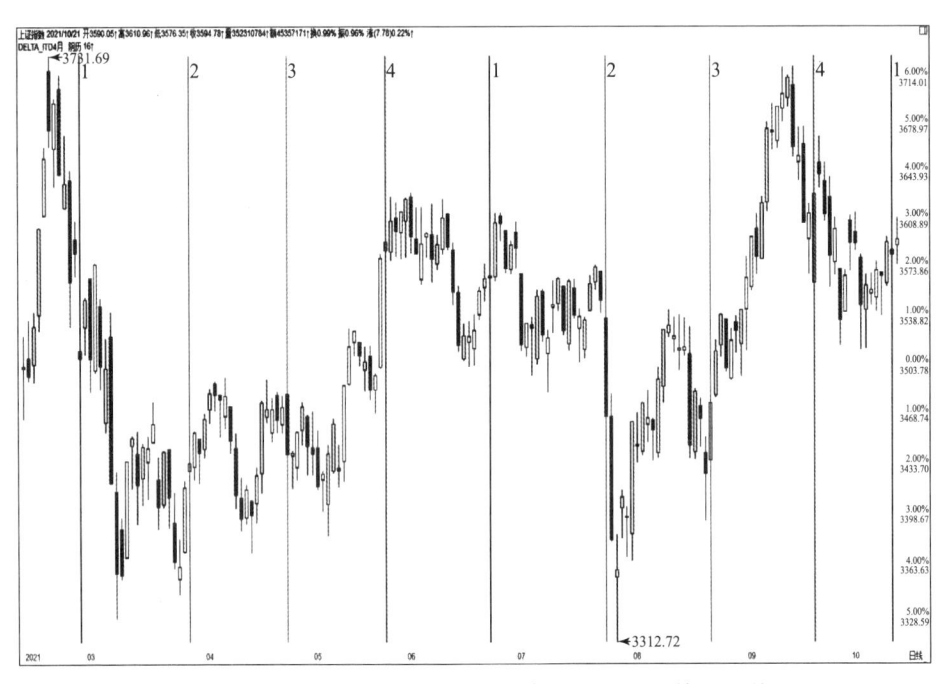

图 6-68　上证指数（000001）2021 年 2 月 -10 月的日 K 线图

小结：日月食是因日月地相互关系而产生，对形成一定规模的股市交易周期存在着不容忽视的影响，以上案例也对此观点进行了充分的验证。

第六章 天文原理

第九节　十二建星

现代中国人择"吉"时，会选择阿拉伯数字"6"和"8，"因为它们代表了"顺"和"发"的含义，但在中国古代的相关历书上，择"吉"避"凶"却与"建、除、满、平、定、执、破、危、成、收、开、闭"这十二个汉字密切相关。人们把除、定、执、危、成，开六个汉字及其相连的日子，称为"黄道吉日"，把建、满、平、破、收、闭六个汉字及其相连的日子，称为"黑道凶日"，并把它们与二十八宿与干支配合，用于择定每个日子的宜忌，甚至用于开市、立券以及交易。由于这十二个汉字及纪月系统是根据北斗星的视运动推出，又与二十八宿值日、干支、五行构成了中国古代历法的多元纪日系统，所以，我们不得不关注它们之间组成的循环周期对股市的影响。

建、除、满、平、定、执、破、危、成、收、开、闭统称"十二建星"，是中国古代历法用于纪月、纪日的一种循环符号。它的循环排列是按十二建星的位置由月建和日辰地支推得。所谓"节"指二十四节气中的"节"。二十四节气从立春开始，逢奇数为"节"，如正月立春，二月惊蛰，三月清明等；逢偶数为"气"，如正月雨水，二月春分，三月谷雨等。如正月建寅，立春这个"节"后的第一个寅日即为"建"，以后各日建星即按顺序循环排列，但每逢下一个"节"，节前的一日逢某"建星"则重复一次，如惊蛰前一日为"执"，则惊蛰当天也为"执"。

古代天文家认为"十二建星"是十二神，那十二个字是神仙的名字，今人认为它带有明显的封建迷信色彩，不登现代学术的大雅之堂，因此关注及研究的人极少，我找不到研究它与股市关联性的文章。既然本章的内容是天文原理，也就离不开中国天文历法的重要组成部分"十二建星"。

本章将介绍笔者运用"十二建星"对A股运行趋势的有关分析，供投资者参考。

"十二建星"中有一建星称为"满"。上文介绍逢"节"则这一建星重复一次，如遇某一时间"节"前一日逢"满"则"满"重复一次，我们把"满"重复的这一个月，称为"满月"（此"满月"非月相之"满月"）。这样满月与满月之间就形成了一定的周期。据统计，满月形成的长周期有 3~4 年，短周期有数月，笔者研究发现，满月所运行的周期与沪深两市大盘趋势的高低点及关键变盘点有明显的对应关系，如能与二十八宿与值日干支配合，关键的满月区内均产生了行情的极值点，"满"有双盈之意，即涨跌在某种程度上都进入了一种极限，随后的转折便是大概率事件。现举例说明如下。

一、2003 年

本年度在一头一尾的 1 月及 12 月两次进入满月区，第一次满月期间，上证指数在 1 月 6 日见 1311 低点；在第二次满月前，上证指数于 11 月 13 日见 1307 中期低点，前后两个低点仅差 4 个点。这正应了江恩的那句话："顶底将无限延伸"。图 6-69 为上证指数（000001）2002 年 12 月至 2004 年 1 月的日 K 线图。

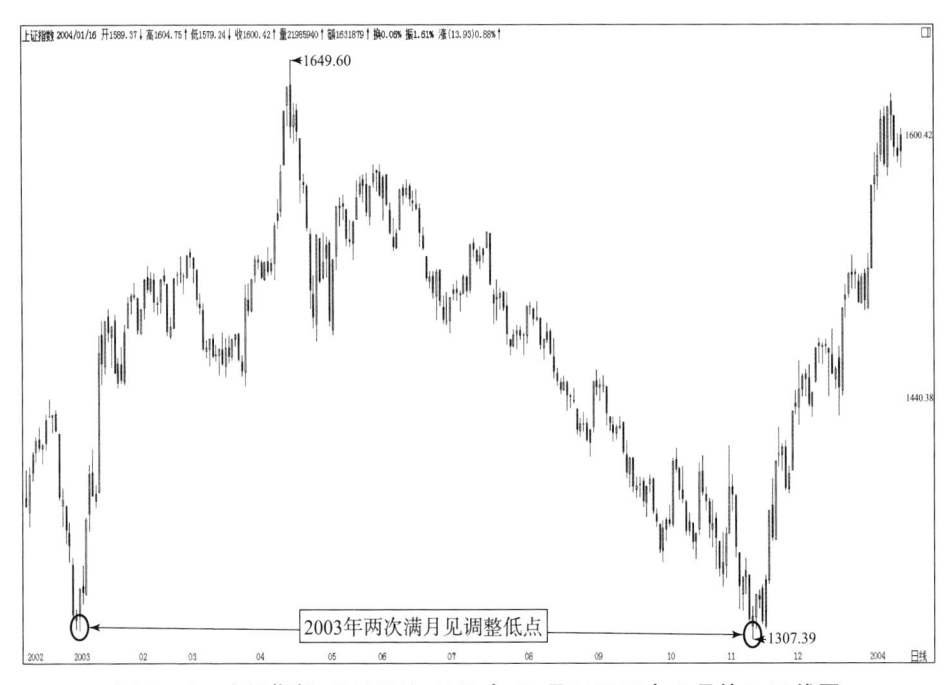

图 6-69　上证指数（000001）2002 年 12 月至 2004 年 1 月的日 K 线图

二、2005 年

2004 年至 2005 年，A 股大盘进入惨烈的下跌段，大有"飞流直下三千尺"之势。伴随着 2005 年 6 月进入满月区，6 月 6 日沪指见到世纪大底 998 点。图 6 - 70 为上证指数（000001）2004 年 4 月至 2005 年 9 月的日 K 线图。

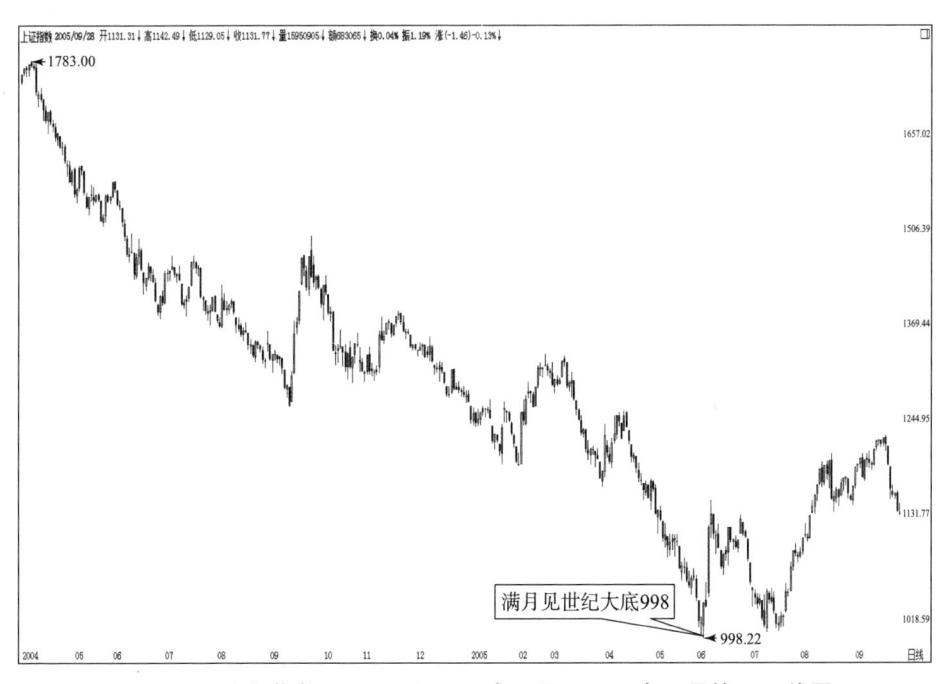

图 6 - 70　上证指数（000001）2004 年 4 月至 2005 年 9 月的日 K 线图

三、2006 年

2006 年 7 月进入满月区，结果 7 月 5 日见到波段高点 1757 点。值得留意的是，2006 年 7 月的满月与 2005 年 6 月的满月呈首尾相映之势，前次见到世纪大底 998 点，时隔一年，此次见到波段高点 1757 点，真的仅仅是巧合吗？图 6 - 71 为上证指数（000001）2005 年 3 月至 2006 年 9 月的日 K 线图。

图 6-71　上证指数（000001）2005 年 3 月至 2006 年 9 月的日 K 线图

四、2007 年

2007 年 8 月进入满月区，此后沪指进入加速赶顶阶段，巧合的是，2 个月后的金秋十月，进入本年度第二次满月区，结果当月即见到历史大顶 6124 点。行文至此，21 世纪的一次世纪大底，与一次历史大顶皆出现在满月区，不得不让人感叹"值满月"对股市运行的影响之大。图 6-72 为上证指数（000001）2007 年 2 月至 2008 年 8 月的日 K 线图。

五、2009 年

2009 年 2 月立春进入满月区，当月 17 日沪指见波段高点 2402 点，其后出现深幅回调。图 6-73 为上证指数（000001）2008 年 9 月至 2009 年 3 月的日 K 线图。

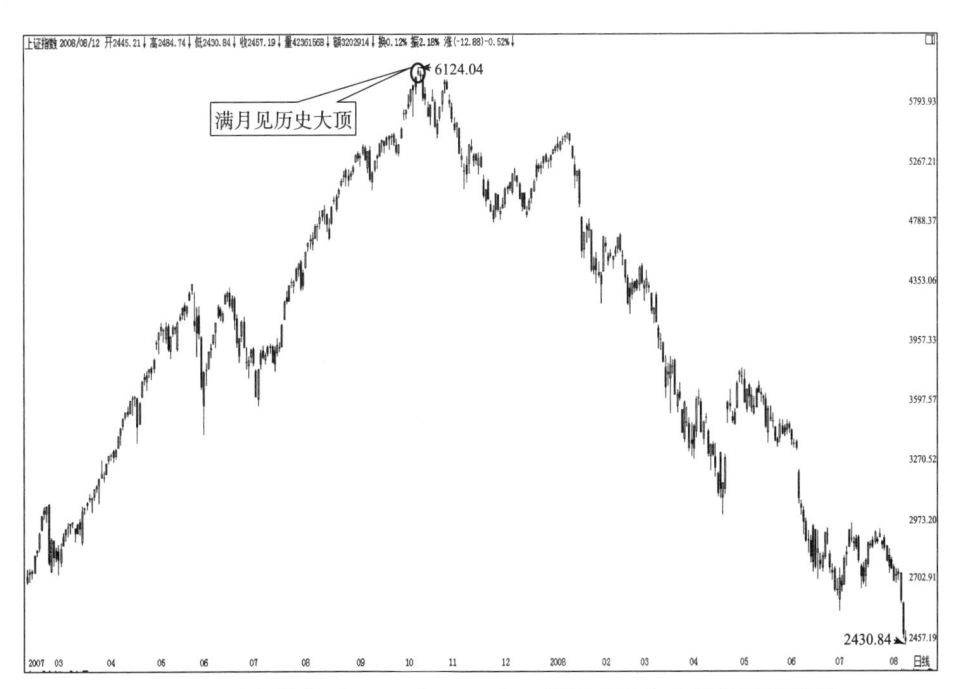

图 6-72　上证指数（000001）2007 年 2 月至 2008 年 8 月的日 K 线图

图 6-73　上证指数（000001）2008 年 9 月至 2009 年 3 月的日 K 线图

六、2010 年

2010 年 1 月小寒进入满月区间，其间沪指见到波段高点 3306 点，17 个交易日后跌到 2890 点才止跌企稳，此间大盘累计跌幅逾 10%。图 6-74 为上证指数（000001）2009 年 12 月至 2010 年 3 月的日 K 线图。

图 6-74　上证指数（000001）2009 年 12 月至 2010 年 3 月的日 K 线图

七、2012 年

2012 年 12 月大雪进入满月区间，其间创指见历史大底 585 点，之后出现一波极快而猛烈的扬升，一路涨至 2015 年 6 月的 4037 点，短短两年半的时间，累计涨幅近 600%。图 6-75 为创业板指（399006）2010 年 11 月至 2016 年 6 月的月 K 线图。

图 6-75 创业板指（399006）2010 年 11 月至 2016 年 6 月的月 K 线图

八、2013 年

2013 年 5 月立夏进入满月区间，当月上证指数见波段高点 2334 点，其后短期内出现瀑布般暴跌，次月跌至历史大底 1849 点，短短 16 个交易日，跌幅近 30%。图 6-76 为上证指数（000001）2013 年 4 月至 2014 年 1 月的日 K 线图。

同年 11 月立冬第二次进入满月区间，当月上证指数见波段低点 2078 点，之后展开一波快速反弹，次月见反弹高点 2260 点。图 6-77 为上证指数（000001）2013 年 9 月至 12 月的日 K 线图。

九、2014 年

2014 年 4 月清明进入满月区间，沪指见波段高点 2146 点，之后出现一波快速下跌。图 6-78 为上证指数（000001）2014 年 2 月至 6 月的日 K 线图。

图 6-76　上证指数（000001）2013 年 4 月至 2014 年 1 月的日 K 线图

图 6-77　上证指数（000001）2013 年 9 月至 12 月的日 K 线图

图 6-78 上证指数（000001）2014 年 2 月至 6 月的日 K 线图

同年 6 月芒种进入满月区间，沪指见波段低点 2010 点，其后沪指彻底扭转近 5 年的跌势（2009 年起算），进入持久的上升趋势之中，扶摇直上 2015 年 6 月的高点 5178 点。图 6-79 为上证指数（000001）2014 年 6 月至 11 月的日 K 线图。

同年 8 月立秋，进入本年度第三次满月区间，其间见到上升趋势中的阶段高点 2248 点。10 月寒露，进入本年度第四次满月区间，其间见到上升趋势中的阶段高点 2391 点。图 6-80 为上证指数（000001）2014 年 6 月至 10 月的日 K 线图。

十、2015 年

2015 年 3 月惊蛰进入满月区间，深证成指于 3 月 9 日见波段低点 11169 点，完成最后一个调整波段，之后指数进入最后赶顶阶段。图 6-81 为深证成指（399001）2014 年 11 月至 2015 年 6 月的日 K 线图。

同年 9 月白露再次进入满月区间，创业板指（399006）见股灾低点 1779 点，之后展开为期 3 个月的中期反弹。图 6-82 为创业板指（399006）2015 年 5 月至 12 月的日 K 线图。

图 6-79　上证指数（000001）2014 年 6 月至 11 月的日 K 线图

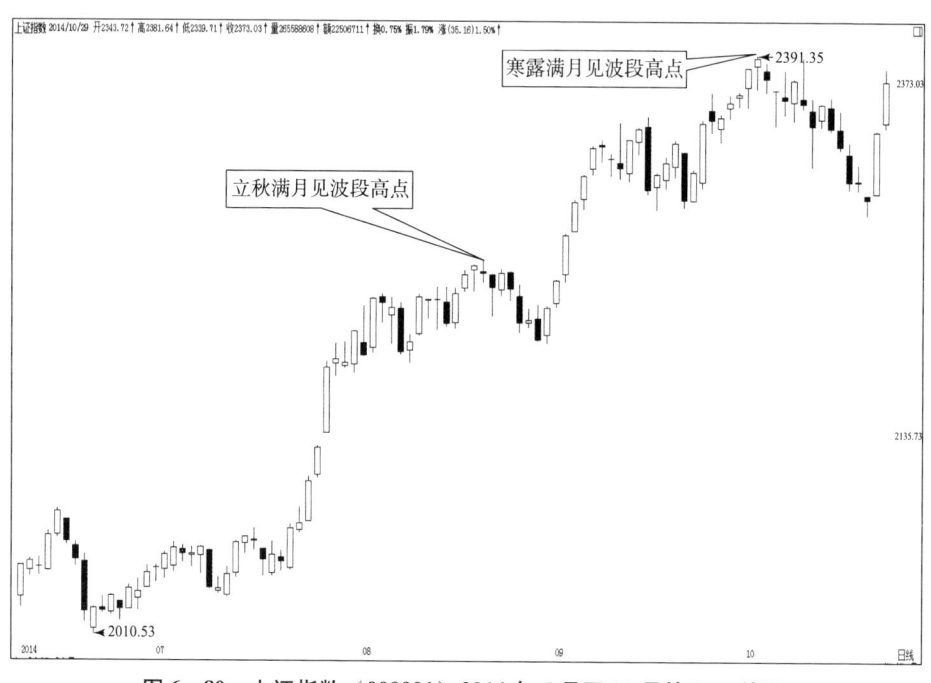

图 6-80　上证指数（000001）2014 年 6 月至 10 月的日 K 线图

图 6–81　深证成指（399001）2014 年 11 月至 2015 年 6 月的日 K 线图

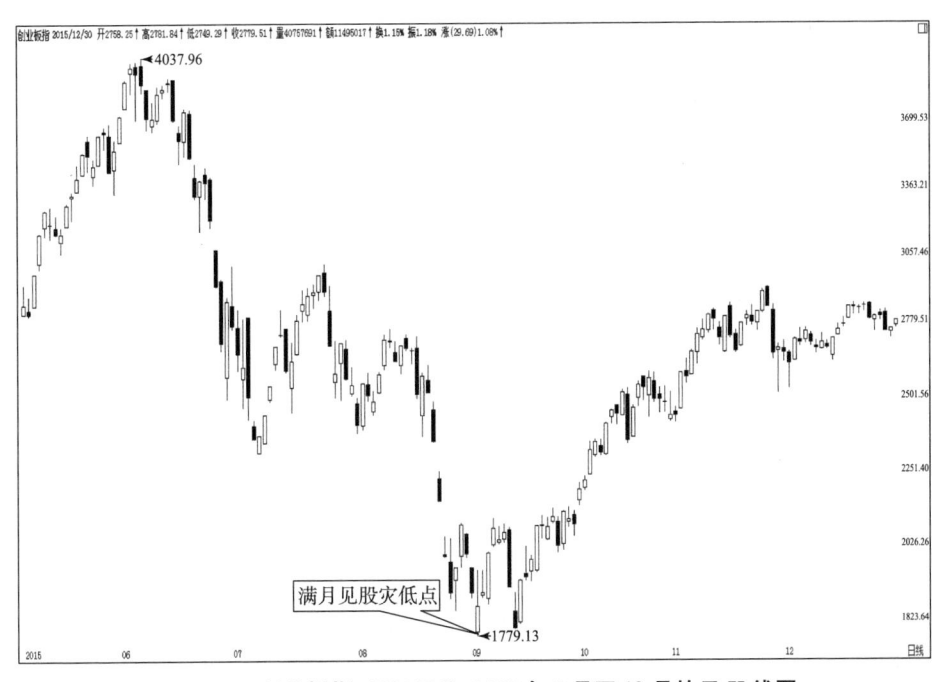

图 6–82　创业板指（399006）2015 年 5 月至 12 月的日 K 线图

十一、2016 年

2016 年 2 月立春进入满月区间,在满月前的 1 月 27 日沪指见到波段低点 2638.30 点,而满月期间见到次低点 2638.96 点,与上月最低点只差 0.66 点。图 6-83 为上证指数(000001)2015 年 12 月至 2016 年 4 月的日 K 线图。

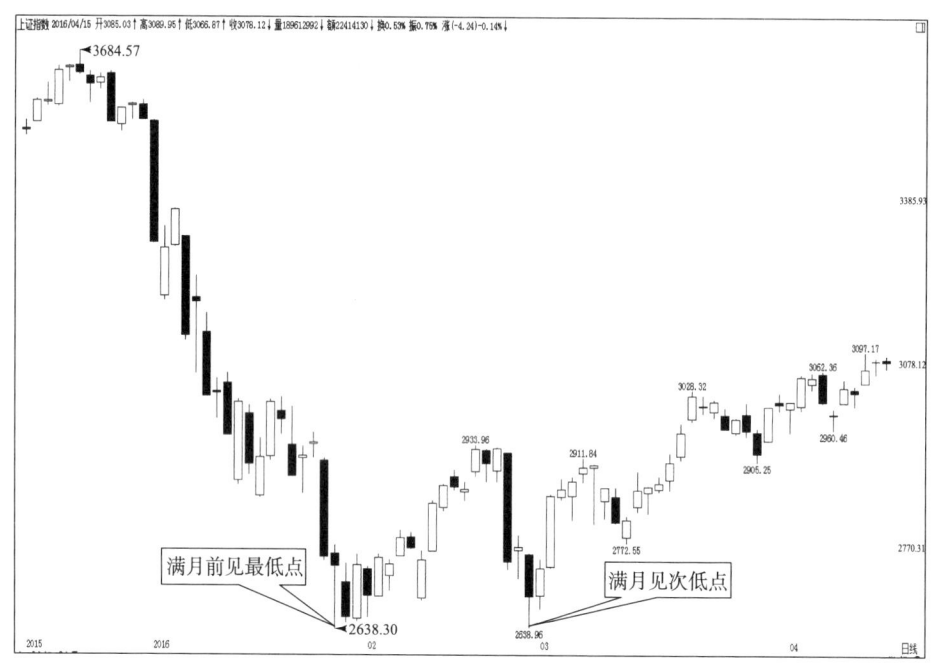

图 6-83　上证指数(000001)2015 年 12 月至 2016 年 4 月的日 K 线图

十二、2019 年

2019 年 12 月大雪进入满月区间,其间沪指见波段低点 2857 点,之后沪指一路反弹至 3127 点。图 6-84 为上证指数(000001)2019 年 10 月至 2020 年 1 月的日 K 线图。

小结:通过以上案例不难发现,上证指数的历史大底 998 点与历史大顶 6124 点以及创业板指的历史大底 585 点,皆出现在建星值满月期间,我们不得不由衷地感叹中国先民创造的"十二建星"以及"值满"区间所蕴含的无穷智慧。

图 6-84　上证指数（000001）2019 年 10 月至 2020 年 1 月的日 K 线图

第十节　行星逆行

行星逆行并非某个行星真的向后退。由于太阳系中的每颗行星的运行速度和公转周期不同，在地球上观测，就会发生某个行星看似向后移动的现象。

有研究认为，行星逆行时会对人的精神思维产生某种影响。行情的背后是人，既然行星逆行会对人造成影响，那么这种影响会不会传到市场走势上呢？下面笔者将以"行星逆行理论"为基础，从不同行星逆行时对人情绪产生的影响及其间的行情走势两方面入手来回答上述疑问。

（1）水星逆行，会影响人们的心智。

2018年全年共发生过三次水星逆行，分别是：

①2018年3月23日8点18分至4月15日17点20分；

②2018年7月26日13点02分至8月19日12点24分；

③2018年11月17日9点33分至12月7日5点21分。

图6-85为上证指数（000001）2018年1月至2019年2月的日K线图。从图中可以看到，水星逆行周期较为短暂，逆行期间，指数多以"N"字或反"N"字运行，即逆行开始时是高点，结束逆行时则多为低点；逆行开始时是低点，结束逆行时则多为高点。

（2）金星逆行，经常会让人们陷入一种爱情的麻烦。一般来说，在金星逆行的时候，人们往往不愿意步入婚姻的殿堂或是展开一轮新的恋情。

2018年全年共发生过一次金星逆行，逆行时间为：2018年10月6日3点04分至11月16日18点50分。

图6-86为上证指数（000001）2018年9月至2019年1月的日K线图。从图中可以看到，2018年10月6日金星逆行开始，当日处于国庆节长假期间，而金星逆行的前一个交易日9月28日则是上一个波段的收盘价最高点；11月16日金星逆行结束，该日又是起于10月19日2449点反弹波段的次高点，与最高点仅相差一个交易日。

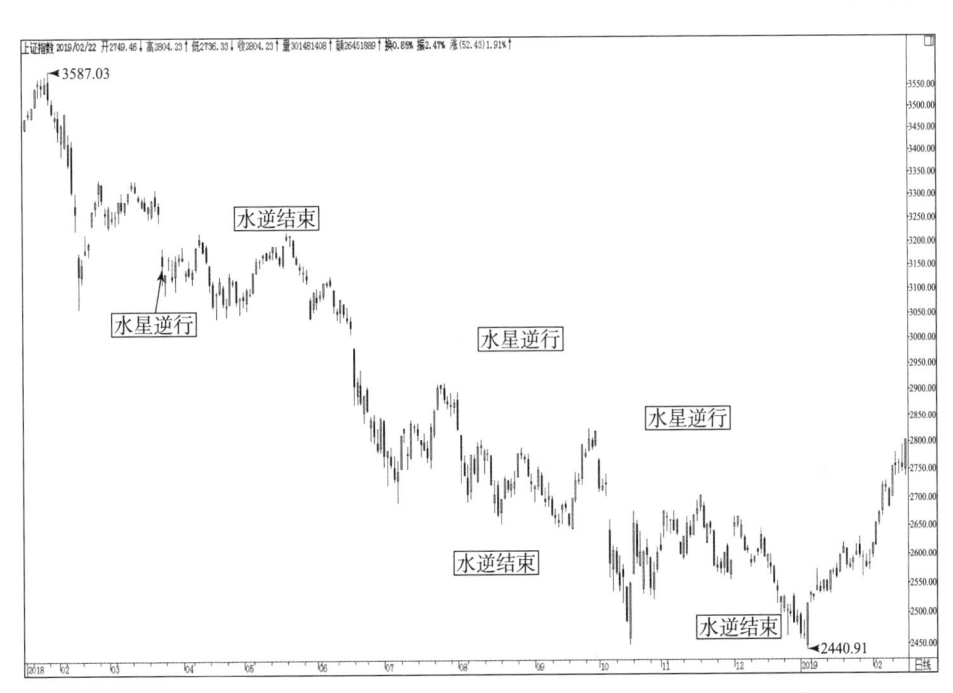

图 6-85　上证指数（000001）2018 年 1 月至 2019 年 2 月的日 K 线图

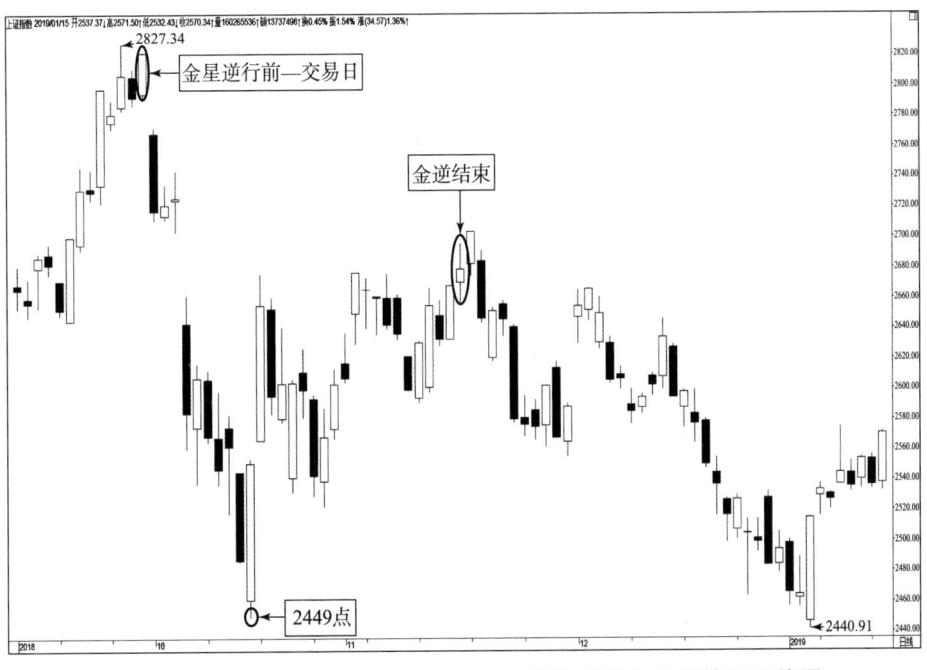

图 6-86　上证指数（000001）2018 年 9 月至 2019 年 1 月的日 K 线图

（3）火星逆行，影响着人们的精力，并且会造成一个人的突发性暴力行为。隐藏在一个人心中的仇恨与愤怒，会经常在此时期难以抑制地爆发出来。

2018年全年共发生过一次火星逆行，逆行时间为：2018年6月27日5点04分至8月27日22点04分。

图6-87为上证指数（000001）2018年1月至2019年9月的日K线图。从图中可以看到，2018年火星逆行期间，上证指数（000001）基本处于一段急跌后的震荡整理之中。

图6-87　上证指数（000001）2018年1月至2019年9月的日K线图

（4）木星逆行，影响的则是经济大环境，对个人的影响力相对较小。它会造成经济整体不景气。曾经有一年，恰好在圣诞节期间发生了木星逆行现象，结果各大商铺"门前冷落鞍马稀"，促销行为大都没有收到好的效果。

2018年的木星逆行周期为：2018年3月9日12点45分至7月11日1点02分。

图6-88为上证指数（000001）2018年2月至8月的日K线图。从图中可以看到，木星逆行周期囊括了从3月12日的高点3333.56点至7月6日的低点2691.02点在内的整个下跌波段。

（5）土星逆行比较有趣。当它开始逆行时，往往那些长期困扰人们的慢性疾病会暂时缓解，而当它开始顺行时，慢性病就又加重了。

图 6-88　上证指数（000001）2018 年 2 月至 8 月的日 K 线图

2018 年的土星逆行周期为：2018 年 4 月 18 日 9 点 46 分至 9 月 6 日 19 点 08 分（图 6-89 中虚线框）。

图 6-89 为上证指数（000001）2018 年 2 月至 10 月的日 K 线图。从图中可以看到，木星逆行（实线框）与土星逆行（虚线框）周期的重叠部分，恰好是 2018 年全年的一段主跌浪（实线段），即 2018 年 5 月 21 日的最高点 3219.74 点至 7 月 6 日的最低点 2691.02 点。这说明行星逆行同样存在着"共振"现象，共振加剧了行星逆行对股市的影响。

（6）天王星逆行则比较微妙。因为天王星是一颗带来变动的星，所以它逆行的时候，往往会使相关变动频率减缓。

2018 年的天王星逆行周期为：2018 年 8 月 8 日 0 点 49 分至 2019 年 1 月 7 日 4 点 26 分。（图 6-90 中虚线框）

图 6-90 为上证指数（000001）2018 年 5 月至 2019 年 3 月的日 K 线图。从图中可以看到，天王星逆行期间，是整个 2018 年乃至 2019 年第一季度行情波动最小的一段，一定程度上验证了天王星逆行导致"变动频率减缓"这一推论。值得一提的是，伴随着天王星逆行的结束，2019 年最强势的一波上涨呼之欲出。

图 6-89　上证指数（000001）2018 年 2 月至 10 月的日 K 线图

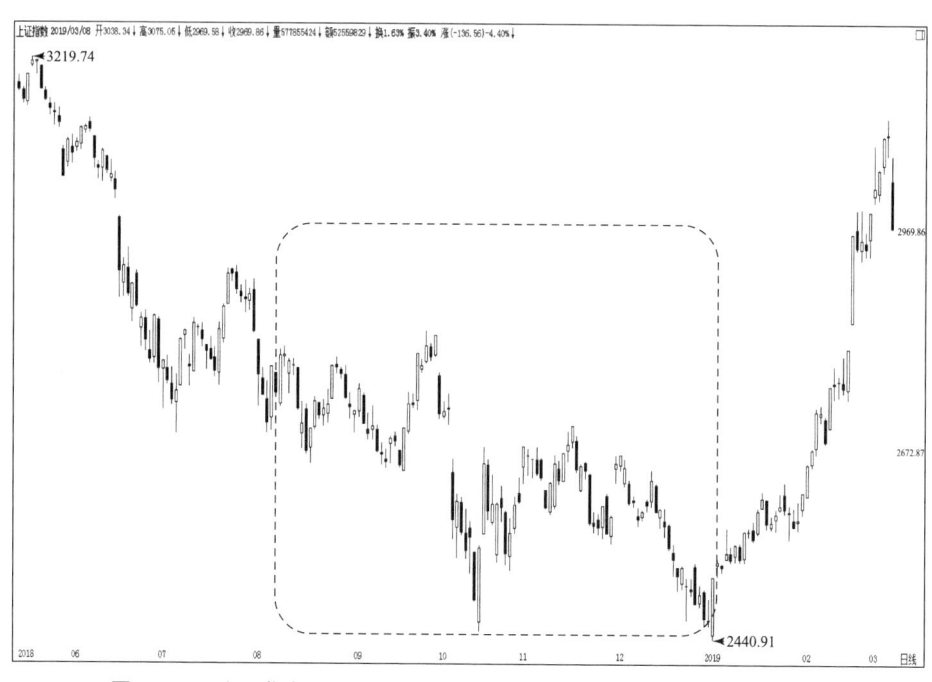

图 6-90　上证指数（000001）2018 年 5 月至 2019 年 3 月的日 K 线图

（7）海王星逆行能够加剧负面效果。简单讲，它会使一个迷茫的人更加迷茫。

2018年的海王星逆行周期为：2018年6月19日7点26分至11月25日9点08分。（图6-91中虚线框）

图6-91为上证指数（000001）2018年5月至2019年1月的日K线图。从图中可以看到，在海王星逆行期间，行情确确实实处于一种迷茫的状态。

图6-91　上证指数（000001）2018年5月至2019年1月的日K线图

（8）冥王星逆行会加剧压力。比如说，如果自身具有很强的自卑感，当冥王星逆行时，这种自卑感将变得更加明显。

2018年的冥王星逆行周期为：2018年4月22日23点25分至10月1日10点03分。（图6-92中虚线框）

图6-92为上证指数（000001）2018年1月至11月的日K线图。从图中可以看到，在冥王星逆行期间，自3587点以来的下跌呈现出一种"泰山压顶"之态。

通过以上分析得知，自2018年最高点3587点以来上证指数的走势中，大部分的高低点形成都与星体的逆行密切相关。不考虑星体所处宫位角度与上证指数的对应关系，也不考虑各星体的相位关系，仅从逆行角度出发，便

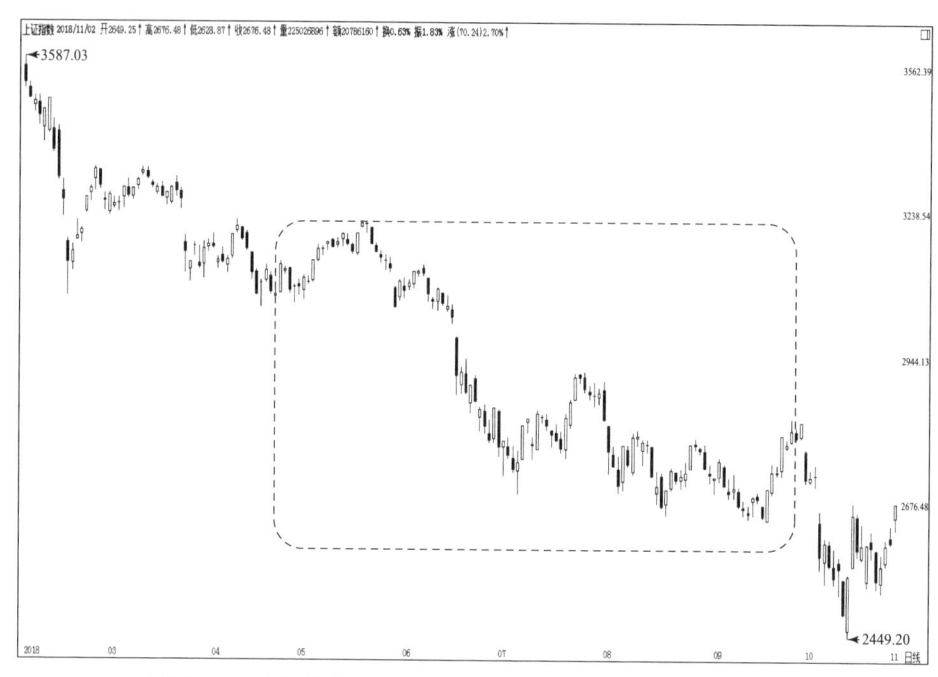

图 6-92　上证指数（000001）2018 年 1 月至 11 月的日 K 线图

可以明确地看出阶段性的高低点形成与行星逆行是密切相关的，其中水星逆行周期最为短暂，是一个基本的小波段，而木星、土星、天王星、海王星、冥王星等几个周期比较长的星体对中长期走势则有更加深远的影响。天王星逆行结束于 2019 年 1 月 7 日，而天王星是一颗带来变动的星，伴随着天王星逆行的结束，2019 年第一季度就迎来了一次大的升浪。

第十一节 木土相位

2020年迎来了土木合相天象。木星土星每20年相合一次，非常难得。下面我们介绍一下土木相位及其与经济景气度的关系。

一、木土合相

要想知道为什么天文界如此看重木星和土星的合相，就要知道"木土周期"，不管是古代中国，还是玛雅、印度、希腊、埃及这些古老的文明，都有极具特色的时间周期排列与观测方法。

比如，我们都熟悉的六十甲子与干支历是以60年为单位的系统。对于我们来说，每60年都是一个全新的阶段；而在希腊，"柏拉图年"的概念一直影响到当代，我们经常听说的"水瓶座时代"，或者"水瓶纪元"，指的就是这25800年大周期中的一个环节。

木星合土星形成准确合相的时间周期被称为"木土周期"。每20年这两颗行星都会出现一次合相，220年间，土木合相基本都会落在同一元素的星座。之后会更换合相所在的星座元素。当然，每次周期中也会有一两次例外。

土星和木星被有些人称为"社会行星"，原因是那些人认为它们能够作为研究社会群体现象和事件的代表。它们所代表的特点既不同于"三王星"的"时代意义"，也不同于日月金水火所代表的"个人意义"。土星和木星合相的周期性向我们诠释的是：人类社会的组织、结构秩序（土星）和社会道德、价值观（木星）的演进过程。

在220年里，土星和木星所经过的元素星座，让我们得以站在天文学的视角去观察人类社会的发展和演进过程。同样，我们也可以通过它们的周期规律去推测和观察未来社会和世界的趋势。

2020年，土星和木星从土元素的摩羯到风元素的水瓶转换。这是一个新时代开始的标志,而整个风时代将持续200年。

(一)土元素时代

金牛、处女、摩羯是有关于物质和实用主义价值的代表,这是对资本、物质世界的发展揭示,对精神信仰的漠视以及对理性观念的提倡。土元素星座时代,整个世界不断刮起资本市场和物质掌握的旋风。

资本市场发展到今天,经历了漫长的周期。对利润最大化、对积攒财富和花费财富的态度,成为资本最终寻求的目标。如美国建国200多年间,资本市场蓬勃发展,但是在资本扩张之前,同样需要的是不同时代的铺垫和积累。时间就是这样环环相扣的,比如土元素时代之前的火元素殖民地扩张时代,以及水元素跟火元素射手座交接的文艺复兴与大航海时代。

(二)风元素时代

天文学家认为风元素时代将会更加注重自由和崇高的理想,以交流、沟通和信息的互动,互通有无作为代表,关注人和人之间的互动关系。

风元素有三个星座,双子、天秤和水瓶,虽然是同元素星座,但是也有区别。从木星、土星合相的水瓶座来说,这个星座从宏观角度来说更加注重人类整体,但其中不乏乌托邦理念,特立独行且以自我为中心,简单地说就是披着"集体精神"达成"自我意志"的类型。

水瓶时代往往是新科技新发明的代表,电子产品与水瓶座也息息相关,我们不难感受到风元素水瓶座小时代的步步逼近,最近20年间世界的发展是相当神奇的,社交网站的诞生与泛滥,手机平板的大规模普及,自媒体网红经营模式的诞生,手机银行和数字货币的兴盛,网购快递业务的成熟,苹果、谷歌、亚马逊、脸书、微信以及淘宝,无一不在我们面前一次又一次地展示风元素水瓶座的魅力。

当然,这只是一个开始。接下来的20年才是水瓶座代表的巅峰时期。

水瓶座也是"人工智能"的代表。下一个时代,人工智能、进军太空和高科技硬件的发展是很值得期待的,甚至会成为风元素这200年的重要标志,我们可以期待机器人或人工智能的蓬勃发展与全民普及。

但反过来说,水瓶座这个星座跟其他星座一样,也有着它的弊病和问题,比如风元素固有的"疏离感",经常看到有人批评手机,说"有了手机,人跟人的距离似乎更遥远了。""世界上最遥远的距离就是:我们面对面坐着,而你在玩手机。"

没错,"遥远",这就是风元素,因为遥远才能客观,分开才能看清,知性需要我们做出的牺牲无非就是要远离感性。

(三)何去何从

面对改变,不适应的人都会想抵抗,最终他们会适应,但是这个时代会不会让我们过度远离自己的根源呢?会不会让那些有感情需求的人感到自己越来越不属于这个世界了呢?

水瓶座的 20 年周期是一个革新的时期,很多发展都会具有颠覆性与革命性,而风元素"小时代"的 200 年里,人类社会也会渐趋理想主义,学术理论会出现前所未有的高峰期,信息获取会变得相当方便,大数据时代到达巅峰,银行、媒体等领域也都会出现翻天覆地的变化,虚拟平台和虚拟生活会开始占据一般人的大部分时间,我们的新生活,将从根本上区别于现在的模式。这是一种前人无法想象的新模式。

土木合相标志着一个 20 年周期的结束,以及一个新纪元的开始。2020 年是很重要的一个新纪元的开始,过去已经结束,老旧的结构已经被推翻重来,而如果我们能有一种未来意识,带着这样的愿景去创造和建设,希望的种子就会落地生根。

2020 年一定是会被载入史册的年份。水瓶座时代的未来主义号角已经吹响,能量即将指数式扬升,在经历了一场洗礼之后,将迎来某种意义上的新纪元。

二、与经济股市关系

(1) 2008 全球经济危机:木土无交角;

(2) 2000~2001 年互联网泡沫:木土合相;

(3) 1997 年亚洲金融危机:木土无交角;

(4) 1995 年巴林银行事件:木土约 90 度相位;

(5) 1994 年墨西哥比索大崩盘:木土约 120 度相位;

(6) 1990 日本经济泡沫破裂:次年木土对冲;

(7) 1987 年全球股灾:木土 90 度相位;

(8) 1982 年全球经济复苏:木土无角度;

(9) 1974年富兰克林国家银行倒闭：土木120度相位；

(10) 1973年石油危机：木土无交角；

(11) 1960年全球经济萧条：木土同宫；

(12) 1958年全球经济萧条：木土60度。

美国财经专家威廉姆斯做了长期的研究，来验证木土对冲或刑克相位对经济峰谷循环的影响，下面是他的研究结果：

(1) 1976木土90度，无影响；

(2) 1971木土180度，无影响；

(3) 1965木土90度，无影响；

(4) 1956木土90度，无影响；

(5) 1951木土180度，无影响；

(6) 1946木土90度，经济筑底；

(7) 1936木土90度，经济萧条。

(8) 1930木土180度，经济萧条；

(9) 1924木土90度，经济衰退；

(10) 1920木土180，经济萧条；

(11) 1917木土90度，无影响；

(12) 1910木土90度，经济衰退；

(13) 1907木土180度，无影响。

资料繁多，不再一一列举。

推论：首先，无法证明每次木土180度、90度、0度就会有经济衰退，且这几个角度面临经济衰退的比例少得可怜；其次，木土吉相位有时也会造成经济衰退；再次，木土凶相位可能也会造成经济增长；最后，木土无相位也可能会造成经济危机。

展望：2020年12月21日，木星土星在水瓶座构成合相——0°，意味着一个新的社会构架的形成。土木结合时，我们会得到实现理想和愿望的机会。土星将木星的高远智慧、理想落地，变成最实际的东西。

每20年，木星土星都会合相一次。每20年，都是力量联合、机遇重现之时，抓住它，我们将会发现，成功竟来得如此突然！而这一切的开始，就是木土合相的时刻。未来20年，我们将步入新的周期。在木土的运行下，我们将如何开始、成长及收获呢？

三、木土合相日期

（1）1961 年 02 月 18 日；

（2）1980 年 12 月 31 日；

（3）1981 年 03 月 04 日；

（4）1981 年 07 月 24 日；

（5）2000 年 05 月 28 日；

（6）2020 年 12 月 21 日；

（7）2040 年 10 月 31 日；

（8）2060 年 04 月 07 日。